我国软件产业链整合研究

王明友　李向辉　赵奕　崔纯　著

北京
冶金工业出版社
2019

内 容 提 要

本书为国家社会科学基金资助项目的最终研究成果，在理论研究的基础上，采集了大量的软件产业链整合相关案例，具有可读性和应用性。全书共分 8 章。第 1 章为概念界定、研究方法及基本内容等；第 2 章为国内外文献综述；第 3 章阐述了我国软件产业链整合的实现模式；第 4 章介绍了我国软件产业链的发展现状；第 5 章介绍了我国软件产业链整合的演进；第 6 章介绍了我国软件产业链整合的动因；第 7 章通过比较著作权法、专利法以及反垄断法来研究中美法律政策对软件产业链整合规制；第 8 章为我国软件产业链整合的展望。

本书可作为软件企业进行战略规划、整合并购的参考书，也可作为经济学专业师生的案例教材。

图书在版编目(CIP)数据

我国软件产业链整合研究/王明友等著. —北京：冶金工业出版社，2019. 12

ISBN 978-7-5024-8352-4

Ⅰ. ①我… Ⅱ. ①王… Ⅲ. ①软件产业—产业链—研究—中国 Ⅳ. ①F426. 67

中国版本图书馆 CIP 数据核字(2019)第 294969 号

出 版 人 陈玉千
地 址 北京市东城区嵩祝院北巷 39 号 邮编 100009 电话 (010)64027926
网 址 www. cnmip. com. cn 电子信箱 yjcbs@ cnmip. com. cn
策划编辑 张耀辉 责任编辑 王 双 美术编辑 郑小利
版式设计 禹 蕊 责任校对 郭惠兰 责任印制 李玉山
ISBN 978-7-5024-8352-4
冶金工业出版社出版发行；各地新华书店经销；北京虎彩文化传播有限公司印刷
2019 年 12 月第 1 版，2019 年 12 月第 1 次印刷
169mm×239mm；11. 5 印张；223 千字；172 页
64. 00 元

冶金工业出版社 投稿电话 (010)64027932 投稿信箱 tougao@cnmip. com. cn
冶金工业出版社营销中心 电话 (010)64044283 传真 (010)64027893
冶金工业出版社天猫旗舰店 yjgycbs. tmall. com
(本书如有印装质量问题，本社营销中心负责退换)

前　言

党的十九大报告指出："加快建设制造强国，加快发展先进制造业，推动互联网、大数据、人工智能和实体经济深度融合，在中高端消费、创新引领、绿色低碳、共享经济、现代供应链、人力资本服务等领域培育新增长点、形成新动能。"信息化和工业化的深度融合是我国经济发展的重要战略部署，而软件产业是信息化和工业化链接的关键。2008~2017 年，中国软件产业市场总量保持快速增长的趋势。软件产业收入从 2008 年的 7572.88 亿元增长到 2017 年的 55037 亿元，收入增加 7 倍。我国拥有世界上最大的软件和信息技术服务市场、最有特色的应用软件和最复杂的产品需求。软件产品日益复杂的业务逻辑、复杂易变的用户需求以及愈演愈烈的行业竞争环境，迫使现代软件产业体系中主流开发方式向异构协同工作、各层次集成、可反复重用的工业化道路前进。随着软件产品需求的密集性和多样性特征越发明显，软件产业链条逐渐增长，资源优化配置难度不断加大，交易费用未能得到有效控制，产业链的迂回生产效果难以充分发挥。因此，软件产业的企业由市场交易向企业内部交易转变，继而软件产业中企业整合的速度和频度加快。

本书旨在研究我国软件产业链的整合。本书分为 8 章及附录部分，具体内容如下：

第 1 章是绪论。在软件产业链中由于不同的客户会对同一类型的软件产品有不同的需求，同时软件会随着时间而不断地更新变化，这使软件产业中市场交易成本增加。软件企业通过组织企业内部生产代替企业外部市场交易，进而形成软件产业整合趋势。本章主要对软件产业进行界定，并对我国软件产业链的发展做出介绍。

第2章为我国软件产业链整合的文献综述。近年来，我国软件产业发展的市场、政策环境不断地变化，增长速度明显加快，软件产业对经济增长的作用日趋显著。本章将通过文献综述梳理产业链及产业链整合的理论，介绍软件产业及软件产业链相关理论，重点研究软件产业链整合的相关理论，奠定本书的分析基础。

第3章为我国软件产业链整合的实现模式。以操作系统、数据库和中间件、办公软件和语言处理系统、行业应用软件、软件服务产品研究软件产业链；研究我国软件产业的价值链，以波特的价值链理论为基础，分析软件产业企业价值链的9个活动；研究我国软件产业链钻石体系，以“钻石理论”为基础，分析软件产业的5个要素；最后以模块化理论为基础，分析软件产业的模块化生产以及模块化生产与软件产业链的整合。

第4章为我国软件产业链的发展现状。处于产业链上游的基础软件是国家信息产业发展和信息化建设的重要基础和支撑；处于产业链中游的工业软件可以提高产品价值、降低企业成本、提高企业的核心竞争力，对于我国工业结构调整和产业升级作用非常大。处于软件产业链下游的应用及服务软件已经广泛应用于企业、政府、金融等各个行业，提高了行政、企业等行业的业务管理效率，本章从产业链的上、中、下游具体分析软件产业链的发展特征及问题。

第5章为我国软件产业链整合的演进。早期软件产业链整合的原因主要是软件危机，而软件危机的产生是由于软件的功能无法匹配计算机硬件的发展，软件企业之间出现了并购浪潮。当软件产业进行了更深层次的分工，从软件产品的开发阶段、设计阶段、工程阶段、结构化程序设计阶段，软件企业由市场交易向企业内部交易转移，促使了软件产业链的整合。在软件产业链分工后，软件企业向集群发展，形成软件产业集群。

第6章为我国软件产业链整合的动因。软件产业链整合包括横向并购即同类软件企业的并购、纵向并购即软件产业链上下游的并购、混合并购。不同模式下整合并购的原因不同，本章分析了不同模式下软件产业链整合的动因。

第7章为中美法律政策对软件产业链整合规制的比较研究。本章对比分析了我国与美国著作权法、专利法和反垄断法对软件产业链整合的影响。一方面为了鼓励软件企业进行技术创新，维护软件企业的核心生产要素，即知识要素所带来的利润，通过知识产权法保护企业的合法权益；另一方面拥有知识产权的软件企业可以通过所独占的知识生产要素进行产品生产，进而取得市场的垄断势力，能够对软件产业链进行整合。本章还将对比分析知识产权法和反垄断法对软件产业链整合的影响。

第8章是对我国软件产业链整合的展望，我国软件产业链整合将向着生态化的方向发展，企业通过软件产业链的整合提高核心竞争力。软件产业链整合出现混合产业链整合趋势。同时软件产业通过产业链整合参与全球价值链竞争，这是全球全产业链综合业态竞争的要求，也是产业安全发展的要求。

本书的特点是在理论研究的基础上采集了大量的软件产业链整合相关案例，具有可读性和应用性，是软件企业实施战略整合的参考读物，是咨询公司在工作实践中的指导性图书，也可以作为经济学专业本科生的案例用书。

本书为国家社会科学基金资助项目的最终研究成果，感谢课题组成员李向辉、赵奕、崔纯、吴志樵、王旭升、张术茂、冯卓的辛苦付出。

由于时间和水平所限，书中不足之处，恳请广大读者批评指正。

王明友

2019年10月

目　　录

第一章

绪　　论

第一节　问题的提出

软件产业是从事软件生产、制造、服务等相关业务的企业的统称。软件产业属于信息产业，信息产业包括计算机的研究及制造、程序的设计。信息产业包括硬件和软件两部分，而软件产业是信息产业的核心部分。信息产业在国民经济中占有重要的地位，它既属于基础性和战略性产业，又是高新技术产业。信息产业能够与其他产业相融合，带动其他产业的发展，因此，被称为国民经济发展的“倍增器”。在我国工业化发展到中后期，工业化和信息化的相结合发展，信息产业的重要性更加突出。由此可见，软件产业对于国民经济的发展也有很重要的推动作用，以“软件定义”与其他产业相结合，尤其软件与制造业融合发展，成为制造业发展的助推器。2008~2017 年，中国软件行业市场总量保持快速增长的趋势。软件行业收入从 2008 年的 7572. 88 亿元增长到 2009 年的 9513. 03 亿元，同比增长 25. 62%。2010 ~ 2012 年，软件行业收入分别为 13364. 02 亿元、18467. 93 亿元和 25022. 34 亿元，同比增长分别为 40. 48%、38. 19% 和 35. 49%，为软件行业的高速增长期。2013~2017 年，软件行业收入分别为 30587. 47 亿元、37026. 42 亿元、42847. 92 亿元、48511 亿元和 55037 亿元，同比增长分别为 22. 24%、21. 05%、15. 72%、13. 22% 和 13. 45%。图 1-1 所示为 2008~2017 年软件行业收入规模及增长情况。

我国拥有世界最大的软件和信息技术服务市场、最有特色的应用软件和最复杂的产品需求。软件产品日益复杂的业务逻辑、复杂易变的用户需求以及愈演愈烈的行业竞争环境，迫使现代软件产业体系中主流开发方式向异构协同工作、各层次集成、可反复重用的工业化道路前进。以目前软件开发的形式能够类似于硬件，由不同来源的通用服务组件拼装组成，从而更快地构造软件系统，极大降低了软件开发和设计过程中所耗费的成本，在研究和实践中得到了迅速推行，同时也使软件服务组件市场走向繁荣。

一方面市场上涌现出大量的专门商用服务组件提供商，另一方面软件开发商内部也积累了大量成熟的服务组件技术和产品，特别是提供服务组件库管理中间商的出现，更加紧密了软件产业体系上游服务提供商与下游软件开发商之间活动

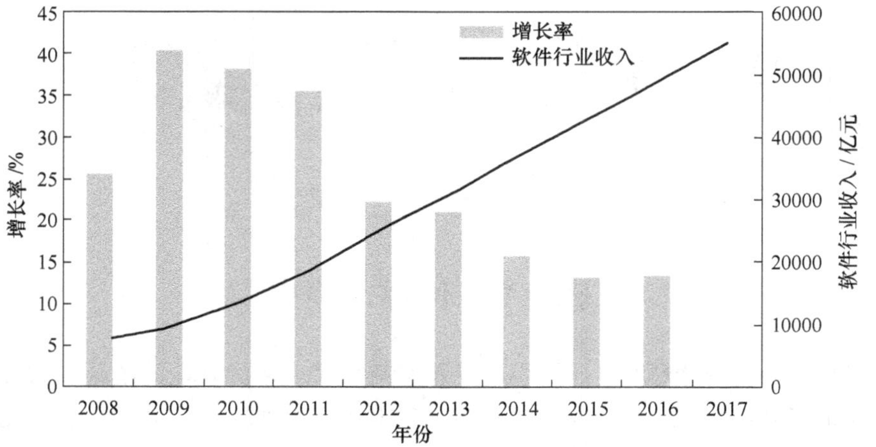

图 1-1 2008~2017 年软件行业收入及增长率

的联系，形成了由供应企业、分包企业和主企业构成的软件产业链的雏形。由于目前我国软件产业链建设仍处于初级阶段，产业链迂回生产过程虽已初步建立，但供应商、中间商、集成商、开发商等环节的专业分工不够稳定明细，上游、中游、下游企业的纵向合作不够充分及时，规范、协调、紧密的产业合作关系尚未真正形成。随着软件产品需求的密集性和多样性特征越加明显，软件开发产业链条逐渐增长，资源优化配置难度不断加大，交易费用未能得到有效控制，产业链的迂回生产效果难以充分发挥。因此，进一步优化软件产业链，构建更加规范、协调、紧密的产业价值链，推动包括服务提供商、服务组件库运营商、软件开发商、系统集成商等在内的产业链各相关企业间的深度紧密协作，已成为各级政府和业界的共识。

当前的软件产业链整合研究已发展成为涵盖上游企业关注的可重用业务模块与服务组件设计、中游企业关注的可重用服务识别与认证、下游企业关注的服务集成及产品规划设计等多个阶段，涉及模块粒度、兼容性、开发工时、服务（技术/来源）、质量、成本、商业模式、集成开发策略等多因素的复杂化问题。相互协作松散、资源配置粗放、内生交易无序的产业链模式，从根本上制约了软件产业跨区域、跨领域、跨流程协同工作体系的建立，软件产业整合成为发展软件产业的关键。基于此，研究旨在综合利用产业链整合理论，通过对上游服务提供商、下游软件开发商、中游服务组件库管理与服务运营商进行研究，不仅在理论上为软件产业链整合关键问题提供理论与方法支持，也对我国现代软件产业体系在迅速多变的市场环境下，建立协同工作体系，科学配置产业链各环节资源，推动协同创新，提高产业链全要素生产效率，提供理论上的支持。特别是在现阶段国内软件企业服务组件技术尚未成熟但人力成本优势较为明显的环境下，通过系统地对不同来源服务组件的实施方案进行经济分析，扬长避短，充分挖掘和发挥劳动力成本的比较优势，走出一条适合我国软件产业需求、异于国际大型组织技术需求高、投入大、收效慢的软件重用开发道路。为此，现代软件产业体系中软件产业链整合研究不仅对于软件复用经济学研究、产业组织理论应用具有重要的理论意义，而且对于我国打造完善的软件产业链条，营造现代软件产业生态环境具有重要的应用价值。

第二节 概念界定

一、软件产业

产业组织理论认为，产业是生产同一类产品的生产者，或者生产的产品在市场上存在着替代关系的企业的集合，而产业组织是生产同类产品或相关替代性产品的市场结构、市场行为和市场绩效的关系，也就是产业组织理论的内容。

随着软件产业的发展，其内涵和外延在不断地变化。从国际惯例上来看，软件产业分为软件产品和软件服务两部分。我国最早为软件产业定义的是 1996 年，原电子部计算机与微电子发展研究中心将软件产业定义为“有效地利用计算机资源而进行计算机编程、信息系统开发和集成及从事相关服务的产业”。在软件产业的发展过程中，我国学者在不断地为软件产业进行新的定义。在过去，软件产业是为计算机服务，将软件产业视作计算机资源的扩展，与计算机相关的软件产品和软件服务相关的经济活动和关系的总和，软件产业基本分类为软件产品、系统集成和软件服务。广义的软件产业来看，围绕软件产业而产生的产品或服务所形成的市场关系的集合都可以看作软件产业的组成部分，这样就将软件产业与国民经济的种种市场关系联系起来。软件产业可以分为软件产品和软件服务两类，而软件产品一般分为系统软件、支撑软件和应用软件；软件服务包括信息系统集成与运行及后续服务、数据中心的收集和加工处理、软件产品的咨询和培训等相关服务。由此可见，软件产业中既有劳动力密集型产业也有知识密集型产业。信息产业部经济体制改革与经济运行司对我国软件产业的主要范围进行重新界定，包括软件产品、IC 设计、系统集成与软件技术服务类四大类[1]。按《国民经济行业分类》（GB/T 4754—2002）中软件的分类标准，我国的软件业包括基础软件服务、应用软件服务和其他软件服务等三大类。其中，基础软件服务是指为一般计算机用户提供的软件设计、编制、分析及测试等服务；应用软件服务是指为专业领域使用计算机的用户提供软件服务，以及提供给最终用户的产品中的软件（嵌入式软件）服务；其他软件服务是指为特定客户提供的软件服务，以及与软件有关的咨询等活动。具体内容见表 1-1。

表 1-1 软件产业的大类

软件产业	内 容
基础软件服务	系统软件服务 数据库软件服务 网络管理软件服务 安全及防病毒软件服务 工具软件服务 数据库管理软件 通用软件：办公、图像处理、视听制作、游戏等软件 其他未列明的基础软件服务
应用软件服务	行业应用软件服务 语言处理软件服务 嵌入式软件服务 其他应用软件服务
其他软件服务	为满足顾客特殊需要而提供的软件服务 软件的咨询活动 其他软件服务

本书按照研究范围将软件产业定义为与软件产品和软件服务相关的一切经济活动和关系的总称。软件产业的研究涉及产品（包含服务）、组织、结构及其关系。按照《信息产业发展指南》将软件产业分为“基础软件、工业软件、应用及服务软件”三类。基础软件主要包括操作系统、数据库、中间件，基础软件也就是软件产业发展的基础。工业软件是指在工业领域里应用的软件，包括系统、应用、中间件、嵌入式等。工业软件按照不同的用户和所服务的对象提供不同的产品功能。工业软件可以分为嵌入式软件和非嵌入式软件。嵌入式软件是嵌入在控制器、通信、传感装置之中的采集、控制、通信等软件，非嵌入式软件是装在通用计算机或者工业控制计算机之中的设计、编程、工艺、监控、管理的软件。软件产业的第三类为应用及服务软件。应用及服务软件在软件产业中的发展速度最快，市场需求量大增，这与工业化和信息化的相结合分不开，同时在信息技术对传统产业的升级改造过程中，每个产业都需要和软件产业进行融合发展。如：企业通过使用软件产品能够深化业务管理、提高运行效率和决策水平，政府通过软件产品做到电子政务的应用，提高了国家治理的水平。

二、软件产业链

美国哈佛商学院的迈克尔·波特在 1985 年所著《竞争优势》中提出：“每一个企业都是用来进行设计、生产、营销、交货等过程及对产品起辅助作用的各种相互分类的活动集合。”这些经济活动是相互联系，并且能够通过相互联系创造出价值，在这个经济活动的过程中每一个环节所创造出来的产品的价值将经济活动联系起来，形成一个价值链。在价值链的基础上延伸出了产业链，产业链一般包括产业的价值活动链和软件产业的产品链。

（一）软件产业价值产业链

软件产业链指以软件技术为基础，以提供能满足消费者使用的软件产品、享受软件服务为目标的、具有相互衔接关系的企业集合[2]。软件产业链由四种不同的价值机制驱动，分别是研究价值、开发价值、产出价值和售后跟踪服务价值。所谓研究价值，往往处于软件产业价值链的上游，作为基础软件，用于研究和创新出新的技术或标准。当前软件产品更新换代较快，但是基础性的软件，如芯片开发等，需要长期的积累，当研究成果转化为产品时，研究价值便会实现；开发价值，一般为软件产业价值链的中游，往往是将基础软件、系统软件在产品中的应用，对于软件应用产品的开发和设计，最终实现将产品投入市场实现产品价值；产出价值是软件产业链的中下游，一般作为工业软件或者是关键行业和应用的解决方案及服务。为了满足客户个性化，进行专业化的研究开发，推销给用户进而实现软件产出的价值；售后跟踪服务价值，在软件产业价值链的下游，软件产品与其他产品的不同之处是需要不断地更新来满足客户不同时期的需求，因此，为了维护软件产品的正常运转，需要有专业的人员对软件产品进行跟踪服务，进而收取一定的费用，从而实现其价值。

（二）软件产业产品的产品链

软件产业的产品链可以分为基础软件、支撑软件和应用软件，其中的应用软件又可以分为工业软件和关键行业应用软件及行业解决方案。

在软件产业产品链中，基础软件中一般是指操作系统。操作系统位于产业链的上游，操作系统的发展关系到国家产业安全。操作系统直接应用于计算机硬件和软件资源，通过管理、监控和维护计算机硬件，通过操作系统用户才能方便使用和操作其他的软件产品。目前，计算机使用的操作系统分为四大类：一是源代码完全封闭的微软 Windows 操作系统，二是 Unix 操作系统，三是源代码完全开放的 Linux 操作系统，四是 MAC 操作系统。以下介绍我国软件产业链中的操作系统的企业：

（1）桌面操作系统方面，我国的国产 Linux 桌面操作系统有中标麒麟，中标麒麟等通过计算机预装和正版化推进等方式，在国防、教育等行业已经成功应用。其中中标麒麟桌面操作系统是国家重大专项的核心组成部分，是民用、军用“核高基”项目桌面操作系统项目的重要研究成果，该系统成功通过了多个国家权威部门的测评，为实现操作系统领域“自主可控”的战略目标作出了重大贡献。

（2）在服务器操作系统方面，我国的国产 Linux 服务器操作系统主要有中标麒麟、中科方德、凝思等，这些企业生产的 Linux 服务器操作系统在邮政储蓄、银行服务器系统、国家电网中实现大规模应用。其中中科方德有限公司是基础软件国家工程研究中心的项目法人单位。基础软件国家工程研究中心是国家发展改革委员会批复，由中国科学院软件研究所负责组建，在基础软件领域唯一的国家级工程技术研究中心。其产品方德可信服务器操作系统为企业级用户提供稳定、高效的软件运行支撑环境，满足对服务器操作系统稳定性、安全性、可靠性等方面的要求，适用于部署和搭建各种部门级、企业级应用服务。

（3）在智能终端操作系统方面，国产移动智能终端操作系统已经广泛应用于智能手机、平板电脑、数字电视、机顶盒等智能终端。北京元心科技有限公司致力于智能移动操作系统研发与产业化发展，其核心产品元心智能移动操作系统是通过可 EAL4 级安全认证的操作系统，填补了我国移动信息化领域核心技术的空白。

（4）在云操作系统方面，阿里、百度、华为、浪潮等在云操作系统关键技术领域取得突破，其产品广泛应用于互联网、电子政务及企业信息化领域。

（5）在车控操作系统和基于 Linux 的车载操作系统方面，我国的本土企业发展也取得了成功，满足了汽车行业基于 V 模型的低成本、高效率的开发要求，普华基础软件股份有限公司提供符合业界现行标准的国产自主基础软件整体平台解决方案——ORIENTAISTM 汽车电子基础软件平台。该平台定位于满足汽车电子应用开发及测试要求，提供一体化的系统解决方案、定制开发和本地化技术支持。

支撑软件为中间件和数据库，这些支撑软件是软件产业链条的中游，支撑软件的功能是将上游的基础软件（也就是操作系统软件）和下游的应有软件（也就是关键行业应用软件及行业解决方案）相连接，为下游的应用软件提供运行和开发的环境，帮助下游的用户能够灵活、高效地开发其所需的软件产品。

中间件作为支撑软件，它是一种独立的系统软件或服务区。分布式应用软件必须通过中间件才能在不同的技术之间共享资源。中间件提供的技术具有互操作性，能够推动了一致分布式体系构架的演进，该构架通常用于支持并简化那些复杂的分布式应用程序。可见，中间件处于操作系统软件与用户的应用软件之间，是两者的桥梁。国产中间件发展速度较快，在网络体系结构、关键技术、标准规范、平台研发、“产学研用”运行机制等方面取得了重要进展。如中创软件为银行客户提供长期、优质的服务，承建了多家国有银行、股份制银行的信贷管理系统、内部评级系统、经济资本管理系统等，积累了大量的行业经验，拥有良好的服务口碑，先后为全国性政策银行、大型商业银行提供信贷和风险管理信息化服务，为全国超过32%的信贷资产提供信息服务支持。

数据库处于软件产业链中游，同样是支撑软件。数据库是按照数据结构来组织、存储和管理数据的仓库。随着信息技术和市场的发展，数据管理不再仅仅是存储和管理数据，而转变成用户所需要的各种数据管理方式。国产数据库发展迅速，技术不断进步，在并发事务处理、高可用方案、高性能集群等方面已经实现突破，并逐步进入产品化、商品化阶段。如北京人大金仓信息技术股份有限公司（简称人大金仓）是中国电子科技集团公司（CETC）成员企业，人大金仓由中国人民大学一批在国内开展数据库教学、科研、开发的专家发起创立，是中国自主可控数据库、大数据相关产品及解决方案的提供商。人大金仓的核心产品金仓交易型数据库 KingbaseES，具备高兼容、高可靠、高性能、高扩展、高安全、易使用和易管理的特点。

工业软件、应用及服务软件位于软件产业链的下游。工业软件主要是面向行业的成套解决方案研发和应用。在工业化和信息化相结合的重要时期，工业软件的重要性也越来越突出，制造业的产品与软件产品相融合，能够提高产品的价值；制造业的生产过程中由软件产品来控制可以降低企业的生产成本，提高企业的管理水平，从而提高了企业的核心竞争力。工业软件的发展对我国工业结构的调整及产业升级具有重要的意义。

工业软件位于软件产业链的下游，工业软件的供应商可以向工业企业提供成套解决方案和应用，它的客户分布于机械、航空、纺织等行业，可以满足客户在设计、分析、测试等服务的集成和综合数据管理分析的需求。目前的工业软件市场有两种变化，一种是传统的工业软件，如 ERP、CRM 等管理软件过去占据工业软件市场主要份额，这类软件向基于云平台的轻量化服务模式转变。另一种是高端设计和分析的工业软件市场规模增加速度比较快，原因是在航空航天、轨道交通等重点行业的带动，对此类工业软件的需求增加；同时，工业控制类软件和系统解决方案在电力、轨道交通、装备制造等行业实现稳定增长。如沈阳新松机器人自动化股份有限公司隶属于中国科学院，以机器人技术为核心，致力于数字化智能制造装备的高技术上市企业，是全球机器人产品线最全的厂商之一，国内最大的机器人产业化基地。其中，它的航天工业智能物流系统主要为航天工业提供自动化立体仓库系统、生产线自动输送系统，为航天事业的加速发展作出贡献。

随着以云计算、大数据、移动互联网为代表的新一代信息技术迅速发展，应用及服务软件发展迅速。应用及服务软件位于软件产业链条的下游，主要为有需求的行业提供按定制的服务并随时解决关键问题的方案。应用及服务软件是软件产业向服务业发展的主要方向，其结合新兴技术支撑自身业务发展，不断提高服务水平。

应用及服务软件处于软件产业的下游。近年来，在国家产业政策的支持和引导下，我国在电信、能源、金融、交通、医疗、地理信息等关键领域的应用软件和行业解决方案获得了良好的进展。特别是一些重点行业领域应用取得明显突破。如智能电网调度控制系统，大型枢纽机场行李分拣系统、千万吨级炼油控制系统等重大应用跨入世界先进行列。如中国民航局第二研究所（以下简称民航二所）是我国民航行业内专业从事高技术应用开发的科研机构，研究所主要从事民航信息管理系统、空中交通管理系统、机场弱电系统、航空物流系统、航空安全管理系统等。其所研发的“大型枢纽机场行李高速自动分拣设备的关键技术研究及样机研制”项目获得成都市科技进步一等奖。这项技术不仅打破了国外技术垄断，也让民航二所成为世界第 5 家，亚洲唯一一家拥有该设备完全自主知识产权的生产商，该项目的成功研发推动和支撑了民航强国的发展计划。

综上所述，在整个软件产业链中，基础软件中的操作系统处于产业链的上游，基础软件中的中间件和数据库处于产业链的中游，工业软件、应用及服务软件处于产业链的下游。“十三五”时期，以数据为驱动的“软件定义”成为软件产业发展的突出特征，软件产业步入加速创新、快速迭代、群体突破的爆发期，加快向网络化、平台化、服务化、智能化、生态化演进，以“技术+模式+生态”为核心的协同创新持续深化发展。这就要求软件产业链的整合，把整个产业看作为一个系统，实现“低成本、高利用”，以最大限度利用进入软件产业链生态系统的生产要素，提高整个产业的经济效益。

第三节 研究的方法

本书采用理论与实践相结合的方法，在制度经济学、产业经济学的基础上建立模型。在分析现代软件产业体系中软件产业链概念、基本特征的基础上，给出软件产业链整合模式，本书采用案例分析方法，结合案例说明模型在具体的企业中运行情况。本书还将采用对比的方法，通过对中美法律政策对软件产业链整合的规制进行比较分析，得出我国软件产业链优化发展的政策建议。

第四节 基本结构与主要内容

一、基本结构

本书分为 8 章，具体结构如图 1–2 所示。

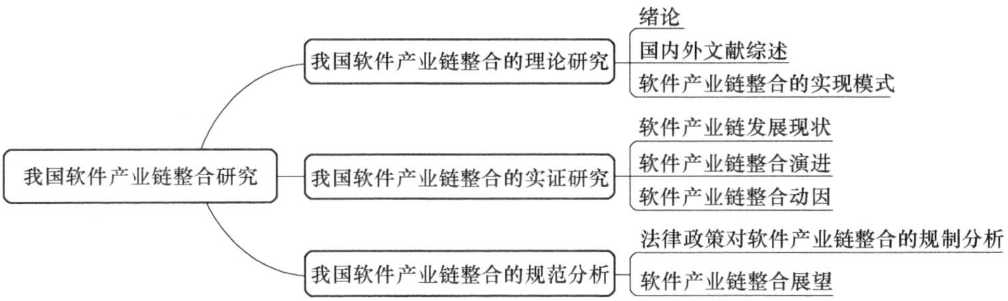

图 1-2　基本结构图

二、主要内容

第 1 章是绪论。这一章主要是问题的提出。我国已经进入了工业化进程的中后期，工业化下的传统产业的发展特点是可以规模化生产、节约成本、提高生产效率。在软件产业链中由于不同的客户会对同一类型的软件产品有不同的需求，同时软件会随着时间而不断地更新变化，这使软件产业中市场交易成本增加。软件企业通过组织企业内部生产代替企业外部市场交易，进而软件产业整合趋势显著。随着软件产业向云操作系统、工业大数据应用生态逐步兴起，这就对软件产业的整合提出新的要求。本章主要对软件产业进行界定，并对我国软件产业链的发展做出介绍。

第 2 章为我国软件产业链整合的文献综述。我国的软件产业在 20 世纪 80 年代中期开始发展，但是在生产要素方面人力资源缺乏，技术创新能力不足，投资的资本规模有限，造成软件产业发展缓慢；进入 90 年代后，在全球信息化和我国工业化与信息化相结合的背景下，我国出台了一系列的软件产业发展政策，促进我国软件产业的快速发展；近年来，我国软件产业的政策环境在不断的变化中，增长速度明显加快，软件产业对工业化的作用日趋明显。本章将通过文献综述的来梳理产业链及产业链整合的理论，介绍软件产业及软件产业链相关理论，重点是软件产业链整合的相关理论，从而为以后的分析奠定基础。

第 3 章为我国软件产业链整合的实现模式。介绍我国软件产业链的形成，主要从操作系统、数据库和中间件、办公软件和语言处理系统、行业应用软件、软件服务产品分别研究软件的产业链；研究我国软件产业的价值链，以波特的价值链理论为基础，将软件产业企业的价值活动分为五个基本活动和四个辅助活动，分别研究价值链的组成部分。在研究软件产业价值链的基础上分析软件产业价值链的整合；研究我国软件产业链钻石体系，以“钻石理论”为基础，分析软件产业的生产要素、软件产业的市场需求、软件产业的政府制度、相关产业与支持性产业、企业战略结构与竞争状态；最后分析我国软件产业的模块化生产，以模块化理论为基础，分析软件产业的模块化生产以及模块化生产与软件产业链的整合。

第4章为我国软件产业链的发展现状。处于产业链上游的基础软件是国家信息产业发展和信息化建设重要基础和支撑，在当前的发展中取得了长足的进步，但在核心技术、应用生态、专业人才等方面与国外仍存在一定差距。处于产业链中游的工业软件可以提高产品价值、降低企业成本、提高企业的核心竞争力，对于我国工业结构调整和产业升级作用非常大。当前工业大数据应用生态逐步兴起，这就对工业软件的发展提出新的要求。处于软件产业链下游的应用及服务软件已经广泛应用于企业、政府、金融等各个行业，为提高行政、企业等行业的业务管理效率作出了贡献，如今新兴技术融合发展的进程进一步加强，随着以云计算、大数据、移动互联网的兴起，对应用软件服务软件提出了新的需求。本章将分析我国软件产业链和我国软件产业价值链的现状，从产业链的上、中、下游具体分析当今软件产业链的发展特征及存在的问题。

第5章为我国软件产业链整合的演进。对软件产业链整合的历史进行梳理。在早期软件产业链整合的原因主要是因为产生了软件危机，而软件危机的产生是因为软件的功能无法匹配计算机硬件的发展，这样软件企业之间出现了并购浪潮，出现了软件产业链的整合。软件产业进行了更深层次的分工，从软件产品的开发阶段、设计阶段、工程阶段、结构化程序设计阶段，来分析软件产业分工而促使了软件产业链的整合。在软件产业链分工后，软件企业的技术进步大幅度提高，生产效率也得到了很大的改善，这样软件企业向集群发展，形成了软件产业集群。

第6章为我国软件产业链整合的动因。软件产业链整合的模式有横向并购、纵向并购和混合并购。在软件产业链的上游主要是基础软件，其主要包括操作系统、中间件和数据库。基础软件为产业链的中下游提供供给，如操作系统提供桌面操作系统、服务器操作系统、智能终端操作系统、云操作系统等。作为中下游软件企业的供给商，基础软件的开发成本的降低会影响到下游企业的运营成本。同时基础软件的开发效率及产品的多样性及其与中下游的软件企业的交易成本都会影响到中下游企业的生产效率。对于软件产业链中游的工业软件，既对上游的基础软件有一定的需求，同时对下游的企业形成供给。处于软件产业链下游的应用及服务软件对上游的基础软件有一定的需求，而对政府应用、公共服务、行业发展有广泛的供给。软件产业链整合包括横向并购即同类软件企业的并购、纵向并购即产业链上下游的并购、混合并购，不同模式下整合并购的原因不同，本章将分析不同模式下软件产业链进行整合的动因。

第7章为中美法律政策对软件产业链整合规制的比较研究。著作权法和专利法在对软件产业的保护上是不同的。本章介绍我国和美国的著作权法和专利法对软件产业链整合的影响，分析我国的著作权法和专利法对软件产业链整合的影响，对我国著作权法和专利法与美国进行比较分析。本章介绍反垄断法的框架，对比我国和美国的反垄断法。分析反垄断法对软件产业链整合的作用，反垄断法对软件企业滥用市场支配地位的规制以及反垄断法对软件产业链整合方面的局限性。产业链整合后，有可能使某个公司发展为垄断企业，按照SCP范式研究，这不利于资源配置，相应有反垄断法对此进行制约。“马歇尔冲突”是指大规模生产能提高企业的生产效率，但企业追求规模经济的结果必然会导致垄断的发展，而垄断将破坏价格机制，扼杀竞争这一经济活动的原动力，使市场经济丧失活力，损害资源配置的效率。在软件产业链整合过程中也是如此，一方面为了鼓励软件企业进行技术创新，维护软件企业的核心生产要素，也就是知识要素所带来的利润，通过知识产权法保护企业的合法权益；另一方面拥有知识产权的软件企业可以通过所独占的知识生产要素进行产品生产，从而获得独有的产品，进而取得市场的垄断势力，能够对软件产业链进行整合。当企业获得垄断势力时，反垄断法会对其滥用市场支配地位的行为进行规制。本章将对比分析知识产权法和反垄断法对软件产业整合的影响。

第 8 章是对我国软件产业链整合的展望，我国软件产业链整合将向着生态化的方向发展，企业通过软件产业链的整合提高核心竞争力。大型软件企业有资金实力进行投资并购其他中小软件企业，并且通过整合来保持企业的创新能力；中小软件企业在被整合中保持活力，中小软件企业具有“专精特”的特征，同时在中小企业中存在着“隐形冠军”，一部分软件企业为了不被大企业投资并购必须保持竞争活力；另一部分软件企业希望被大型软件企业投资并购，从而研发出占据市场份额的产品。软件产业的整合呈现区域性特征，一是在区域内部的整合，表现为软件产业集群发展；二是由于地区资源禀赋的不同，软件企业进行跨区域的整合行为。软件产业链整合出现混合产业链整合趋势，主要有：以“软件定义”为标志的混合产业链整合；以“国家战略”部署为目标的混合产业链整合；以“创新发展”为核心的混合产业链整合。同时软件产业链整合参与全球价值链竞争，这是全球全产业链综合业态竞争的要求，也是产业安全发展的要求。

第二章

国内外文献综述

第一节　产业链及产业链整合相关理论

一、产业链理论的起源

产业链的研究开始于 17 世纪末，以亚当·斯密为代表的古典经济学家分析劳动分工和专业化对提高劳动生产效率的作用，新古典理论和新古典学派经济学代表人物马歇尔将分工扩大到企业之间，强调企业之间分工协作的重要性，以此标志着产业链研究的开始。在 20 世纪中期，经济学家开始系统地研究产业链理论。赫西曼[3] 从产业的前向联系和后向联系的角度解释了产业链的概念。20 世纪 80 年代兴起对新产业组织理论的研究，对产业链理论进行了更深入的研究，如 Wlliamson[4] 和 Nathan[5] 对产业链中上游的厂商之间通过纵向控制，进而进行市场势力扩张的策略行为进行研究。现代学者对产业链的研究集中在企业和产业两个层次中，没有将产业链视为独立的对象进行系统的研究，研究重心在产业链的具体表现形式等方面[6,7]。国外学者主要是在经济全球化、信息技术高速发展和企业之间竞争范围和要求复杂化的基础上，立足于企业的可持续发展，侧重将企业之间的价值链作为新技术经济条件下新兴的生产组织方式来分析产业链现象，主要解决产业链中企业的纵向整合或者企业之间跨组织的资源组合的问题[8]。

二、产业链的内涵

产业链是各个产业部门之间基于一定的技术经济关联，并依据特定的逻辑关系和时空布局关系客观形成的链条式关联关系形态。产业链是一个包含价值链、企业链、供需链和空间链四个维度。这四个维度在相互对接的均衡过程中形成了产业链。在产业链中价值链是核心，产业链之所以能够形成是因为产品创造了价值；企业分布在产业链的各个环节中形成企业链条；而企业在整个链条中的地位和作用不同，形成了不同的空间，称为空间链；产业链的上、中、下游有着供需关系，形成供需链。产业链的对接主体是企业链和空间链以及供需链之间相互对接。企业链和空间链的对接主要是因为产业配套半径问题，空间上配套半径的大小影响了产业链迂回的形态。价值链在整个产业链中起着非常重要的作用，企业在产业链中通过自身产品的价值创造利润，而企业链、供需链和空间链都围绕着价值链进行活动。

从供需链上看，产业链的概念由产业关联引申而来，而产业关联的实质就是产业之间的供给与需求的关系。产业链是产业内部分工的结果，产业内的企业在供需关系的基础上形成了产业的供需链。产业链可以分为垂直产业链和横向产业链。所谓垂直产业链是产业之间的供需关系形成的产业链，而横向的产业链是产业之间的竞争关系形成的产业链。经济活动中的各产业依据前、后向的关联关系组成了产业链[9]。产业链反映了产业之间的产业关联关系，产业关联的实质是各产业相互之间的供给与需求、投入与产出的关系，而产业依据前、后向的关联关系组成的一种网络结构称为产业链[10]。产业链是各个产业部门之间基于一定的技术经济关联并依据特定的逻辑关系和时空布局关系客观形成的链条式关联形态[11]。在从产业关联的角度研究产业链之外，也有学者对产业链中所涉及的各方面关系进行了延伸。产业链不只是产业关联程度的表达，同时产业链是指从自然资源到消费品之间的产业层次，即从一种或几种资源通过若干产业层次不断向下游产业转移直至到达消费者的路径。因此，产业链具有以下含义，产业链是产业层次的表达，产业链是资源加工深度的表达，产业链是满足需求程度的表达[12]。产业链中有产业之间的关系，也有企业之间的关系，同时包含了企业和消费者的关系。产业链表达的是厂商内部和厂商之间为生产最终交易的产品或服务经济里增加价值的活动过程，它涵盖了商品或服务在创造过程中所经历的从原材料到最终消费品的所有阶段[13]。由此可见，产业链是从最初的自然资源到最终产品到达消费者手中的整个过程中所包含的各个环节所构成的整个生产链条[14]。

从空间链上看，产业链的形成是由于在空间上能够形成一种价值增值的关系联盟。在战略联盟的角度论证产业链，产业链是指在一定的产业集聚区内，由在某个产业中具有较强国际竞争力（或国际竞争潜力）的企业，与其相关产业中的企业结成的一种战略联盟关系链[15]。因此，产业链是战略关系链的一种，产业链是在一定的地理区域内，以某一个产业中具有竞争力或竞争潜力的企业为链核，与相关产业的企业以产品、技术、资本等为纽带结成的一种具有价值增值功能的战略关系链[16]。空间链和价值链是有关系的，Krugman[17] 分析企业将内部各个价值环节在不同地理空间进行配置，开始研究价值链治理模式与产业空间转移之间的关系。Freestra[18] 将全球经济中“贸易一体化”和“生产的垂直分离”相结合，分析“产品内分工”和“垂直专业化”的产品生产环节全球配置的问题。Arndt 和 Kierzkowski[19] 使用“片段化”来分析生产过程中的分割现象，处于同一条价值链条的生产过程中的各个环节通过跨界生产网络组织起来，这个跨界网络可以在一个企业中完成，也可以在多个企业中分工合作完成，产权分离能否实施决定跨界生产方式，如果产权不能分离，就采用垂直一体化的跨国公司内部的方法来进行分工；如果产权能够分离，就采用外包等委托加工的方式进行跨界生产。产业链的形成可以增加一个区域的竞争力，产业链以市场前景比较好、科技含量比较高、产品关联度比较强的优势企业和优势产品为链核，通过这些链核，以产品技术为联系，以资本为纽带，上下连接，向下延伸，前后联系形成链条，这样，一个企业的整体优势就转化为一个区域和产业的整体优势，从而形成这个区域和产业的核心竞争力[20]。

一般认为价值链理论起源于波特的《竞争优势》中，他认为：每一个企业都是用来进行设计、生产、营销、交货等过程及对产品起辅助作用的各种相互分离的活动的集合。波特从企业内部出发，认为企业的价值行为分为两类，分别为基础类和辅助类。基础类包括进货后勤、生产经营、出货后勤、市场营销、售后和服务等；辅助类包括采购、技术开发、人力资源管理、企业基础设施等。波特认为，产业链的中最关键的因素是生产要素、需求条件、相关产业与支持性产业以及企业战略、企业结构与同业竞争。这四个方面的要素连同机会和政府两个因素及其所有子要素以及它们之间的相互关系，构成了一个揭示产业链的运行机制，称为钻石模型。Kogut[21] 从国家的比较优势和企业的竞争能力之间的关系分析企业参与价值链某个环节的战略行为，他认为，当国家比较优势决定了整个价值链条各个环节在国家或地区之间如何空间配资，企业的竞争能力决定企业应该在价值链条的某个环节和技术层面上投入精力，使其保持竞争优势。John shank 和 V. Gowindarajah[22] 认为任何企业的价值链都包括从最初的供应商手里得到原材料直到将最终产品送到用户手中的全过程。同时在价值链的每个阶段都可以计算报酬率（ROA）与利润，从而确定竞争优势所在。Jefferey F. Rayport 和 John J. Sviokla[23] 认为企业在有形资源世界即场所维度（market place）和无形世界即空间维度（spatial dimension）。在有形市场中创造有形价值链，即采购、生产和销售，在无形市场中，通过信息的收集、组织、筛选与分配。

产业价值链是价值链在产业层面上的延伸，是多个企业价值链的整合，是产业中一个不断转移、创造价值的通道。在产业价值链中，每个节点都由若干同类企业组成，它们之间是竞争关系，与上、下游企业之间则是交易关系[24]。也有学者认为产业链就是价值链，是指围绕一个关键的最终产品，从而形成到最终消费所涉及的各个不同产业部门之间的动态关系[25]。产业价值链具有以下特征：

第一，消费者需求是影响产业价值链形成与变化的决定因素。消费者需求是整个产业链运行的核心，也是其最终目标，没有消费者的需求，产业价值链就失去了目的性。随着消费者需求的变化，产业价值链也会发生变化或转移。

第二，产业价值链的核心是价值创造。研究价值链的核心就是要研究其价值是如何创造出来的，也就是研究价值链的各个环节如何提高效率。

第三，产业价值链中的价值分布并不均匀。即在产业价值链中的不同价值单元，其创造的价值大小不一样。

第四，产业价值链与产品的生命周期有关。产业价值链分为技术主导型、生产主导型、经营主导型、综合型。对于技术主导型的产业链，在产业链中核心企业是技术开发研究型企业，其控制着产业链的上游和下游企业，围绕着技术开发企业为主导企业所形成的产业价值链；生产主导型产业链是指主导和核心企业为以生产为主要业务的企业，其生产出的产品能够满足消费者的需要，围绕着生产型企业而形成的产业价值链；经营主导型产业链是指技术主导型企业和生产主导型企业在产业链中都处于核心地位，处于主导位置的企业既是技术型企业，同时也从事生产经营活动。

从企业的角度来看，形成产业链的企业，可以是同一产业，也可以是不同产业的企业；产业链是企业的集合，企业是产业链的载体；产业链是以产品为对象，即以生产的对象为对象形成的；产业链是以投入产出为纽带，上一企业生产的产品一定是下一企业的投入，直到完成整个产品的生产为止；产业链是以价值增值为导向，产业链中企业从上游到中游再到下游是一个不断增值的过程，直到用户买走产品，实现了产业链的价值为止；产业链是以满足用户需求为目标；产业链包含有生产和交易两个过程；产业链的关联关系有时间的次第性和空间的区位指向性；产业链的组织性质是中间性组织形式，是“有组织的市场”和“有市场的组织”双重属性的合作竞争型准市场组织[26]。可见，产业链是发生在企业之间的关系，产业链是介于企业和产业之间的“夹层”，兼有产业和企业特征的组织，并提出产业链结构的“玻尔原子”模型[6]。

因此，产业链指产业在生产产品和提供服务过程中按内在的技术经济关联要求将有关的经济活动、经济过程、生产阶段或经济业务按次序联结起来的链式结构。产业链的实质是技术经济关联链，具体可是节点产业产品形成的涉及相关产业的物理形态产品链，也可是围绕节点产业技术所涉及的相关产业的技术链，或是围绕节点上产业某一业务涉及的相关业务构成的业务链，如产品链、供应链、销售链、物流链、信息链、研发链、需求链、风险链等等。无论哪种形态的产业链，也无论哪个层面的产业链，其本质是以价值为纽带，能够决定和影响节点产业产品主要价值部分连接所构成的链[27]。

三、产业链的演化机制

“演化”一般指事物在状态上发生的变化，也指一个事物发生变化的一个过程。对新古典经济学来说，演化意味着打破了原有的均衡，然后恢复均衡的一个过程。产业链是企业和市场之间的中间组织，产业链形成的原因是节约企业之间的交易成本，并且通过企业行为，提高市场的绩效。产业链的演化过程是由产业链上的“链”“链上的主体”以及具有支配引导整个产业链系统发展的“链主”

共同演化完成的。产业链的本质是打破资源流动空间约束的一种资源的整合机制[7]。产业链总为一个中间的组织，既包含了企业的组织结构、企业文化、企业业务等，也包含了市场中的企业行为，从而可以看出产业链的演化是一个动态的过程。从要素协同共生的动态系统的视角，通过分析认为，产业链演化表现为在资源、资本和知识三要素相互作用下，呈上升或下降的非线性结构态势[7]。产业链的演变有其固有的规律，在转变经济发展方式的基础上，可以看出产业链从初级向高级动态演进的趋势：形成初期的纵向生产链、中期的配套协作链、加快发展期的循环生产链、成熟期的供应关系链、蜕变期的文化价值链[28]。产业链在演变过程中形成了不同的产业机制，产业链的培育主要表现在产业的配套类型与配套半径上，并进一步降产业链划分产业“龙头”、产业“七寸”和产业“配套”三个环节，从而形成“龙头企业”“核心企业”“关联企业”及其在产业链培育中“需求拉动”“创新驱动”“传导”三类机制[29]。也有学者将产业链的运行机制分为利益分配机制、风险共担机制、竞争谈判机制、信任契约机制、沟通协调机制和监督激励机制六大机制，这六大机制通过市场机制和政府机制共同作用于产业链，推动产业链的正常运行[26]。

对于产业链的效率而言，Prahalad 和 Hamel[30] 及 Mahoney 和 Pandian[31] 研究企业能力理论，他们认为产业链整合可以打造企业的核心能力，并证明了产业链可以将不同能力的组织紧密结合起来创造价值。对于产量链的效率评价，有学者将产业链中以产业的纵向关联方式将产业链划分为三种类型，并提出以产业链整体效率为对象的产业链效率评判标准[14]。还有学者分析了产业链系统串联耦合与并联耦合的两种模式，提出有效解决产业链条系统不稳定与低效率问题的方法[32]。产业链能够提高生产效率，产业链的效应主要有：整合效应，在产业链中存在一家或几家核心企业，核心企业通过控制产业链的上下游企业，使得整个产业链条从原材料供应到产品客户得以联系，降低企业之间交易成本；竞合效应，在产业链中企业之间存在着竞争与合作的关系，企业会面对同样的客户群，因而进行竞争。同时，企业在产业链中又需要合作发展，互通有无，共同进步；协同效应，产业间的企业通过协作发展，能够最大限度发挥自己的优势，实现企业间共赢发展[26]。

四、产业链整合的理论

在产业链整合的理论渊源方面，杨格在《报酬递增与经济进步》中研究了分工与市场、经济增长与分工的关系后，提出了在产业链迂回的形式下规模报酬取决于劳动分工。杨小凯通过比较优势、规模经济、专业化经济，发现专业化水平随着人们活动范围的缩小而提高。

产业链的整合可以经过三个阶段，第一阶段为比较优势经济，第二阶段为规模经济，第三阶段为协调经济。由于个体的分工不同从而造成了不同的个体具有的比较优势，这样形成了不同的产业；同一产业中的不同企业为了抢占资源优势，在销售中获得更多客户，通过不同的市场行为从而达到了规模经济；不同产业间的企业在发展过程中共同使用某种资源，形成了协调发展的经济。产业链整合的主体是企业。企业在产业链整合中，进行资源的优化配置，降低交易成本，提高企业的生存效率，从而达到产业的价值链升值，使整个产业链运行效率提高，企业也获得更高的利润以及更大的市场势力。

在产业链整合的原因方面，芮明杰等人[13]分析了在新技术革命冲击下，环境变化非常迅速，基于新古典经济学静态的均衡分析框架基础上的产业组织理论、交易费用理论和企业能力理论无法完善地解释产业链整合，提出了以演化视角、知识基础观和顾客价值导向为基本逻辑起点的新的产业整合理论。卜庆军等人[33]认为，主导企业的存在是产业链整合的前提条件。协调运作是产业链整合的目标。信息共享机制是产业链整合的基础。风险、成本和利益共担是产业链整合的结果。杨惠馨等人[34]认为，成本与收益的比较是决定分工制度安排的主要因素，随着外部环境的改变，成本与收益的变化决定产业链处于不断地整合过程中。张利痒[35]针对我国饲料产业组织与产业链整合方面的典型特征，建立了一个基于环境与企业能力不断联动优化的一体化产业价值体系。文娉等人[36]从市场规模和交易成本分析了国产手机产业价值链环节的衍生和再整合。刘慧波[37]认为，产业链整合的最终目的就是，同比而已，使本条产业链所处的产业在国际竞争中处于比较优势，获得持续的竞争力。郑大庆[38]认为，产业链整合现象受到生产要素、技术创新、产业管制和香港产业及支持性产业的发展。

在产业链整合的模式方面，卜庆军[33]研究了产业链整合的股权并购、战略联盟、产业集群的三种模式。郑勇军和汤筱晓[39]根据跨区域产业集群之间联结方式的差异提出四种不同的整合模式。程宏伟等人将产业链整合视为产业链演化的重要途径，并提出基于资本与知识的产业链整合模型，分析产业链纵向、横向和侧向的三维整合路径。芮明杰[13]认为，网络状产业链的知识模式因系统任务的复杂程度不同而改变，相应地在产业链知识整合过程中的作用也不相同。复杂系统的组织涉及大系统理论，大系统结构方案一般分为递阶控制方案和分散控制方案，前者又分为多级控制和多层控制，这三种控制方案对应着三类知识整合模式。刘慧波[37]认为，产业链整合的手段有并购和外包。郑大庆[38]认为，产业链描述了从原材料到产品的企业网链结构，它的整合方式分为纵向一体化、横向一体化和产业链融合。袁艳平[40]总结，产业链整合的方式有纵向整合和横向整合。其中纵向整合包括纵向合并，即企业将产业链上存在上下游关系的企业合并组合成新的企业整体；纵向约束，即产业链上的企业可以通过对上下游企业施加纵向约束。横向整合有整合企业能力，建立横向企业联盟，进行横向合并。

在产业链整合的效应方面，赵红岩[41,42]从全球产业链形成的视角套路区域产业链的整合模式与对策升级，并且论述产业链整合在规模经济、专业经济、模块经济、网络经济四个演进阶段中所体现的产业整合效应、知识溢出效应、资产专用效应和亚市场优势效应等功能。张雷[43]分析产业链纵向关系治理模式的影响因素，从产业链纵向关系治理的视角，分析了中国汽车产业链纵向关系治理模式的演变历程、未来调整与创新的方向。刘慧波[44]通过研究产业链整合的内外部因素，进而分析纵向一体化整合绩效，从理论到实证分析产业链整合，得出的结论有产业链纵向一体化整合的动态过程的内在机理是核心企业对于整合对象的选择与发展，从而衍生的一种适应性学习机制。产业链整合的过程是动态演进的，选择与发展同时进行。整合策略和整合水平在产业链纵向一体化整合绩效中在影响持久生产性与持续成长性的过程中起到中介变量的作用。影响产业链纵向整合绩效的核心企业内外部具有三维度特征，分别是纵向关系资本、企业资源和企业能力。

第二节 软件产业及软件产业链相关理论

一、软件产业

软件是信息技术的核心，它包括计算机程序、数据和相关文档资料。软件产业是包括软件开发、生产、流通、管理在内的知识密集、劳动密集、智力集中型知识产业[45]。软件产品的基本特征：智力密集型，高投入、高风险，高要求的后续服务，互动和锁定效应，高效、绿色，地域文化特色，多数量、高聚集。按照国际管理，软件产业包括软件产品和软件服务两大部分。软件产业是直接从事计算机软件产品制造或软件服务活动的企业的集合。计算机软件产品是能被计算机存储和读入并指示计算机从事特定工作的编码程序，主要包括系统软件、支撑软件和应用软件三大类。计算机软件服务是指与计算机软件相关的服务内容，主要包括信息系统集成、ASP、信息系统运行与维护服务、数据中心与资源外包服务、数据加工与处理服务、信息系统咨询与评估服务、信息系统工程监理、软件与信息系统管理人才工程化培训等[46]。软件产业具备高新技术产业所有的主要特征：发展模式的不确定性、产业优势的相关性、市场环境竞争性、产业政策的引导性和支持性、有效需求是软件产业发展的真正动力等。软件产业发展的过程较为特殊，大型软件工程项目平均都要推迟一年以上的工期，成本要超出技术的一倍，而性能却比预期的要低得多。软件产业各组成部分的特征存在差异。软件产业是与软件产品和软件服务相关的一切经济活动和关系的总称。

二、软件产业链

软件产业链是指以软件技术为基础，以提供能满足消费者使用的软件产品、享受软件服务为目标的具有相互衔接关系的企业结合[47]。软件产业链分为产品链和价值链。软件的产品链又可以分为系统软件、支撑软件和应用软件。系统软件是软件产品链的上游，包括操作系统、网络管理系统以及嵌入式操作系统等。支撑软件是软件产品链的中游，它能够帮助用户灵活、高效地开发和集成复杂的应用软件。支撑软件包括中间件和数据库。位于软件产品链下游的是应用软件，应用软件是指专门为某一目的而编程的软件，包括行业应用软件、办公软件、杀毒病毒软件等。

软件产业链的价值链为研究价值、开发价值、推出价值和维护价值。研究价值是软件产业价值链的上游，研究并创造基础性的新技术或新标准；开发价值是软件产业价值链的中游，主要活动为应用新技术或新标准来创造具体的软件产品；推出价值是产业价值链的下游，主要活动是为满足用户需求而提供软件产品或完整的软件解决方案；维护价值处于软件产业价值链的下游，主要活动是确保传递到用户的软件能够持续稳定的运转[47]。

软件产业链中的企业链。在软件产业链中，各个企业从事着不同的增值活动，这些企业在软件市场中实现他们创造的产品的市场价值，也就是说，软件企业创造了软件产品和相关软件市场的价值，而这些价值通过市场关系构成了软件企业链。围绕着软件产业中价值链可以将软件企业链分为五类：企业与客户、软件企业之间、软件企业与中间商、软件企业与政府部门、行业组织之间。其中，软件企业与客户、软件企业之间、软件企业与供货商的关系直接产生价值；软件企业与中间商、软件企业与政府部门、行业组织之间间接产生价值。

软件企业与软件产业链的关系。不同的软件企业通过供需关系在产业价值链内进行合作，形成软件产业链。在越来越细致的分工下，软件企业的专业化程度逐渐提高。软件产业链对企业的作用逐渐增加，软件企业的价值需要在整个软件产业链中体现。当软件产业链的生产效率较低时，一个软件企业也很难发挥它最大的价值。在整个软件产业链中，企业之间相互影响，相互作用。产业链的整体价值大于每个企业所提供的产业价值，产业链的优化整合能够使产业链内企业的价值发挥到最大[46]。

三、软件产业的发展模式

国外的软件产业的四种发展模式是：

（1）美国的核心技术垄断型。美国是全球最大的软件生产、消费和出口国，世界上最先进的软件技术都是由美国来掌握，而软件基础平台的研究和软件标准的制定也都是由美国牢牢把控，同时美国还拥有 1/3 的软件技术人才，因此，美国垄断着世界的软件产业。

（2）日本的嵌入式系统主导型。日本的优势软件产业在嵌入式系统方面主要通过硬件的发展带动软件发展。日本软件从培养国内巨大的市场需求到将本国的各类电子产品推广到世界各地，从而带动着电子产品中软件产业的发展。李於洪[48] 认为，日本软件产业生产过程的独特性和产业模式的合理化定位使日本信息产业具备了很大的竞争力。

（3）爱尔兰的生产本地化型。由于欧洲市场有 20 多种语言的需求，爱尔兰针对这一实际需要，逐步发展为针对欧洲市场外国本地化产品和服务的软件产业，并成为世界上成功的软件生产基地。爱尔兰对本国的软件产品申请专利和注册品牌，注重知识产权保护，并对美国软件产品加工为欧洲版本销售到国外。爱尔兰的发展模式为在产业链条中寻找薄弱环节，集中力量发展这一环节成为本国优势产业，在产业链中占有一定的地位。

（4）印度的国际加工服务型。印度的软件产业出口是仅次于美国的第二大国，印度的软件产业以软件服务外包为主，向美国和欧洲国家提供定制的软件服务产品，以离岸和在岸开发方式提供服务。印度发展软件业的优势在于比较廉价的人力资源优势，依托于软件园发展国际市场。杨银厂[49] 在综合考虑我国宏观经济形势及软件产业发展水平的基础上，借鉴国外软件产业发展经验，提出我国软件产业应该选择不同于美工、日本、印度等国家的多元发展模式。

四、软件产业发展的影响因素及趋势

Wolfgang Leister[50] 研究软件产业在发展过程中遇到的困难，他认为劳动力和资源是影响软件产业发展的主要因素；Bennett[51] 认为软件产业的发展受互联网的影响较大。中国软件的发展存在着独有的问题，提出软件产业发展的战略性发展建议：技术选择战略、软件基础设施建设战略、人才战略、以市场需求为导向建立软件风险投资机制以及生产基金战略、以技术创新为动力的长远发展战略。影响区域软件产业发展的影响因素为：产业功能定位、空间布局、市场导向、企业组织策略和价值链等，这些因素是区域软件产业的核心竞争力。同时，在制定区域软件产业发展战略时需要考虑到企业组织机构变化、资源条件、发展环境等与以上因素在不同阶段的配合。影响软件产业演进的因素有技术因素、国际因素、制度因素、供求因素、市场结构、企业并购。软件产业演进趋势：网络化趋势改变软件应用与技术模式，服务化趋势改变软件应用与商业模式、国际化推动软件产业国际分工格局的形成、知识产权成为软件产业的竞争砝码。爱尔兰软件产业价值链突破的影响因素有：区位特点引起软件业发展空间的迅速扩大，政府的政策支持和基础设施建设，提升外商投资拉动及产业竞争力。印度软件产业价值链突破的影响因素有：劳动力资源优质，成本低廉，国家政府政策支持，企业国际化及质量认证体系的发展[52]。

产业竞争优势是由产业环境和企业能力共同决定的，发展中国家软件产业竞争优势的构建，必须从国家和企业两个层面进行。政府要在制度创新、技术创新、人才培养、资金融通、市场需求、产业集聚等方面发挥重要作用，营造有利的产业发展环境。软件企业必须从技术创新能力、管理创新能力、市场营销能力、战略能力、资源整合能力和组织学习能力等方面不断提高自身的核心竞争力[53]。毕秀晶[54] 认为，我国软件产业地区分布差异明显，集聚特征显著。上海、北京、深圳等少数城市软件企业集聚程度高，骨干企业多。软件出口具有较强的基地指向性。我国软件产业发展的特点是产业生态体系逐步完善，产业增长在高位趋于平稳，产业结构向服务化方向调整加快，业务向价值链中高端发展，新技术新模式为产业带来新的增长点，企业兼并重组现象增多[55]。惠宁等人[56] 利用2003~2012年29个省（区、市）的面板数据，分析我国软件产业发展的状况以及软件产业发展趋势。结果表明，我国软件产业存在明显地区差异性，政府制定优惠补贴的产业政策对软件产业的推动已经弱化。软件产业的发展要依靠以中小企业为主要力量的发展模式，倡导以校企合作方式培养适合市场需要的软件人才，鼓励海外优秀的技术与管理型复合人才回国创业，关注地区间的公平性以提高地区间竞争力，立足国内市场需求并努力承接服务外包业务。

针对软件产业对整个经济增长的作用，李德升[55] 认为，软件产业的发展推动了经济增长，软件产业发展对经济增长的有直接的贡献，软件产业成为世界经济中增长最快的产业之一，软件产业规模的不断壮大直接推动了经济总量的扩大。软件技术和软件产品在各行各业不断扩散和渗透，加深了软件产业与其他产业的融合，产生了更多的技术、应用和业态，创造出了更大的市场，带动了其他产业，进而促进了整个经济的增长。软件产业能够改造和提升传统产业。软件技术广泛渗透到各个领域，对传统产业从设计、制造、销售到管理各个环节产生了深刻的影响，极大改造和提升了传统产业。软件产业能够调整和优化经济结构。随着软件技术的发展和应用，世界范围内兴起了许多以软件技术为核心的新兴产业以及软件技术与传统业务融合的新兴产业，并逐步成为主导产业，而且带动一系列关联产业的产生办法，引起产业结构的深刻调整和变革。软件技术的发展和应用，还改变了生产要素的投入结构、生产组织和经营模式，引起交换结构、消费结构和分配结构的变化。

第三节 软件产业链整合的相关理论

一、模块化生产

模块化（modularity）是一种构筑复杂的产品或业务方法，它把复杂的系统分拆成准独立的子系统，通过标准化的接口在这些子系统之间进行信息沟通，使它们组合为一个整体后能有效运转。模块（module）就是这种具有准独立性的子系统[57]。

模块化生产是标准化的过程，但是模块化生产与一般的标准化生产不同。一般的标准化生产是大规模的将生产技术进行复制，模块化生产有一个"看得见的设计规制"。通过标准化在设计规则层面的应用，模块化减少了为应对不确定性而产生的管理和集中需求[58]。"看得见的设计规则"必须包含"结构""界面""标准"三大要素[59]：结构，界定构成模块化系统的模块数量、种类、属性及功效。界面，界定模块化系统中模块之间是如何交互作用的。界面是将一个复杂产品转化为模块化系统的关键因素[58]，它决定了模块之间松散耦合的程度，规定了模块之间如何混合搭配、如何组合链接以及如何交换信息等。界面的设定应考虑空间、能量、信息、物质等四大要素，即模块间空间邻近或分散的需要、模块间能量传输的需要、模块间信息交流的需要、模块间物质交换的需要。标准，规定了对独立模块的功效和性能进行检测所依据的集成协议和检测标准，是确保自治模块与系统兼容的核心和基础。

模块化是整合型系统向模块化系统演进的动态过程，在这一过程中，系统设计者需要通过实施"模块化操作"对系统进行分解和再组合，从而形成多样化的系统形态。Baldwin and Clark[60] 定义了六种模块操作符：分割、替代、扩展、排除、归纳与移植，这六种操作符是模块化设计中最基本的活动。分割操作是将一个系统分解为两个或更多的模块，替代操作是指用一种模块化设计替代另外一种，扩展操作是向某个系统添加新的模块，排除操作则将某个模块从该系统中排除掉，归纳操作可以创造一个新的设计，而移植操作则将某个模块移到另一个系统中。通过分割，模块可以被进一步细分；通过替代，它们可以得到改进；通过扩展，新的模块可以被创造出来；通过排除，新的系统可以被试验；通过归纳，多余的活动可以被合并为单一的模块；通过移植，系统可以借助共同模块联系在一起。

模块化生产可以将复杂的系统进行有效分解，然后将模块化的部分重新进行排列组合，形成不同的系统形态，成为新的产业整合。模块的再组合，即模块化集中阶段，模块化系统必须处理两种信息。一种是"系统信息"[61]，或"显性信息"[60]，另一种是"个别信息"[61] 或"隐性信息"[60]。隐性信息是发生在各个模块内部的交互性行为信息，这些信息在模块之间是相互保密的。而显性信息是有关模块间交互行为的信息，是与系统环境相关的信息，这些信息在整个系统内是公开的，并且在处理这种信息之后作出的决策决定了子系统或模块之间的联系规则乃至界面的状态。

模块化生产是形成全球价值链生产的基础。模块化生产网络是价值链的模块化，它由默许行为（tacit activity）的节点组成，这些节点通过编码化信息的交换而连接，创造出全球规模的制造系统[62]。Sturgeon 的研究还指出，模块化生产网络在空间上的集中与分散是相容的，并且具有相互增强的趋势。全球性领导厂商以外包为基础，以产品设计为龙头，以开放共享为标准，跨国公司总部及其内嵌在各种专业化产业集群中的分支机构可以通过组织来接近地理整合，在全球经济范围内重新建立战略体系，将分布在不同地区的企业或企业集群连接为一个有机的整体，以实现资源共享和优势互补[63]。这样，模块化生产网络就突破了经济区位的有形疆界，既可是地理位置毗邻的产业集聚地，也可是跨地区、跨国界的网络组织，从而具有全球化的特征。

二、软件模块化生产

软件模块化设计（software block-based design）是对一定范围内的不同功能或相同功能不同性能、不同规格的产品进行功能分析的基础上，划分并设计出一系列功能模块，模块化管理通过模块的选择和组合构成不同的用户定制的产品，以满足企业的不同需求。模块化设计，简单地说就是程序的编写不是开始就逐条录入计算机的语句和指令，而是首先用主程序、子程序、子过程等框架把软件的主要结构和流程描述出来，并定义和调试好各个框架之间的输入、输出链接和依赖性关系。逐步求精的结果是得到一系列以功能块为单位的算法描述。以功能块为单位进行程序设计，实现其求解算法的方法或完成某一独立功能的单位称为模块化。模块化的目的是为了降低编制软件的复杂度，使软件设计、调试和维护等操作简单化。软件模块化管理（software block-based management）就是把问题细化，分级别或层次独立管理，各负其责，管理模式呈金字塔状，逐渐向上其功能逐渐增强或增大。软件模块化管理，把不可拆分的最小软件功能划分成基本软件功能模块；在基本软件功能模块的基础上，根据需求利用多个基本功能模块构成较大功能软件模块；在较大软件功能模块的基础上根据需求利用多个较大软件功能模块构成更大的软件功能模块。以此类推，就构成了一个整系列的软件功能模块集合。如果是一个完成特定功能的软件模块集合，就是一套专用的软件系统；如果是一个通用功能的软件模块集合，就是一套通用的可重新定制的软件模块化集合[64]。

三、软件复用经济学

（一）软件复用的概念

1968 年 Mcilroy 在 NATO 软件工程会议上提出软件复用的概念，即使用现存的软件技术活产品来构造新的软件系统。软件复用包括领域工程和应用工程。领用工程是为了可复用而开发的软件，也称软件复用；而应用工程是基于领域工程上而进行的应用开发。软件复用的范围在不断扩展中，软件复用定义为以下几个方面：项目计划，即项目之间具有可以复用的成分；成本估计，对于项目需求相似的部分，直接复用其他项目的成本估算；体系结构，项目之间按照特征建立一组类似的体系结构模板作为框架；需求模型和规约，相似的需求具有可复用的模型与规约；设计，在设计过程中可复用部分；源代码，验证过的程序代码；用户和技术文档；用户界面；数据，如数据库、结构等；测试用例，将可以使用的复用软件作为领域工程一部分待用。

软件复用经济学是将软件复用技术与经济学理论相结合的跨学科研究，将经济学中的厂商理论，即在产量一定的情况下追求成本最小化应用到软件复用当中，对软件复用中的有关成本进行度量，在此基础上对可复用软件和基于可软件复用的软件开发的成本和收益进行估计、预测和分析，使企业利润最大化。

（二）软件复用经济学与产业链整合

目前软件复用经济学应用于产业链整合主要源于两个基本方法：代码行数分析法和复用模式分析法。美国南加州大学（USC）结合传统的软件代码行数分析法，通过指令行数、员工技能和薪酬等相关因素来估计软件产业链整合的成本，其优势在于计算简单、易操作。但由于软件产业链的一些特性使基于代码行数的成本估计面临许多问题，例如，服务组件来源广泛而且复用环境复杂，而不同来源的服务组件在产业链实施过程中成本差别很大，而这期间的开发成本几乎不可能仅通过底层代码的变化估算出来。为此，美国卡内基梅隆大学提出了另一种解决思路，即复用（情景）模式分析方法，在实践中获得了广泛的应用。该方法对产业链中全部复用活动采用形式化手段进行描述，还原出产业链开发各阶段可能出现的各种复用模式，并在其关键处设计成本观测点，以此来实现对整个产业链资源的优化配置。

第三章

我国软件产业链整合的实现模式

第一节　我国软件产业链的形成

软件产业是指直接从事计算机软件产品制造或软件服务活动的企业的集合。软件产业链是指以软件技术为基础，以提供能满足消费者使用软件产品、享受软件服务为目标的、具有相互衔接关系的企业集合[65]。

软件产业产品链与其他产业的产品链一样，软件产业上游企业的产品为下游企业提供供给，而下游企业对上游企业的产品产生需求，软件产品的上下游之间也是投入和产出的关系。软件产业主要分为软件产品和软件服务两大类：软件产品有基础软件和行业应用软件两大类；软件服务主要有信息技术服务、云计算和大数据，见表 3-1。

表 3-1　软件产业细分

软件产品	基础软件	操作系统	桌面操作系统
			服务器操作系统
			智能终端操作系统
			云操作系统
			工控操作系统
		数据库	层次型数据库
			网络型数据库
			关系型数据库
		中间件	终端仿真/屏幕转换中间件
			消息中间件
			远程过程调用中间件
			交易中间件
			数据访问中间件
			对象中间件
		语言处理系统	编译程序
			解释程序和汇编程序

续表 3-1

软件产品	行业应用软件	办公软件	幻灯片制作和放映软件
			初级图片处理软件
			文字处理软件
			电子表格软件
		工业软件	研发设计
			生产过程控制
			经营业务管理
		其他行业应用软件	
软件服务	大数据		
	云计算		

一、操作系统

位于软件产业链上游的操作系统是控制和管理计算机硬件与软件资源合理配置及运行的电脑程序，是最基本的且直接运用于“裸机”上的计算机系统软件，其余所有的软件都必须依赖操作系统才能运行。操作系统不仅连接着计算机和使用者，并且也连接着计算机硬件和其他软件。因此，操作系统是计算机运行中的重要连接点。操作系统的功能包括管理计算机系统的硬件与软件，收集各种数据资源，控制程序运行，改良人机界面，以及提供其他应用软件的技术支持。操作系统通过上述功能使所有计算机系统资源得到最大限度的利用，并且操作系统还可以呈现出多种形式的用户界面，从而使用户得到一种好的工作体验与环境。同时，操作系统还可以为其他应用的开发提供一定的服务和与其相对应的对接窗口等。由此可见，操作系统不仅仅是一种基础的软件产品，更是控制着整个软件产业中软件产品的核心技术、体系结构和标准。

二、数据库和中间件

软件产业链的中游为数据库和中间件。数据库是按照数据结构和一定的规则将数据进行组织、存储和管理，数据库相当于建立在计算机存储设备上的仓库。数据库还可以视为是电子程序化的文件储存箱，即放置存储电子文档的空间，用户可以对文件中的数据进行增加、裁剪、更新、扩大等操作。随着计算机使用的普及，这样的“仓库”常常被工作者所需要，他们把某些相关的数据放进仓库中，并根据工作的需要对数据进行相应的处理。数据库通常分为条理式数据库、复杂式数据库和联结式数据库三种。数据库是软件产业的中游，因而数据库的产品需要适应上游操作系统平台。如甲骨文公司的 Oracle 数据库是联结式数据库，它可以同时支持多种不同的硬件和操作系统平台，为各种硬件构造提供高度的可适应性，支持不同的相关处理器的并行、聚合多处理器及大规模处理器等，数据库的产品还具有广泛的语言支持。作为中游的数据库需要为下游的应用软件提供产品支持，因而还需要适应下游应用软件的需求。如由 Oracle 数据库提供的一个完整的开发软件的工具，叫作 Developer200，包括相互式应用系统生成器、报告表格打印工具、文字处理工具以及集合式数据库，用户可以根据自己的需要利用这些工具生成各种应用软件。

中间件是一种独立的系统软件或服务程序（见图 3-1），中间件可以将分布式的应用软件在不同的程序之间进行资源共享。由前文分析可知，作为软件产业链上游的操作系统管理计算资源和网络通信，而中间件的功能是生产多种接口和协议规范来实现在不同的操作系统和硬件平台上的运行。简而言之，中间件的作用是能够将运行在一台或多台机器上的多个软件通过网络进行交互。中间件能够提供技术上的互操作性，它能够将分布式的体系架构进行一致性的演进，这样通过一致性的体系架构又可以支持并简化复杂的分布式应用程序。中间件包括 Web 服务器、事务监控器和消息队列软件，属于可复用的软件。处于软件产业链中游的中间件，在操作系统的下游，而在应用软件的上游。中间件可以提供运行和开发环境给应用软件，使用户可以更加灵活和高效地使用复杂的应用软件。中间件技术建立在对应用软件部分常用功能的抽象上，将常用且重要的如过程调用、分布式组件、消息列队、事务、安全、连接器、商业流程、网络并发、HTTP 服务器、Web 服务等功能集于一身，中间件也可以将分别在不同品牌的不同产品中分别完成[66]。

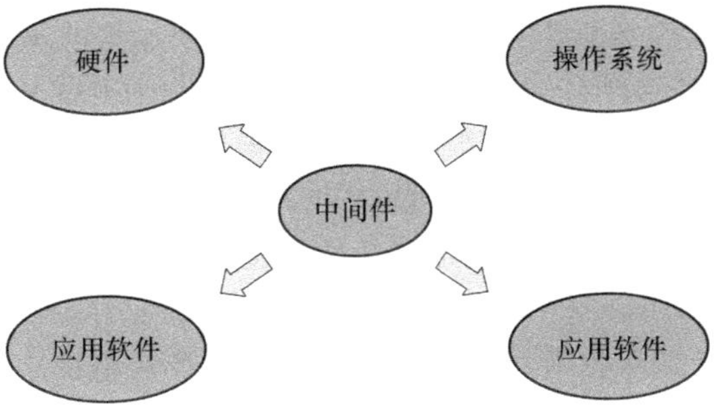

图 3-1　中间件模型图

三、办公软件和语言处理系统

办公软件一般是工作软件，具有文字处理、表格制作、幻灯片制造、图形图像处理、简单数据库的功能。办公软件处于软件产业链的下游，其范围不断扩展以适应计算机网络的发展，办公软件在使用范围上不断广泛化，并且功能深化。

如在政府的办公系统中普及率较高的电子政务、税务专用的税务系统，以及在企业中使用协同办公软件也都属于办公软件。办公软件结合信息技术服务将办公内容和电子化、数字化相融合形成办公自动化的环境，办公软件操作更加简单，而功能逐渐细化。

语言处理系统是软件产品生成的基础，除了机器语言外，其他用任何软件语言书写的程序都不能直接在计算机上执行，都需要通过语言处理系统对它们进行适当的处理。语言处理系统可以把软件语言书写的各种程序处理成可在计算机上执行的程序，或最终的计算结果，或其他中间形式。语言处理系统包括编译程序、解释程序和汇编程序。在计算机发展的早期，人们直接用机器语言来描述问题的解法，这种程序无须任何处理就能直接在计算机上运行；之后，程序设计语言倾向于准备好一个由一些常用的例程程序组成的库，并借用一些代码来引用该库中的例行程序，这样机器语言发展为汇编语言。汇编语言的发展要求有一个翻译程序把汇编语言程序翻译成机器语言程序，即为汇编程序；编译程序在解释程序和汇编程序之后，它能够形成一种自动编译程序的工具。编译程序功能是从任一语言的词法规则、语法规则和语义解释出发，自动产生该语言的编译程序。语言处理系统处于软件产业的中游，它在操作系统的下游，但在其他应用软件的上游。语言处理系统将应用软件的语言在计算机硬件上进行处理。

四、行业应用软件

行业应用软件是应用于各个领域的应用软件和解决方案，其中最主要的是工业软件。工业软件贯穿于工业生产的始终，在工业研发设计、生产调度、经营管理和过程控制中都会使用工业软件。随着信息化的深入，工业软件与大数据相结合，工业软件具备对各类工业数据进行处理、分析和优化应用的功能。工业软件将制造业与互联网相结合形成智能制造，完成制造业中的优化产出和智能决策等部分机能。如果按照安装媒介来分，工业软件分为嵌入式软件和非嵌入式软件。嵌入式软件是指软件嵌入在工业装备或工业产品之中，工业软件具有采集数据、控制过程、显示结果等功能。非嵌入式软件是指软件安装在通用计算机或工业控制计算机中，通过对计算机的使用实现产品设计、过程管理、服务等功能。对于制造业来说，工业软件产业为其提供产品，处于其产业链的上游。工业软件需要掌握相关工业领域的流程、算法、工艺、设计、标准和技术等，将工业知识与软件相结合，开发出适用于工业领域的应用软件。对于软件产业来说，工业软件处于软件产业的下游，属于应用软件的一种。工业软件位于操作系统的下游，工业软件的生产需要与操作软件、中间件等上游产品相匹配。

五、软件服务产品

软件服务产品主要包括大数据和云计算。麦肯锡全球研究所给出大数据的定义：一种数据集合能够做到规模达到在获取、存储、管理、分析方面大大超越了过去的数据管理库软件的能力，其具有大量的数据规模、高速的数据流量、多样的数据种类和价值低四大特性。大数据产业的意义在于不但掌握庞大的数据信息，而且可以对这些数据信息进行专业化的处理，从而使数据具备价值。大数据需要特殊的技术，以有效地处理大量的数据。适用于大数据的技术有大规模并行处理数据库、数据挖掘、分布式文件系统、分布式数据库、云计算平台、互联网和可扩展的存储系统。大数据将给人类社会带来巨大的进步，科研机构通过大数据进行研究探索；工业和信息化通过大数据更好的结合，大数据促进产业升级与新兴产业的兴起；大数据对软件产业从编程为主转变为以数据为中心。大数据的发展向着数据类型的多样性以及数据来源的广泛性、大众化发展，并且数据分布具有不确定性，大数据通常由多源异构数据的融合和集成来形成，在分布上呈现出高维、稀疏、多模态等内在分布特征。大数据需要存储、分析和处理后才可以提供给客户使用，大数据的应用需要相应的数据处理分析软件配合，即在软件产业链中，大数据服务对应用软件产生需求，应用软件的研发必须适应大数据的发展要求。

云计算是建立在互联网基础之上的，利用互联网进行服务的增加、使用和交付，通过互联网来获取动态的容易扩展并且是虚拟化的资源。美国国家标准与技术研究院（NIST）将云计算定义为：云计算的付费模式是按用量进行计费。这样的计费模式能够提供按需要和便捷的互联访问，云计算能够将各种资源包括网络、服务器、存储、应用软件、服务建立到一个计算机资源共享池，只需投入很少的管理工作，或与服务供应商进行很少的交互，而能够快速提供其所需要的各种资源。简而言之，云计算是一种基于互联网、共享的软硬件资源和信息按需提供给计算及和其他设备的计算方式。云计算环境下，软件技术将发生显著变化。开发的软件必须与云相适应，能够与虚拟化为核心的云平台有机结合，适应运算能力、存储能力的动态变化。

大数据与云计算的关系是大数据价值的挖掘需要云计算技术。数据挖掘需要收集数据获得相关的统计信息，将数据用于求解或优化模型参数。大数据与云计算相结合，使计算软件能够在大规模数据上进行频繁的数据访问，然后进行大量的运算。云计算的计算对象主要是大数据，没有数据支撑云计算将失去计算依据。构架大数据和云计算的桥梁是应用软件，不但大数据的存储需要应用软件的支撑，而且必须有相应的软件配合才能够使云计算挖掘大数据后的科研、经济等方面的价值。

第二节　我国软件产业的价值链

波特在《竞争优势》中阐述了价值链的概念，他指出每一个企业都要进行设计、生产、销售以及一些辅助活动等，这些活动可以用价值链来衡量，企业的价值活动可以分为五个基本活动和四个辅助活动。五个基本活动包括内部后勤、生产作业、外部后勤、市场销售、服务，这些基本活动能够直接创造价值；辅助活动分别为企业基础设施、人力资源管理、技术开发、采购，其中辅助活动不能直接创造价值。从波特的价值链理论中可以看出，企业通过以上九种活动的排列组合来创造企业价值，并且每个部分所创造出来的价值是不同的。在产业价值链中，企业在不同的环节都有一定的投入，通过这些投入来创造出价值，在每个环节创造的价值不同，而企业创造的价值可以转化为企业利润。产业价值链的表现有两种，一种是这九个基本活动作为企业内部的价值链，将企业的各个部门联系起来创造出企业价值；另一种是由于分工的精细化，不同的企业进行了专业化的分工进行相互协作联系，每个企业通过上下游的关系建立了一个产业价值链，共同创造出一个产业的价值链。

软件价值来源于人类的知识劳动。软件产业的价值是软件设计开发和管理人员创新劳动的结果，是通过软件价值链来创造和实现的。根据软件工程学对于软件产品生命周期阶段的划分，可以构建出完整的软件产业价值链。在软件价值链的各个价值环节，通过知识、技术、资本、劳动的投入形成价值增值，经过各个价值环节形成完整的软件产业价值链，最终将软件交付到客户手中，实现软件价值，为企业创造出利润。软件产业价值链是为消费者提供软件产品和软件服务而形成的相互衔接的企业集合，在软件产业价值链中包含着所有相关软件企业的价值。按照波特的产业价值链可以将软件产业的价值活动分为两类：软件产业的基本活动和软件产业支持性活动。对于软件产业价值链来说，软件产业价值链的基本活动有软件设计研究、软件开发、软件运行、软件展示、软件销售、售后服务。支持性活动有人力资源管理、财务管理、行政管理和采购等。

一、基本活动

在基础活动中，软件设计主要是根据客户的需求或自发进行软件产品的研究和设计，位于软件产业价值链的上游；软件开发是通过软件设计出的新技术或研究出的新内容结合行业特点进行具体的软件开发，位于软件产业价值链的中游；软件运行是指软件开发人员和软件实施人员进行软件运行环境的研究设计，位于软件产业价值链的中游；软件展示是向客户提供软件产品的功能演示和解决方案的说明，满足客户的特定需求，位于软件产业价值链的下游；软件销售如同其他产品的销售一样，主要是将软件产品和软件服务通过各种手段以出售、租赁或其他任何方式提供给客户，各种手段主要是促进该行为进行的辅助活动，如广告、促销、展览等，除此之外还包括对于定制软件的安装与调试，位于软件产业价值链的下游；对于软件产业来说较为特殊的是跟踪服务，一般商品的售后服务是商品出售以后提供的各种服务，从销售工作来看，这是一种促销手段。软件产品或服务的跟踪服务是为了维持软件产品或服务的价值而需要不断地进行升级，确保软件产品能够持续稳定的运转，包括对于软件 Bug 的发现和补丁程序的编写、软件的升级等，位于软件产业价值链的下游。

二、支持性活动

支持性活动包括人力资源管理、财务管理、行政管理、采购等，这些辅助活动和其他企业一样，为软件产业价值链的运行提供相应的辅助活动，使从事软件产品和服务生产的企业可以进行经营活动，见表 3-2。

表 3-2　软件产业价值链

辅助活动	人力资源管理					
	财务管理					
	行政管理					
	采购					
基础活动	软件设计	软件开发	软件运行	软件展示	软件销售	跟踪服务

在软件产业价值链中，有不同的企业或组织结构从事软件产业链条的基础活动，这些企业通过价值创造活动和价值实现活动，在实现本企业价值增值的过程中软件产业价值链也随之增值。同时，参与软件价值创造的软件企业由软件产业价值链衔接起来。在软件产业价值链中，从事软件上游活动如软件设计的企业是从事中游软件开发、软件运行和软件展示企业的供货商，他们之间是供应商与客户之间的关系；而从事软件中游活动的企业又是软件下游企业软件销售的供应商，软件销售商作为中间商将软件供应商的商品提供给消费者；跟踪服务虽然处于软件产业价值链的下游，但软件的跟踪服务一般是由软件产业价值链中游的软件开发和运行的企业来完成。有些软件企业包含了整个软件产业价值链的所有价值增值活动，从软件设计、开发、运行到销售都是由本企业完成，大多数软件企业只从事软件产业价值链上的一个或多个环节，为整体软件产业价值链进行增值活动。在软件产业的销售环节中，虽然软件产品和服务本身不存在价值增值的内容，但是作为软件产业价值链的最后一个环节，其是软件产品或服务得以实现的保障。

因此，可以看出由于产业分工，每一个软件企业是软件产业链上的一个产业结点，而每个产业结点所创造的产业价值增值才会引起整个产业价值链条的增值。在产业价值链中，从事支持性活动的企业也非常重要，尤其是生产性服务业的发展，专业的软件企业会将支持性活动如人力资源管理、财务管理等活动通过外包的形式进行管理，这样在软件产业价值链中，人力资源管理企业、财务企业、销售企业等也加入了创造软件价值中，为软件产业链条进行价值增值活动。

三、软件产业价值链整合

软件产业价值链整合是企业通过九种活动，与其他企业建立协作的关系，通过与外部企业的价值链进行整合管理，来实现企业及产业价值链的增值过程。Flecker[67] 认为，价值链是产业被重新定位的过程，产业中的企业在产业价值链上重新定位，而且企业的具体价值环节在企业价值链上也会重新定位和组合，形成新的价值链。在软件产业的价值链中，每个软件企业参与到价值链的增值过程中，通过企业的协同合作关系，进行软件产业的价值链整合。软件产业链价值整合可以让每个企业发挥出最大的效用，将企业的核心能力充分发挥，为整个价值链的终端消费者创造出更大的价值。

软件产业链整合的模式有横向价值链整合、纵向价值链整合。Ahmed[68] 认为，价值链整合模式的优化是企业战略实现的工具，企业的战略目标为在竞争中实现产品目标和市场目标，因而企业会选择价值链整合的模式进行优化组合。软件产业横向价值链整合是对企业价值链的同一层次的企业进行整合，将资源进行有效的配置，使价值链上的每个部分都能发挥出最大的价值。软件产业的纵向整合是在软件产业价值链的上下游的企业进行价值链整合，将每个企业的资源、信息等优势发挥出来，通过企业之间的协调合作进行资源整合，将企业的价值发挥到最大水平，提高软件产业的核心竞争力。软件产业价值链整合的条件是软件企业首先要建立紧密的合作关系，建立技术共享平台，通过平台上共享相关的数据和信息，提高整个软件产业价值链的效率。对于一个软件企业来说，存在价值链的收缩和扩张两种，软件产业的价值链收缩是软件企业把软件设计、软件开发、软件运行等项目全部集中于企业内部，通过企业的横向整合，掌握核心竞争力。而软件产业的价值链的扩张是指对于原本只是软件开发企业，可以扩大企业的业务，将业务拓展到软件设计等环节。

软件产业的价值链整合通常可以通过战略整合、业务流程整合、销售渠道整合、人力资源整合、财务整合、文化整合等形式进行。软件产业价值链的战略整合是参加整合的企业制定一个长远的计划，明确战略整合后的目标，对企业的经营范围和发展方向进行重新的确定。比如 2019 年 7 月北大荒农垦集团总公司与阿里巴巴（中国）软件有限公司签订战略合作协议，北大荒农垦集团在环境、资源、政策、农业产业、区位等方面具备优势，而阿里巴巴公司在云计算、大数据、电子商务等方面具备优势，两个公司进行战略性的价值链整合，探索“数字+产业+商品”合作模式，构建适应市场需要的互联网销售流通体系，以一种新的合作方式将阿里巴巴核心的软件技术应用到北大荒农垦集团，促进北大荒农垦集团的战略性转型，从而提高企业的竞争力，增强农业产业和软件产业的可持续发展能力。将软件产业和农业相结合，通过云计算和大数据等技术投入到农业中，推动农业数字化发展，建立农产品上行标准，推动农产品的线上线下全方位营销，促进农业与软件产业相结合发展。软件产业的业务流程整合是通过对企业战略、业务的流程进行重新设计，利用先进的制造和信息技术以及管理手段，建立一种新颖的过程型的组织结构，降低企业的管理成本，提高企业的产品质量和服务，通过提高管理的流程速度来提高企业的管理效率。比如，软件产业价值链上游中的软件设计环节，一般包括需求调研、项目设计、原型设计、静态开发、编程开发、测试与试运行、部署实施、运行维护等环节。在业务流程的设计环节中，以软件开发为例，软件企业在开发软件时按照基线和定制两个并行执行项目的开发工作，通过遵从一套成熟的产品研发过程体系，做出标准化的产品。专业的软件企业开发公司会合理的安排基线和定制之间的关系，通过基线产品更多地收集用户的通用型需求，为定制项目进度实现技术支撑，减少定制项目中大量更改代码、需要新增模块的情况发生。通过对设计的业务流程整合，减少企业的成本，提高企业的时间利用效率，增加企业生产产品的价值。在软件产业价值链的销售整合方面经常通过建立合作关系，软件产业中的企业通过签订协议的方式共同完成某个项目，实现价值链的升级，这样的协议可能是长期合作，有可能是短期合作。合作的方式有营销协定、技术许可证等形式。企业价值链整合可以将产业链中的企业发生协同效应，创造出新的价值。如汽车行业嵌入式和互联软件产品全球供应商 Elektrobit（EB）和百度公司近日宣布建立战略合作伙伴关系，EB 将专为百度 Apollo 自动驾驶开发的先进车载计算平台 ACU（apollo computing unit）提供底层技术支持。EB 将向百度 AVP 专用量产计算单元 ACU-Advanced 提供其 EB tresos 汽车基础软件产品。通过 EB 在业界领先的软件，将允许使用 ACU 的汽车制造商和供应商加快向市场推出自主泊车安全系统。由此可以看出，Elektrobit 的软件在能力方面处于领先地位，并且符合业界高质量和安全标准。EB 将与百度 Apollo 团队进行密切的深度合作，作为软件嵌入生产商 EB 和百度通过合作，将软件产品应用到 Apollo 加速汽车行业智能化转型中，发挥出百度智能化汽车的先进效率。

因此，软件产业价值链整合有可能发生在基本活动中，如软件设计、软件开发、软件销售等任何一个环节当中，也有可能发生在支持性活动中，如人力资源管理、财务管理、行政管理等方面。软件产业链整合可能发生在企业内部，如通过有效地利用新技术促使业务流程更有效，也可能发生在企业之间，通过企业不同的合作方式，将企业的资源效果达到最大化，如一些专门从事软件产业人力资源培训的企业能够为专业的软件企业输送定制的人才。总之，软件产业的价值链整合可以发挥出企业之间的优势：一是价值链中的企业可以交换信息，发挥出每个企业的最大效应；二是价值链中的企业可以共享平台，降低了交易成本；三是价值链中的企业可以更容易合作，提高了合作的效果。

第三节 我国软件产业链钻石体系

根据波特的“钻石模型理论”，在产业价值链中的关键的要素为：生产要素、市场需求、政府制度、相关产业和支持性产业。

一、软件产业的生产要素

软件产业的生产要素主要包括技术要素、人力要素和资本要素。

（一）软件产业的技术要素

技术要素是一套系统的知识，在制造一种产品时采用的一种工艺或提供的一项服务，这些知识包括在发明、外形设计、实用新型或者新品种，也会是技术中的专家设计、安装、开办、维修、管理企业提供的新的服务或者协助等。软件产业中技术生产要素与其他传统的产业相比，具有自身的特点：

第一，软件产业的技术要素需要附着在计算机或其他为软件技术提供平台的机器设备上，如软件产业上游的操作系统，它是管理和控制计算机硬件与软件资源的计算机程序，操作系统是计算机硬件和其他软件的接口。2017 年 2 月，操作系统中 Windows10 的市场占有率达到 25%，这意味着世界上每四台电脑中就有一台运行 Windows10 系统，而用户最多的操作系统为 Windows7，它的市场占有率达到 47.2%。总体而言，Windows 系统依然一家独大，其市场占有率高达 91.41%，苹果的 Mac OS X 占有率则为 6.32%，而微软曾经的死敌 Linux 的市场占有率为 2.27%。从以上数据可以看出，世界上大部分的计算机安装 Windows 操作系统，苹果电脑安装自己公司研发的 Mac OS X 系统，安装 Linux 系统的计算机较少。操作系统的技术要素实现其价值依托于计算机，若无计算机安装其操作系统，那么操作系统的技术价值将无法发挥。

第二，技术要素在软件产业的上下游之间具有兼容性。由于绝大多数的计算机都安装 Windows 操作系统，那么位于软件产业链中游的中间件和数据库，以及位于软件产业链的应用软件等在进行技术创新时需要遵循上游操作系统的规则，符合操作系统的要求。如应用软件中的办公软件的技术水平较高，但是若不能与操作系统兼容，则不能实现其价值。

第三，技术要素具有知识密集性。软件技术的开发不但需要掌握软件知识和技能，而且需要掌握软件产品需求方的知识，这样的知识性人才能够开发出符合市场要求的软件产品，因此，软件技术要素对知识性的要求比较高。

第四，软件产业链中的技术要素具有高流动性。软件产业中的技术要素是由人才来掌握，人才具备软件技术开发的知识和技能，软件技术随着人才的流动而在软件产业中进行流动。同时，软件产业中的技术要素是可复合技术，面向对象技术和分布式技术的可复用应用技术的推广，一般软件程序源代码的开放化使得软件技术要素可以扩散。

（二）软件产业的人力要素

人力要素是软件产业价值链的生产要素重要的组成部分。软件产业的从业人员包括：业务分析师、系统构架师、软件开发工程师、测试工程师、项目经理等。业务分析师也称为需求分析师、系统分析师、需求工程师、需求经理、应用分析师、业务系统分析师等，其职责是获取、分析、记录和验证项目干系人的需要。业务分析师充当客户和开发关系人的沟通角色。业务分析师需要定义业务需求，制定出愿景和范围文档；分析师通过规划需求方法，制定出获取、分析、记录、验证和管理需求方面的计划。同时，分析师需要确定项目关系人和用户类别。业务分析师需要具备的技能有：获取需求，熟练使用各类信息收集技巧，帮助用户阐明自己需要的系统功能，满足其业务目标；分析需求；记录需求，且将需求记录时做到结构清晰、条例明确、清楚描述解决客户要求的方案；沟通需求；主导需求验证；帮助推动需求优先级排序；管理需求等。

系统架构师是一个最终确认和评估系统需求，给出开发规范，搭建系统实现的核心构架，并澄清技术细节、扫清主要难点的特定人员。软件系统架构师主要着眼于系统的“技术实现”，架构师是作为专业的开发平台、语言、工具的专业人员，其对常见应用场景能够准确而迅速地给出最恰当的解决方案。软件架构师还需要对所属的开发团队有足够的了解，能够评估自己的团队实现特定的功能需求的成本。软件架构师负责设计系统整体架构，从需求到设计的每个细节都要考虑到，把握整个项目，使设计的项目尽量效率高、开发容易、维护方便、升级简单等。

软件开发工程师的技术要求是比较全面的，除了基础的编程语言（C 语言/C++/Java 等）、数据库技术（SQL/ORACLE/DB2 等）、NET 平台技术、C#、C/SB/S 程序开发，还有许多如 Java SCRIPT、AJAX、HIBERNATE、SPRING、J2EE、WEB SERVICE、STRUTS 等技术。除此之外，关于网络工程和软件测试的其他技术也需要掌握，以便于操控全局。优秀的软件工程师应具有较强的逻辑思维能力和技术能力。软件工程师在掌握全面技术能力的基础上，还需要具备自己的技术特长和偏向，对于所掌握的技术可分为精通、掌握、熟悉和了解这几个层次。

软件测试工程师是了解和测试产品功能要求，检查错误，测试稳定性以及编写测试规范和测试用例的专家。可以认为软件测试工程师是软件企业界面的“质量管理”人员，软件工程师可以及时发现软件问题并对其进行监督和纠正，以确保产品的正常运行。软件测试软件可以按不同的级别和位置分为两类：高级软件测试工具能够进行软件测试和开发技术，以及高度认可的软件行业，能够分析和评估潜在的问题；中级测试软件工程是编写软件测试计划和测试文档，与项目团队一起开发软件测试阶段计划，并能够合理地使用测试工具完成软件操作项目工程师操作中的测试任务，其工作通常是按照程序和软件测试过程进行产品的功能测试，以检查产品是否有缺陷。软件开发工程师是从事软件开发相关工作的人员的统称。

软件项目经理不但具备着有广泛的计算机专业知识，同时又具有项目管理技能。软件项目经理能够对软件项目的成本、人员、进度、质量、风险和安全等进行准确的分析和卓有成效的管理，从而使软件项目能够按照预定的计划顺利完成。软件项目经理分为三个等级：（1）软件项目经理三级应具备项目管理的基础知识，熟悉软件开发流程和相关标准，会使用常用办公软件、项目管理软件，掌握 WBS、甘特图、PERT/CPM 的概念，能够绘制相关的各种图表，编写项目管理文档，监督软件开发进度，及时准备汇报软件项目进展，发现项目中的问题。（2）软件项目经理二级除了掌握软件项目经理三级的知识和技能外，还需掌握软件建模语言，掌握主流的软件开发流程。其善于与客户进行高效的沟通，具备将业务需求转化为软件需求的能力。软件项目经理二级具备组建与管理软件项目团队，编制软件开发计划书，定义软件开发进度，对软件开发过程进行监控管理和安全控制的能力。（3）软件项目经理一级除了掌握软件项目经理二级的知识技能之外，还要求具有一定的软件项目管理实践经验，能够预估风险以及引导客户需求，掌握 CMM 和项目管理成熟度模型（PMMM），掌握主流软件开发流程并能针对具体项目进行选择和改进，具备项目团队中的领导艺术。

由以上可以看出，软件产业中的人力要素在合理分工后，业务分析师、系统架构师、软件开发工程师、测试工程师、项目经理分布在软件产业价值链的各个部分发挥其价值。如在软件产业价值链的基础活动中，软件设计位于产业链的上游，一般由业务分析师和系统架构师来完成。业务分析师根据客户的需求制定出愿景、计划和最终任务，系统架构师最终确认和评估客户需求，从而准确和迅速地制定出产品的设计方案；软件开发工程师在软件产业价值链的中游软件开发和软件运行中起到重要的作用，软件工程师技术全面，根据系统架构师的要求进行软件产品的生产；软件测试工程师在软件运行、跟踪服务等环境行使其职能，测试工程师检验软件产品的功能，修复软件产品在运行过程中出现的错误，不断对软件产品进行升级更新，确保软件产品功能实现；项目经理对软件产品的设计、研发、运行和销售统筹管理，对软件产品的价值完全理解。项目经理对软件产品价值的实现有非常重要的作用。

（三）软件产业的资本要素

推动软件产业发展的重要生产要素是资本要素，软件产业的发展需要强大的资本支持。软件产业作为技术密集型产业，具有高投资、高风险、高收益的特点。由于软件产业既需要大量的资金支持，又有较高的投资，因此软件产业的发展与资本市场紧密联系。资本市场中的风险投资公司与证券公司能够为软件产业吸纳更多的风险资金，推动软件产业的高速发展。成熟的资本市场具有完备的资金流动机制和监管机制，能够保证软件企业的资金运转，同时促使软件企业按照资本市场进行企业管理，提高企业的技术创新能力，增加企业的竞争活力。从软件产业发展之初到如今发展成熟，从国外到国内有许多发展潜力的软件企业通过资本市场的运作从萌芽到逐步壮大，完成上市、兼并等过程，这些软件企业发展成为软件产业的知名企业和中坚企业。可见，资本市场在软件产业链整合中起到了非常重要的作用。

软件产业的资本要素一般来源于两种方式：（1）一种是软件企业通过在证交所上市通过发行股票的形式筹集资金。如微软公司 1998 年 3 月在美国纳斯达克发行股票并交易，首发股票就为微软筹集资金 6500 万美元，这笔资金是微软公司进行技术研发的基础，有了充足的资金支持使微软公司获得了垄断技术，其产品 Windows 系列在市场上独占鳌头。微软公司在股票发行上市后，实施了一系列的兼并和收购，扩大了其规模，对软件产业链的整合起到了重要作用。（2）另一种是风险投资公司对软件公司进行资金入注投资。由于软件产业是高风险产业，因此，风险投资公司对软件产业的高风险和高收益感兴趣。一般来说，风险投资公司会在科技型企业的科技成果已经形成，在科技成果向商品转化时进入被投资企业。如 2016 年 12 月 28 日，互联网财税服务平台慧算账宣布 2016 年共完成两轮融资，为 1.5 亿元人民币。慧算账成立于 2014 年，是财税中介一体化在线平台，以自动记账、批量申报和及时通信为核心功能，覆盖财税服务机构全部业务流程。慧算账首轮融资方包括 IDG 资本、华软资本、嘉兴领创基金等，第二次融资由川融资本领投，IDG 资本等多家机构跟投。在融资方中，IDG 资本于 1992 年开始在中国进行风险投资，是最早进入中国的外资投资基金。截至 2015 年底，IDG 资本已经在我国投资了超过 450 家中小型高新技术企业，其中有超过 100 家企业在中国及海外市场上市或实现并购。

二、软件产业的市场需求

市场需求主要来源于两方面，一方面是信息化和工业化的结合，工业软件需求非常大；另一方面是互联网经济的普及，生活软件全面铺展。

（一）工业化与信息化的融合对软件产业的需求

2015 年 5 月，国务院发布《中国制造 2025》，这是我国实施制造强国战略第一个 10 年行动纲领。在新一代信息技术与制造业深度融合，引发了新的产业变革的背景下，我国提出了《中国制造 2025》。不仅我国如此，而且世界各国都加大了科技创新力度，通过信息物理系统的智能装备、智能工厂等智能制造进行制造方式的变革。可见，运用信息技术改造传统产业、发展新兴产业，加快产业转型升级是我国实现工业化的必然选择。而软件产业是新一代信息技术产业的灵魂，软件产业是引领我国科技创新、驱动经济社会转型发展的核心力量。积极发展软件产业是我国构建全球竞争新优势、抢占新工业革命制高点的必然选择。

在工业化和信息化深度融合的背景下，工业化的发展对软件产业产生了巨大的需求。工业化的发展对软件产业的需求主要体现在以下几个方面：

首先，软件产业改变工业的生产方式。如 MES 系统，全称为 manufacturing execution system，即制造企业生产过程执行系统，是一套面向制造企业车间执行层的生产信息化管理系统。这套软件系统可以为企业制造数据管理、计划排程管理、生产调度管理、库存管理、质量管理、人力资源管理、工作中心/设备管理、工具工装管理采购管理、成本管理、项目看板管理、生产过程控制、底层数据集成分析、上层数据集成分解等管理模块。国内制造业信息化及工业自动化领域的领先供应商艾普工华科技（武汉）有限公司，通过在信息集成技术、车间自动化控制技术、数字化制造管理等方面的创新，将艾普在北美近 40 年的国际化管理理念与平台技术经验，结合华工制造装备数字化国家工程中心对中国制造业的需求研究，为中国汽车整车、汽车零部件、机械与专用设备、重型装备四大行业提供软件产品。MES 系统改变了传统的过度依赖人力进行生产的方式，为制造业企业提供智能生产和多种需求的解决方案。由于制造业企业的信息系统都是由许多独立的子系统组成，基于事务处理的子系统和许多基于实时操作的工厂子系统的数据收集较为困难，且在制造过程及过程控制对象的复杂性和专有性，造成 MES 产业与服务市场的多样性。因此，国内市场的 MES 产品的多样化、复杂化、特殊化造成 MES 在国内市场有较大的需求。

第二，软件产业为工业提供智能化的知识型生产要素，提高了工业的技术创新水平。软件产业属于知识密集型服务业，知识密集型服务业是指那些显著依赖于某一专业领域的专业性知识，向企业提供中间产品。作为专业知识的生产者和传播者，知识密集型服务业已经开始融入制造业企业的创新过程，从而打破了过去单一的以制造业创新为主体的创新模式，取而代之的是知识密集型服务业与制造业紧密交互的互动创新过程，这种互动创新有助于制造业附加值的提高[69]。软件产业为制造业提供中间产品，而且这种中间产品具有知识密集型，提高了制造业的技术创新能力。如在航天航空工业中使用的先进的数控加工技术——计算机数控，用小型或微型计算机代替数控系统中的控制器，并用存贮在计算机中的软件执行计算和控制功能，这种软连接的计算机数控系统逐步取代初始态的数控系统。理想的控制系统是可连续改变加工参数的自适应控制系统，这得益于软件的发展，即计算机辅助编程。它是由程序员用数控代码写出程序后，将它输入到计算机中进行翻译，最后由计算机输出穿孔带或磁带。在数控程序中使用较多的数控语言是 apt 语言，它分为主处理程序和后置处理程序。前者对程序加以翻译，算出刀具轨迹；后者把刀具轨迹编成数控机床的零件加工程序。数控加工首先在计算机上编写好程序，然后放入加工前的工件上，这样通过输入程序并利用计算机程序控制机床进行指令性的加工，也可以在计算机程序控制的机床面板上进行指令性的程序编写然后进行加工。由此案例可以看出，工业软件的发展使数控加工成为现代模具制造加工的一种先进手段。软件产业的发展为制造业在生产中进行智能制造提供了工具，提高了制造业的技术创新能力。

第三，软件产业能够提高工业的生产效率，增加工业的全球竞争力。根据 Romer 的内生增长理论，将由知识投资带来的收益递增和由知识溢出产生的外部性这两个部分排除在外，收益递增只能来自包括知识资本生产在内的中间投入品生产的“专业化”。中间投入生产的专业化程度越高，劳动生产率越高，中间投入的总量越多。知识资本生产在内的中间投入部门的收益递增必然导致最终产品部门的收益递增，因为最终产品的产出是随着中间投入的增加而增加的，最终产出是所使用的专业化知识资本的递增函数。

对于工业（以制造业为主）来说，其主要的生产要素为资本、劳动力和知识。资本要素和劳动力要素在生产中存在边际报酬递减的规律。在技术水平不变的情况下，在制造业的生产过程中，连续不断地投入资本或劳动力，投入量未达到某一定值之前，边际产量是递增的，但是当资本或劳动力的投入连续增加并超过这个特定值时，增加资本或劳动力所带来的边际产量就递减了。软件产业为制造业提供知识资本的中间产品，该产业的边际报酬是递增的，因而制造业的最终产品的产出会随着软件产业提供的中间投入的增加而增加，制造业是所使用的软件产业所提供知识资本的递增函数。我国的制造业在国际分工中处于中低端水平，主要以国际市场中公司合同的要求进行“代工”或是国内加工组装的“贴牌”，因此在全球价值链中处于低端的位置。当今制造业在国际市场中竞争的重要特征就是本国在全球制造业价值链中所占据的位置，也就是国际分工将制造业的各个生产环节在不同的国家进行分配，处于高端产业链的企业将获得较高的利润，而处于产业链中下游的企业获取微薄利润。我国制造业的发展需要抓住信息化和工业化融合发展的契机，将软件产业与制造业相结合，通过软件产业改造制造业中的传统产业，将传统产业向中高端转化，发展成为战略新兴产业。利用软件产业对传统产业的改造，使制造业掌握国外所拥有的较高附加值的核心技术和关键技术的研发，我国制造业可以进入全球价值链的高端环节，提高制造业的附加值，从而提高国际竞争力。

（二）“互联网+”经济的发展对软件产业的需求

信息技术和信息产业的新一轮变革是由互联网的快速发展所引起来的，软件产业和互联网产业的互动发展，软件产业与互联网环境下的产品应用开始影响整个软件产业链的发展格局。软件技术的发展同时受到云计算、移动互联网、物联网、大数据等新型计算和应用模式的影响，发生了深刻的改变。软件技术的发展有了与PC时代显著不同的特征，软件的平台化、网络化、智能化、服务化成为行业共识。通过软件产业所建立的互联网平台是推进“互联网+”建设的强大助力。在《国务院关于积极推进“互联网+”行动指导意见》中，明确提出：“将互联网作为生产生活要素共享的重要平台，最大限度优化资源配置，加快形成以开放、共享为特征的经济社会运行新模式。”将软件产业作为工具建立互联网平台与传统服务业态的功能融合将成为未来城市社会生活的“水电煤”基础设施。

“互联网+”是创新2.0下的互联网发展的新业态，是知识社会创新2.0推动下的互联网形态演进及其催生的经济社会发展新形态。“互联网+”是互联网思维的终极实践成果，它促进了经济形态的不断演进，从而提升了社会经济实体的活力。“互联网+”能够为改革、创新和发展网络提供了广阔的平台，虽然是“互联网+每个传统行业”，但它不仅仅是两者的结合，“互联网+”利用信息和通信技术以及互联网平台，将互联网与传统产业深度融合，创造新的生态。“互联网+”代表了一种新的社会形态，它充分利用互联网共享将社会资源进行整合，将互联网创新的深度融入经济社会的各个环节，促进创新和提高整个社会的生产力，同时形成更广泛的基于互联网的设施，实现新形式工具的经济发展。

第一，近年来，越来越多的公共服务部门与软件开发公司合作，通过应用软件，将自己的产品和服务与互联网相结合。如医疗行业，全国已经有700家大中型医院加入“未来医院”，通过应用软件，实现挂号、缴费、查报告等全流程的移动就诊服务，大大节约了患者的就诊时间，提升患者的就医体验，提高了医疗服务质量。在医疗行业中知名的应用软件app有：春雨医生app是在线诊疗软件，在这个软件上有10000名医生在线，该软件可以快速响应问题，随时提供在线诊疗，在医疗界树立了口碑，成为最受医学专业认可的健康咨询软件；茉莉健康app是一个基于家庭圈的移动健康管理平台，该应用软件通过监测家庭成员的健康信息，搜集用户血压、血糖、睡眠、运动、体重、体温等数据，从而进行数据模型的分析，进而为用户提供定制化的健康管理方案；健康之路app是由健康之路（中国）信息技术有限公司推出的针对患者、医生、医疗机构及其他组织结构提供综合服务的应用平台。该应用软件可以为患者提供预约挂号、健康咨询、健康管理、慢病管理、健康档案、健康宣教、医患沟通、病友交流等服务，为医生提供医学咨询、病历讨论、网络诊室、预约管理、转诊等平台服务；平安好医生 app 来自中国平安集团旗下的一款“家庭医生”类的应用软件，通过自建庞大的医生系统，用户可以随时随地问医生，解决用户看病难的问题，无须请假排队，方便看病。除此之外，支付宝、微信等互联网企业也进入医疗领域，通过手机应用软件实现挂号、缴费、查报告等全流程移动就诊服务，平均节省患者就诊时间 50%，大大提升就医体验，改善门诊秩序。

在政务服务方面，政府部门积极与互联网企业合作研发出应用软件，通过“互联网+”政务服务提高行政办事效率。2016 年 9 月 29 日国务院发布《关于加快推进“互联网+政务服务”工作的指导意见》，要求各地加快推进“互联网+政务服务”工作，切实提高政务服务质量与实效。互联网企业通过对应用软件的设计，增加了“城市服务”的板块，将政务办事、车主服务、交通出行、气象环保等内容增加到应用软件中去。如在阿里支付宝和腾讯微信的应用软件终端可以方便地缴纳水、电、煤气等的各种费用，用户可以通过移动软件来办理生活缴费。基于实名制的认证推广，城市居民在手机上办理生活缴费、查询公积金账单、车辆违章查询、交罚单、预约挂号/问诊、出入境进度查询、法律咨询、图书馆服务等 9 大类、58 项线上便民服务。

通过以上可以看出，在“互联网+”深入百姓生活，公共服务部门和政府部门都在积极将产品与服务结合应用软件开发，这就形成了巨大的软件产业需求市场。

第二，涉及餐饮、超市、便利店、外卖、商圈、机场、美容美发、电影院等生活各方面的传统线下零售店和品牌商在“互联网+”的驱动下，通过开发应用软件拓展市场和数据库系统，开发出一系列更便利、更全面，也更智能的互联网服务产品，将消费服务做到极致。这就对软件产业市场产生了巨大的需求，因为不管是应用软件还是数据库系统，同属于软件产业。应用软件和数据库系统已经渗透到人们吃、穿、住、用、行各方面。如在饮食方面：从豪华五星级餐厅到路边小摊位都可以用微信或支付宝来支付餐费。线下餐厅与支付应用软件合作，进行打折消费，通过这种营销策略开拓市场。写字楼周围的餐饮服务业与“饿了么”“百度外卖”等应用软件合作，公司员工可以进行订餐。在餐前还可以通过“大众点评”等应用软件寻找评分较高的餐厅，可以通过“美团”等应用软件进行团购消费；除此之外，“阿里淘宝”“京东商城”“当当网”等互联网企业开发出应用软件，在应用软件上不但可以购买到家电、服装、食品、药品、书籍等任何商品，而且企业将大数据与应用软件结合，向用户推送其感兴趣的产品从而促进消费。以 2016 年“双 11”为例，根据阿里巴巴公布的数据，“2016 天猫双 11

全球狂欢节”总交易额超1207亿元，其中无线交易额占比81.87%，覆盖235个国家和地区。这样庞大的销售量需要完善的应用软件在后台的支持，当天在支付方面，支付宝实现支付总笔数10.5亿，同比增长48%，支付峰值达到12万笔/秒，可见，在这背后需要一个强有力的数据库支撑，这个数据库就是阿里巴巴自主研发的通用关系数据库OceanBase。在过去，淘宝使用Oracle、小型机、高端存储模式发展到现在的MySQL、OceanBase、Hbase、MongoDB等数据库，并使用普通PC服务器。特别是OceanBase支撑淘宝、天猫和聚划算的所有日常交易，该通用关系数据库已经有能力满足互联网海量数据处理的需求，可以支撑复杂、高可靠的金融级业务。

“互联网+”交通发展较快。2016年网约车迅速发展起来，这主要是因为公共交通虽然价格低廉，但路线固定。出租车舒适自由，但无法规避司机绕路、拼车等风险，特别是在上下班、恶劣天气的出行高峰期，乘客出行打车难现象很难解决。网约车很好地解决了以上问题，以低廉的价格、优质的服务、可定制的路线获得了大量的需求。2016年7月“滴滴快的”公布一个“里程碑”意义的数据：全平台（涵盖出租车、专车、快车、顺风车、代驾、巴士、试驾、企业版）整体完成日订单1400万。从订单量来看，“滴滴快的”已经成为中国第二大互联网交易平台，仅次于淘宝。滴滴快的应用软件架构采用MVCS和MVVM架构的方式，其中的MVCS中的S是Store，包括服务器访问接口控制、数据共享、数据缓存的能力，每个Store处理一类情况，例如：订单Store包括发单、取消订单、结束订单、评价订单等，常用地址Store会包含编辑常用地址、删除常用地址、拉取常用地址等。在采用MVCS的同时也采用MVVM，用VM为Controller简化，但VM要通过Store处理数据层逻辑，达到了为Controller瘦身的目的。滴滴快的应用软件客户端实施组件化，组件包括技术组件和业务组件。技术组件可以跨app使用，如：界面导航管理组件，统一界面转场方式，模块间界面转场，通过openURL方式解耦。业务组件实现了支付、登陆、消息、定位、广告SDK、数据统计、分享等组件，每个组件是独立的CocoaPods。

2017年，“互联网+交通”发展较快的为“共享单车”，出现了摩拜单车、ofo等数种以颜色区分的共享单车。以摩拜单车为例，其是由北京摩拜科技有限公司研发的互联网短途出行解决方案，是无桩借还车模式的智能硬件。人们通过智能手机就能快速租用和归还一辆单车，用可负担的价格来完成一次几公里的市内骑行。在软件产业中的软件服务产品包括云计算和大数据。百度云是百度提供的公有云平台，于2015年正式开放运用。百度云推出了40余款高性能云计算产品，天算、天像、天工三大智能平台，分别提供智能大数据、智能多媒体、智能物联网服务。2017年3月，百度云宣布，将利用“天工”智能物联网平台技术，为摩拜单车提供精准定位的服务。百度云通过智能物联网技术，利用摩拜单车智能推荐提车点为摩拜单车及用户提供“方便取车”“规范停车”“有序管理”三大功能升级。“天工”作为百度云智能云服务平台之一，在人工智能、大数据和云计算的驱动下，能为企业提供物接入、物解析、物管理、规则引擎、时序数据库、可视化、机器学习等一系列物联网核心产品和服务，帮助开发者快速实现从设备端到服务端的无缝连接，高校构建各种物联网应用。

由以上可以看出，“互联网+交通”的发展离不开软件产业中的软件服务，云计算和大数据将为共享单车提供精准服务，在单车停入停车区域后，智能系统迅速感知到单车停入，立即采集相关数据，通过物联网平台的“物接入”及有关协议将数据传入平台，通过精确算法迅速准确地定位单车，并通过平台提供的“物管理”“物可视”等物联网功能提供对智能停车系统中各设备进行在线管理。“互联网+交通”对软件产业中的软件服务有巨大的需求。

（三）通过数据分析中国软件产业的市场需求

据《2014~2015世界软件产业发展蓝皮书》报告指出：2014年，世界软件产业实现业务收入15000亿美元，同比增长5%。从全球软件和信息服务业产业分布来看，美国与欧盟占比约53%，超过半数，中国占比约25%，基本保持稳定。据IDC公布的技术发展数据显示，2015年全球云计算市场规模将达到1180亿美元，公有云开支超过700亿美元；移动互联网业务结合车载信息系统、移动终端、可穿戴设备等，年均增长呈现70%以上的爆发；根据赛迪数据，全球大数据市场在2017年达到274亿美元，2018年达到337亿美元。围绕这些新兴领域，各大企业加速整合优势资源，积极布局，以此来谋求确立新的产业市场空间。

2019年1~10月，我国软件业完成软件业务收入57929亿元，同比增长15.2%，增速同比提高1个百分点。图3-2所示为2018年1~12月、2019年1~10月软件业务收入增长情况。

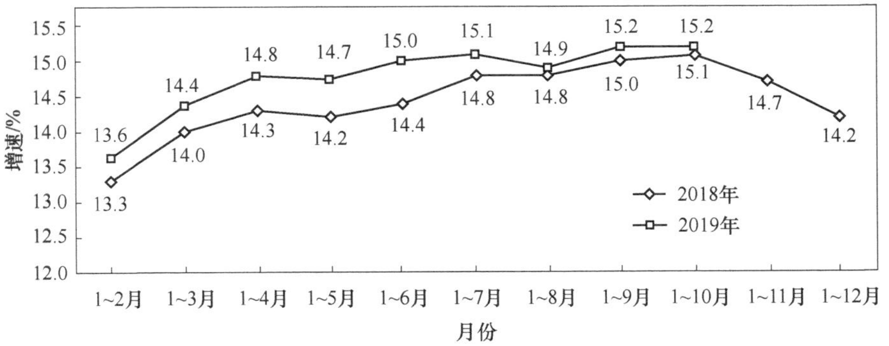

图3-2　2018年1~12月和2019年1~10月软件业务收入增长情况

（来源：http：//www.miit.gov.cn/）

软件产品收入平稳增长，信息安全、工业软件产品保持良好发展态势。2019年1~10月，软件产品实现收入16289亿元，同比增长13.6%，增速1.3提高1.3个百分点。其中工业软件产品实现软件收入1419亿元，增长18.5%。

信息技术服务收入增长较快，电子商务平台技术服务收入增势突出。1~10月，信息技术服务实现收入34193亿元，同比增长17.7%，增速同比回落1.1个百分点，较1~9月提高0.5个百分点，高于全行业平均水平2.5个百分点，在全行业收入中占比为59.0%。其中，云服务收入同比增长14.0%，较1~9月提高1.1个百分点；大数据服务收入增长22.0%，与1~9月持平；电子商务平台技术服务收入增长28.7%，同比提高10.0个百分点；集成电路设计服务收入增长13.1%，增速同比提高5.3个百分点，较1~9月提高0.4个百分点；其他信息技术服务（信息技术咨询设计服务、系统集成、运维服务、运营服务等）增长15.6%，较1~9月提高0.8个百分点。

嵌入式系统软件收入增速小幅回落。1~10月，嵌入式系统软件实现收入6419亿元，同比增长7.7%，增速同比提高0.1个百分点。

图3-3所示为2018年1~12月和2019年1~10月软件产业分类收入占比情况。

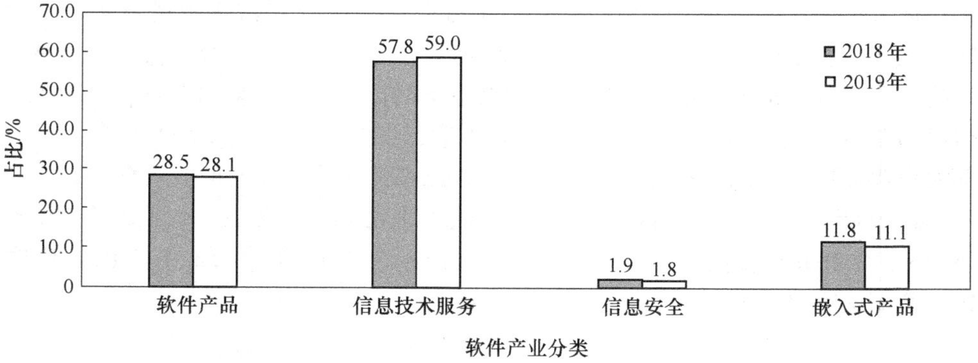

图3-3 2018年1~12月和2019年1~10月软件产业分类收入占比情况
（来源：http：//www.miit.gov.cn/）

通过以上数据可以看出，全球市场的软件产业增速飞快。通过2019年1~10月我国软件业中软件业务收入57929亿元，可以看出我国面对着巨大的软件产品市场需求。在软件产业分类中，信息技术服务业的收入所占的比重达到59%，软件产品收入所占比重达到28.1%，而信息安全收入和嵌入式产品收入所占比重较小。可见以大数据、云计算为代表的信息技术服务业的市场需求旺盛，对我国软件产业的发展起到了推动作用，而工业软件的市场需求还未能发挥应有作用。

三、软件产业的政府制度

（一）软件产业国家战略规划

在国家发展战略方面，政府重视软件和信息产业的发展，早在2012年就将软件和信息产业列为国家战略新兴产业。2012年7月，国务院发布战略性国家“十二年”产业发展战略规划，首先确定了战略新兴产业，战略新兴产业是作为基础在重大技术发展和需求发展方面对经济和社会的整体和长期发展至关重要，包括：知识技术密集产业，物质资源消耗减少，增长潜力大的产业。第二，战略新兴产业包括新一代信息技术产业。第三，在计划中详细说明了信息产业发展的方向。抓住电子信息技术和产业融合发展的机遇，集中力量投入到宽带、集成、安全、下一代信息网络建设，将重点发展先进的数字技术、物联网、云计算、半导体和新型显示等新一代网络信息技术。在信息技术方面，促进信息技术创新，将应用开发与网络建设进行互动结合，产业组织模式创新，设备开发支持水平提升，新服务业形成推广，加强国际竞争力，促进中国信息产业在重大变革中发挥优势。开发高端软件和新兴信息服务行业。如基于海量数据处理软件、云软件、工业软件、终端智能软件、信息安全软件、关键软件开发和推广等主要数据库建设。在云计算服务方面，电子商务服务开发服务等方面，促进信息系统产业链上下游的整合，扩大产业链，转变网络信息服务转型，将服务普及化和信息化。利用信息技术发展内容创新产业，促进创意文化产业的发展，促进计算机化和产业化深度的融合。我们将全面协调国内和国际市场，我们将继续扩大软件信息服务的出口，积极承接国际服务外包，提高中国国内水平，依托新一代信息技术。2016年12月，国务院发布《“十三五”国家战略性新兴产业发展规划》，其中将软件产业和信息技术产业国家战略新兴产业做出了规划。实施网络强国战略，加快建设“数字中国”，推动物联网、云计算和人工智能等技术向各行业全面融合渗透，构建万物互联、融合创新、智能协同、安全可控的新一代信息技术产业体系。到2020年，力争在新一代信息技术产业薄弱环节实现系统性突破，总产值规模超过120000亿元。首先，构建网络强国基础设施。深入推进“宽带中国”战略，加快构建告诉、移动、安全、泛在的新一代信息基础设施。第二，推进“互联网+”行动。促进新一代信息技术与经济社会各领域融合发展，培育“互联网+”生态体系。第三，实施国家大数据战略。落实大数据发展行动纲要，全面推进重点领域大数据高效采集、有效整合、公开共享和应用拓展，完善监督管理制度，强化安全保障，推动相关产业创新发展。第四，做强信息技术核心产业。顺应网络化、智能化、融合化等发展趋势，着力培育建立应用牵引、开放兼容的核心技术自主生态体系，全面梳理和加快推动信息技术关键领域新技术研发与产业化，推动电子信息产业转型升级取得突破性进展。第五，发展人工智能。

培育人工智能产业生态，促进人工智能在经济社会重点领域推广应用，打造国际领先的技术体系。第六，完善网络经济管理方式。从以上“十二五”和“十三五”国家战略新兴产业的发展规划中对比看，信息产业发展的从硬件基础设施的建设发展到现在的“互联网+”和大数据等软件产业的发展。

2017年1月工业和信息化部发布《软件和信息技术服务业发展规划（2016~2020年）》，在规划中提出，软件是新一代信息技术产业的灵魂，“软件定义”是信息革命的新标志和新特征。软件和信息技术服务业是引领科技创新、驱动经济社会转型发展的核心力量，是建设制造强国和网络强国的核心支撑。建设强大的软件和信息技术服务业，是我国构建全球竞争新优势、抢占新工业革命制高点的必然选择。该规划从发展回顾、发展形势、指导思想和发展目标、重点任务和重大工程、保障措施方面提出了软件和信息技术服务业发展的规划。规划指出了软件和信息技术服务业的发展趋势：第一，软件和信息产业向着“技术+模式+生态”协同创新持续发展，产业进入了创新加速期、群体突破爆发期，走向网络、生态、智能发展。传统产业与云计算、大数据、移动互联网融合发展，以及信息产业间进行融合创新发展，在计算、高端存储、人工智能、虚拟现实、神经科学等新技术方面出现了新的突破和应用。在软件的产品形态以及软件产业的商业模式上出现了创新型的技术架构、计算模式、开发模式，并且新技术和新产品已经投入到市场之中，发展日趋成熟。技术创新的模式也有所变化，研发模式为开源、众包等群智化成为主要模式。产业竞争更加激烈，由产品、技术和模式的竞争转化为平台、生态、系统、集成、融合的竞争，企业力求获得生态化竞争的制高点。软件企业建立云计算和大数据等技术平台，将技术和产品、内容、服务相结合，通过整合创新开展新业务，将流程更加优化，提升服务质量，从而企业转型发展。第二，软件产业广泛应用于其他产业，出现以“软件定义”为特征的融合应用浪潮，数据成为驱动“软件定义”其他产业进行融合的特征。信息技术变革是由数据带来的，数据能够将信息技术和其他产业进行跨界融合和创新发展，对其他产业的产品进行复合化的软件定义出新硬件、存储、网络和系统等，使其他产业的产品、服务和模式创新更加多样化，并且产生了新产业，推动经济增长，因而数据成为重要的生产要素。同时，软件产业通过“软件定义”的模式将各行业领域进行融合创新和升级发展。在研发设计、生产制造和经营管理等环节无不渗透着软件定义的特质，将一般的制造业企业转化为生产服务性企业，企业提供的产品包括个性化定制和服务型制造及云制造等新模式。软件定义改变了服务业的发展，如金融、保险、物流、交通和文化旅游等产业，通过将软件与服务相结合，创新的产业主体，建立业务平台，开发新型消费模式，从更多方面来拉动消费者的需求，满足消费者在民生服务、社会治理等方面的需求。数据将服务业进一步开发了分享经济、算法经济等新型网络经济模式，提供了强大的便利的新功能。第三，软件产业的发展也是我国参与全球产业竞争和实施国家战略的任务。世界上的产业格局都发生了变化，在技术创新的主导权、价值链分工方面的竞争越来越激烈。发达国家利用自身优势在工业互联网、智能制造、人工智能方面优先布局，目的是抢占未来的发展主导权。在这样的背景下，我国在软件产业和信息技术的发展产生巨大的压力。因此，我国制定了一系列的战略计划，如中国制造2025、“一带一路”、“互联网+”行动计划、大数据、军民融合等，除此之外，我国还需要在国家的网络安全保障上有所考虑，这些都为我国发展软件和信息技术服务业提出了新的要求。我们要利用科技创新推动软件产业发展，从供给侧结构性改革入手，利用大众创业万众创新的机制，推动软件产业和信息服务业的优质高效发展，将软件产业和信息技术服务业的市场主体进一步的激活发展，提高整个产业的产品质量。

（二）软件产业的具体发展规划

在软件和信息服务业中大数据是发展的重点，2015年8月国务院发布《促进大数据发展行动纲要》。纲要提出大数据的特征是容量比较大、类型比较多、发展速度比较快、应用的价值比较高的数据采集集合，这样就对数据的发展提出了对来源分散、格式多样化的要求来对数据进行采集和关联分析并从中发现新知识、创造新价值、提升新能力的软件和信息技术服务业的产业升级。软件产业和信息技术服务业和经济社会的其他产业相融合发展，使得产业对数据的需求日益增加，数据已经成为我国的重要战略性的生产要素，大数据正日益对全球生产、流通、分配、消费活动以及经济运行机制、社会生活方式和国家职能能力产生重要影响。为贯彻落实党中央、国务院决策部署，全面推进我国大数据发展和应用，加快建设数据强国，特制定本行动纲要。该纲要主要有发展形势和重要意义、指导思想和总体目标、主要任务、政策机制组成，其中的主要任务中提出：第一，政府要将可以公开的数据逐步开放，将数据资源进行整合利用，提高数据的利用率。统筹规划大数据基础设施建设，支持宏观调控科学化，推动政府治理精准化。推进商事服务便捷化，促进安全保障高效化，加快民生服务普惠化。第二，推动产业创新发展，培训新兴业态，助力经济转型。发展工业大数据，发展新兴产业大数据，发展农业农村大数据，发展万众创新大数据，推进基础研究和核心技术攻关，形成大数据产品体系，完善大数据产业链。第三，在保障数据安全的前提下使用数据，提高数据的管理水平，促进健康发展。健全大数据安全保障体系，强化安全支撑。

2015年11月，工业和信息化部办公厅印发《云计算综合标准化体系建设指南》，该指南中指出，云计算通过网络将分散的计算、存储、软件等资源进行集中管理和动态分配，使信息技术能力如同水和电一样实现按需供给，具有快速弹性、可扩展、资源池化、广泛网络接入和多租户等特征，是信息技术服务模式的重大创新。云计算是战略性新兴产业重要组成部分，推进云计算健康快速发展，对加速产业转型升级、促进信息消费、建设创新型国家具有重要意义。近年来，在党中央、国务院的高度重视下，政、产、学、研、用各方面共同努力，已经形成服务创新、技术创新和管理创新协同推进的云计算发展格局，关键技术和软硬件产品取得一批成果，公共云服务能力显著提升，行业应用进一步深化，我国已经逐步形成了云计算的生态系统，并且云计算的相关产业不断发展壮大，我国已经具备制定云计算的产业标准，为产业的技术开发、产品质量提高等等方面打下基础。我国云计算生态系统主要涉及硬件、软件、服务、网络和安全五个方面，如图 3-4 所示。

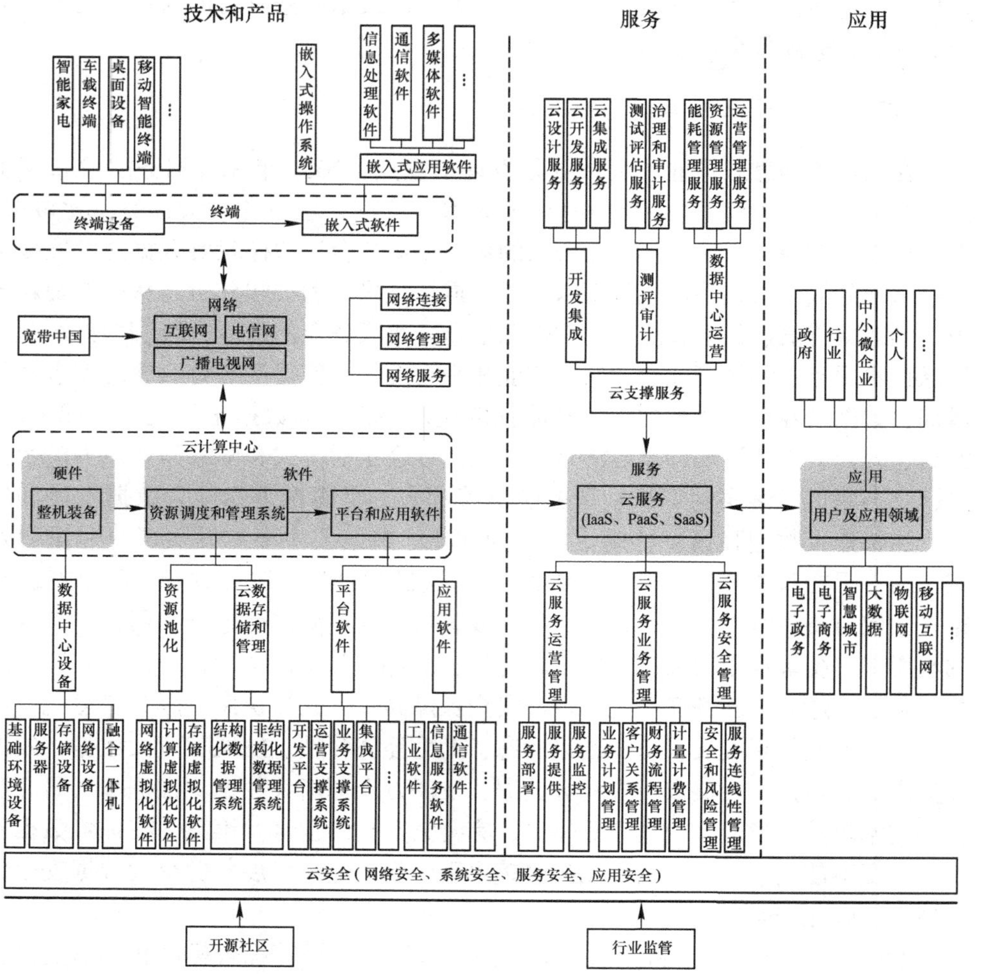

图 3-4 云计算（技术、产业、应用、安全）生态系统

（来源：http：//www. miit. gov. cn/）

（三）鼓励软件产业与其他产业融合发展

制造业和互联网的融合发展是软件产业的发展重点。2016 年 5 月国务院发布《关于深化制造业与互联网融合发展的指导意见》，其中提出，制造业是国民经济的主体，是实施“互联网+”行动的主战场。我国是制造业大国，也是互联网大国，推动制造业与互联网融合，有利于形成叠加效应、聚合效应、倍增效应，加快新旧发展动能和生产体系转换，前景广阔、潜力巨大。当前，我国制造业与互联网融合步伐不断加快，在激发“双创”活力、培育新模式新业态、推进供给侧结构性改革等方面已初显成效，但仍存在平台支撑不足、核心技术薄弱、应用水平不高、安全保障有待加强、体制急需完善等问题。为进一步深化制造业与互联网融合发展，协同推进“中国制造 2025”和“互联网+”行动，加快制造强国建设，从总体要求、主要任务、保障措施等方面提出了行动意见。

将信息化和工业化融合发展是提高我国工业化进程的关键因素，也是我国信息化发展的主要方向。2016 年 10 月，工业部和信息化部发布《信息化和工业化融合发展规划（2016~2020）》，其中提出“十三五”时期是我国全面建成小康社会的决胜阶段，是适应把握引领经济发展新常态的关键时期，是抢占全球新一轮产业竞争制高点的战略机遇期。大力推进信息化和工业化深度融合，加快新旧发展动能和生产体系转换，提高攻击体系的质量效率层次，对于推动我国制造业转型升级、重塑国际竞争新优势具有重大战略意义。该规划从发展趋势、指导思想和发展目标、主要任务、重点工程、保障措施方面对信息化和工业化的融合做了详细的部署。在 2016~2020 年信息化和工业化融合的主要任务有：

第一，在互联网的基础上建立制造业和软件业的复合创新模式，激发产业的创业和创新的活力，将企业的发展制造业和软件产业的复合创新相结合，打造出中小企业的复合创新模式。

第二，制造业和软件产业的融合发展催生出新生产模式，进行网络化的生产，工厂走向智能工厂的模式，进行网络协同制造，并且兴起个性化定制，制造业向制造服务业转型。

第三，制造业和软件产业协同发展，软件产业助推服务业向产业链高端发展，生产出在互联网基础上的产品，并且发展工业电子商务业。

第四，将软件产业与其他产业进行跨界融合发展，提高工业的融合创新能力，将工业软件的产品转型为解决方案方向，发展智慧产业和融合产业的新模式。

第五，将信息化和工业化的融合标准体系尽早建立起来，将新企业的管理模式进行创新发展，对信息化和工业化的标准进行普及和推广。政府持续对信息化和工业化进行评估和引导。

第六，在工业化和信息化融合的过程中，重点发展智能制造业的创新和产品发展，增加制造业的核心竞争力，发展智能新产品，提高智能制造关键的技术装备。

第七，完善信息化和工业化融合发展的基础设施体系，提升信息化服务工业化的能力，将自动感知控制技术和工业相结合，发展核心工业软件产业，提升工业云和大数据在制造业中的服务能力，建立工业化互联网设施，提高工业信息安全保障体系。

（四）政府鼓励软件产业发展的具体政策

政府鼓励软件产业发展的具体政策包括：

第一，从政策上鼓励软件产业的发展。2011 年 1 月，国务院发布《进一步鼓励软件产业和集成电路产业发展的若干政策》，文件指出，软件产业和集成电路产业是国家战略新兴产业，是国民经济和社会信息化的重要基础。近年来，在国家的各种政策的导向下，在企业的投资建设中，我国软件产业和集成电路产业发展速度较快。国家在财税、投融资、研究开发、进出口、人才、知识产权、市场等方面提出了鼓励发展软件产业和集成电路产业的政策。

2015 年 9 月国务院将软件企业和成电路设计企业认定及产品的登记备案列为 94 项《国务院决定取消和下放管理层级的行政审批项目》中的取消行政审批的一项，通过取消审批权促进软件产业的发展。

2016 年 12 月，工业和信息化部发布了《移动智能终端应用软件预置和分发管理暂行规定》，提出工业和信息化部大力推动移动智能终端应用软件发展，鼓励移动智能终端生产企业、互联网信息服务提供者等相关企业积极开发移动智能终端应用软件产品，丰富信息消费内容，引导企业健全相关管理机制。鼓励有关行业协会等依法制定自律性管理制度，共同规范移动智能终端应用软件的预置和分发行为，维护网络安全，加强用户权益保护等十四条规定。特别是在该规定中明确，移动智能终端是指接入公众移动通信网络、具有操作系统、可由用户安装和卸载应用软件的移动通信终端产品；移动智能终端应用软件（英文简称 app）包括移动智能终端预置应用软件，以及互联网信息服务提供者提供的可以通过网站、应用商店等移动应用分发平台下载、安装、升级的应用软件；移动应用分发平台是指网站、应用商店等提供移动智能终端应用终端应用软件下载、安装、升级的应用软件平台；移动智能终端预置应用软件是指由生产企业自行或与互联网信息服务提供者合作在移动智能终端出厂前安装的应用软件；恶意应用软件是指含有信息窃取、恶意扣费、诱骗欺诈、系统破坏等恶意行为及其他危害用户权益和网络安全的应用软件；商业性电子信息是指利用电信网或互联网，向用户介绍、推销商品、服务或者商业投资机会的电子信息。

2016 年 5 月，国家发展改革委、工业和信息化部、财政部、税务总局发布了

《国家规划布局内重点软件和集成电路设计领域》，其中涉及的国家规划布局内的重点软件领域有基础软件有：操作系统、数据库、中间件。工业软件和服务：研发设计类、经营管理类和生产控制类产品和服务。信息安全软件产品研发应用及工业控制系统咨询设计、集成实施和运行维护等服务。数据分析处理软件和数据获取、分析、处理、存储服务。移动互联网：移动支付地图导航、浏览器、数字创意、移动应用开发工具及环境类软件。嵌入式软件（软件收入比例不低于50%）。高技术服务软件：研发设计、知识产权、检验检测和生物技术服务软件。语言文字信息处理软件：汉语和少数民族语言相关文字编辑处理、语音识别/合成、机器翻译软件。云计算：大型公有云 IaaS、PssS 服务。在以上领域内实行企业所得税优惠政策。

第二，从法律上保护软件产业的发展。2013 年 2 月发布《国务院关于修改〈计算机软件保护条例〉的决定》，新的《计算机软件保护条例》主要从总则、软件著作权、软件著作权的许可使用和转让、法律责任、附则五个方面进一步保护计算机软件方面的相关条例。该条例制定的目的是，保护计算机软件著作权人的权益，规范计算机软件开发，分配和使用中的利益关系，鼓励计算机程序的开发和实施，促进工业的发展。促进软件和国民经济向信息化融合发展。该条例规定，计算机软件是指计算机程序及其相关文件。软件程序指的是一系列编码指令，其可以由如计算机的信息处理设备执行以便获得给定结果或者可以自动地转换成编码指令或序列或者是象征性的陈述。同一计算机程序的源程序和目标程序是相同的。文档是指用来描述程序的内容、组成、设计、功能规格、开发情况、测试结果及使用方法的文字资料和图表等，如程序设计说明书、流程图、用户手册等。软件开发者是指实际组织开发、直接进行开发，并对开发形成的软件承担责任的法人或者其他组织；或者依靠自己拥有的独立完成软件开发，并能够对软件承担责任的自然人。依照本条例的规定，软件著作权人是指对软件享有著作权的自然人、法人或者其他组织。2013 年 8 月国务院办公厅发布了《关于印发政府机关使用正版软件管理办法的通知》，为进一步规范政府机关使用正版软件行为，建立长效机制，根据《中华人民共和国著作权法》《中华人民共和国审计法》《中华人民共和国政府采购法》《中华人民共和国预算法》《计算机软件保护条例》制定本办法。该办法主要规定的软件包括计算机操作系统软件、办公软件和杀毒软件三类通用软件。通过规定政府所使用的正版软件来维护软件的著作权等。2015 年 11 月，发布国务院办公厅发布《关于加强互联网领域侵权假冒行为治理的意见》，该意见提出：当前，以“互联网+”为主要内容的电子商务发展迅猛，成为我国经济增长的强劲动力，对推动大众创业、万众创新发挥了不可替代的作用。但是，互联网领域侵犯知识产权和制售假冒伪劣商品违法犯罪行为也呈多发高发态势。为深入贯彻落实《国务院关于大力发展电子商务加快培育经济新动力的意见》，加强互联网领域侵权假冒行为治理，营造开放、规范、诚信、安全的网络交易环境，促进电子商务健康发展，从总体要求、突出监管重点、落实企业责任、加强执法协作、健全长效机制提出加强互联网领域侵权假冒行为治理的意见。

四、相关产业与支持性产业

产业关联是产业间以各种投入品和产出品为连接纽带的技术经济联系。支持性产业主要是指该产业的上下游产业，如软件产业的上游产业信息技术产业、通信产业、计算机产业、电子产业，主要为软件产业提供硬件支持，为软件产业的发展提供技术支撑；软件产业的下游产业为互联网产业、数码产业、家电产业、传统制造业等，软件产业为下游产业提供产品供给，提高下游产业的产品价值。相关产业是产业之间有共用的某些技术、共享的产品市场和服务而联系在一起的互补产业或替代性产业。这些相关性的产业既存在合作的关系，因为产业之间有共同的技术课题进行攻关，也存在有竞争关系，因为产业间有共同客户需求，面对同样的产品市场。

软件产业发展中最重要的支持产业是信息技术产业，软件产业是运用信息手段和技术，收集、整理、储存、传递信息情报，提供信息服务，并提供相应的信息手段、信息技术等服务的产业。1992 年，美国政府首先提出“信息高速公路”后，信息技术产业迅猛发展。“信息高速公路”是美国政府实施的一项新的高科技计划——“国家信息基础设施”（National Information Infrastructure），旨在以因特网为雏形，兴建信息时代的高速公路——“信息高速公路”。它实质上建立告诉信息的电子网络，可以随时为用户提供大量的必要信息，它可以形成一个完备的网络体系，这个体系由通信网络、计算机、数据库以及日用电子产品组成。在信息技术发展中移动通信发展速度瞩目，在当今普及使用的移动通信为 4G，即为第四代移动电话行动通信标准，为第四代移动通信技术。该技术包括 TD-LTE 和 FDD-LTE 两种制式，它集 3G 和 Wlan 于一体，能够快速传输数据、高质量、音频、视频和图像等。4G 能够以 100Mbps 以上的速度下载，满足所有用户对于无线服务的要求，由于其拥有的超高数据传输速度，被称为当之无愧的“高速对话”。在 2016 年 11 月乌镇举办的第三届世界互联网大会上，美国高通公司带来可以实现“万物互联”的 5G 技术原型，即为第五代移动电话行动通信标准，也称之为第五代移动通信技术，软件产业的发展对网络速度有着更高的要求，这也成为推动 5G 网络发展的重要因素。

软件产业发展的支持性产业数据中心，它是全球协作的特定设备网络，用来在 Internet 网络基础设施上传递、加速、展示、计算、存储数据信息。它不仅仅包括计算机系统和其他配套的设备，还包含数据通信连接、环境设备控制、监控设备以及各种安全装置。2015 年 7 月，首个国家级数据中心落户贵州，在贵州贵安新区的国家旅游大数据中心机房内，一根特殊的网络虚拟专线跨越北京与贵州之间2200多公里的距离，可以让国家旅游局北京机房与贵州灾备中心数据的同步传输和异地备份。富士康、阿里巴巴、腾讯、华为等大型企业抢先在贵州发展；中国电信云计算贵州信息园、中国移动（贵州）大数据中心、中国联通贵安云数据中心在贵州运营；中电乐触、高新翼云、翔明科技等第三方数据中心已经建成并投入使用；北京供销社数据中心、惠普数据中心等一批项目逐步投入使用。贵州的电子信息制造业高速发展，2017年贵州电子信息制造业总产值突破600亿元，软件和信息技术服务收入260亿元，电商交易额2000亿元，引进2家以上国际大数据核心企业、10家以上国内知名大数据龙头企业、50家以上国内有影响力的大数据优强企业。

“互联网+”的发展对软件产业的发展起到了促进作用。2015年7月，国务院发布《关于积极推进“互联网+”行动的指导意见》，其中指出，“互联网+”是将互联网和经济社会中的其他产业更加深入的融合发展，将互联网的创新成果应用到其他产业当中，推动产业的技术进步和效率提升，促进实体经济的创新活力，提高生产能力，建立更加广泛的互联网为基础的设施，投入创新的生产要素。在我国已有的软件互联网发展的基础上，抓住发展的机遇，提高信息，努力推进“互联网+”发展，打造一个重塑创新体系、激发创新活力、培育新兴业态和创新公共服务模式，制定大众创新、万众创业和增加公共产品、公共服务“双引擎”，通过“互联网+”来促进经济发展的新功能建设，实现中国经济体制增效升级的目的。

“互联网+”对软件产业的发展具有重要的作用，“互联网+”作为先进的生产方式广泛的运用在企业的经营销售模式。如仙踪林、厨子印象等地图式O2O等有效地引导了消费者的需求，促使企业进行创新模式的发展。“互联网+”运用于金融领域，一个成功的案例是蚂蚁金服，该企业涉及支付、基金、保险、银行、征信、互联网理财、股权众筹、金融IT系统等多个领域，也是由于软件产业的迅速发展，在大数据、云平台与应用系统相结合创新发展企业新的经营模式。软件产业广泛地渗透到各个行业中，企业的组织运营与管理平台离不开软件产品，智能硬件产品中包含着软件产品。软件产品颠覆了企业的生产模式、经营模式、销售模式，开启了新的消费理念。

新一代人工智能的发展为软件产业的发展提出了新的方向。2017年7月，国务院发布《新一代人工智能发展规划》，该规划提出，人工智能发展进入新阶段。在60多年的演变过程中，发展人工智能特别是在移动互联网、大数据、超级计算机结合新理论，同时将新技术作为传感器，通过脑科学带动经济社会发展的强劲需求。努力促进人工智能的发展，将人工智能引入深度学习，把人工智能与其他产业跨界整合，实现人机协同，开发出开放和独立控制等一系列新功能。

基于知识的学习，人工智能将跨媒体协作处理，在智能扩展、群组集成智能和自主智能系统已成为人工智能开发的重点。同时受脑科学研究成果启发，人工智能下的脑智力智能即将发展。人工智能建立在硬件和芯片的平台的趋势更加明显，这表明人工智能的发展进入了一个新的阶段。目前，人工智能相关学科的发展，在理论建模、技术创新以及新一代软件和设备的改进，正在推动经济和社会领域从数字化，加速网络化到智能化的进步和推进。

五、企业战略结构与竞争状态

企业战略结构与竞争状态是该产业中企业的市场结构如何，即市场中企业之间、企业与消费者之间、买者集团与卖者集团之间，以及市场上已经有的买者和卖者与准备进入市场的潜在买者与卖者之间的关系如何；企业之间的市场行为主要是指软件产业中的企业根据市场结构特征所制定的战略。企业会采取策略性行为影响市场集中状况，一般来说，企业会采取减少竞争对手的手段来扩大和巩固自身在市场上的占有份额，限制产业内的竞争行为。企业采取的竞争手段有：形成产品的差异化和设置进入壁垒，这样可以扩大企业规模，对市场集中度造成一定的影响。当企业通过战略策略取得一定的市场位置后，就会强化自身的垄断地位以获取超额利润，企业会将规模扩大至单位生产成本上升而引起规模的不经济性。在此之前，企业会充分运用各种战略手段来强化垄断地位从而获取超额利润。

在国际软件市场需求加大和国内政策扶持下，我国软件产业飞速发展，产业规模不断扩大。从软件产业的收入来看，2008 年软件产业收入为 7572.88 亿元，2017 年软件产业收入增加了 7 倍达到 55103 亿元。从增长速度来看，从 2009 年到 2012 年，软件产业收入同比增长分别为 40.48%、38.19%和 35.49%，为软件产业收入的高速增长期；从 2012～2017 年，软件产业的收入同比增长分别为 22.24%、21.05%、15.72%、13.22%和 13.45%，为软件产业收入的低速增长期。由此可见，虽然近 5 年我国软件产业收入增速放缓，但在 10 年内保持持续增长。表 3-2 为 2010～2017 年软件和信息技术服务业主要经济指标。

表 3-2 2010～2017 年软件和信息技术服务业主要经济指标

年份	软件业务收入/亿元	软件业务收入					
		软件产品		信息技术服务		嵌入式系统软件	
		收入/亿元	所占比重/%	收入/亿元	所占比重/%	收入/亿元	所占比重/%
2010	13588	4930	36	6529	48	2128	16
2011	18848	6192	33	9583	51	3073	16
2012	24793	7857	32	12944	52	3991	16
2013	30587	9876	32	16030	52	4680	16

续表 3-2

年份	软件业务收入/亿元	软件业务收入					
		软件产品		信息技术服务		嵌入式系统软件	
		收入/亿元	所占比重/%	收入/亿元	所占比重/%	收入/亿元	所占比重/%
2014	37026	12198	33	18711	51	6116	16
2015	42848	13656	32	22210	52	6980	16
2016	48232	15028	31	26090	54	7113	15
2017	55103	16984	31	30604	56	7515	14

数据来源：中国统计年鉴。

由表 3-2 可以看出，2010~2017 年，信息技术服务收入在软件业务收入的比重逐渐增加，从 2010 年占比 48%增加到 2017 年的 56%，可见，信息技术服务是软件业务中最主要的组成部分；软件产品收入在软件业务收入中的比重有轻微的逐渐下降趋势，由 2010 年占比 36%下降到 2017 年的 31%，但其是软件业务中第二重要组成部分；嵌入式系统软件在软件业务收入中发展比较稳定，在软件收入中占比为 14%~16%，其是软件业务收入中所占比重最小。信息技术服务代表着软件产业的发展方向，软件企业的核心能力主要是对客户的服务能力，企业的产品价值来源是围绕着客户所建立的各种关系，信息技术服务的快速发展也代表了软件业务的发展方向。

2018 年 11 月，工信部公布 2017 年中国软件业务收入前百家企业（以下简称软件百家企业）名单，见表 3-3。本届软件百家企业入围门槛为软件业务收入 16.2 亿元，比上一届提高了 1.7 亿元，增长 11.9%。华为连续十七年蝉联软件百家企业之首。

表 3-3 2016 年和 2017 年中国软件业务收入前 10 家企业

序号	2016 年企业名称	2017 年企业名称
1	华为技术有限公司	华为技术有限公司
2	海尔集团公司	中兴通讯股份有限公司
3	浪潮集团有限公司	海尔集团有限公司
4	杭州海康威视数字技术股份有限公司	中国银联股份有限公司
5	海信集团有限公司	浪潮集团有限公司
6	南京南瑞集团公司	杭州海康威视数字技术股份有限公司
7	中国银联股份有限公司	南京南瑞集团公司
8	国网信息通信产业集团有限公司	海信集团有限公司
9	浙江大华技术股份有限公司	国网信息通信产业集团有限公司
10	航天信息股份有限公司	航天信息股份有限公司

注：数据来源于工业和信息化部统计数据。

据分析，2017 年进入前一百名的软件企业的整体规模有所扩大，共完成软件业务收入 7712 亿元，比上届增长 16.5%，增速同比加快 6.3 个百分点，高于全行业收入增速 2.3 个百分点，占全行业收入比重达到 14%。其中软件业务收入过 100 亿的企业达 13 家，比上届增加 4 家；软件业务收入过 40 亿元的企业已近半，达 47 家，比上届增加 9 家。较五年前软件百家企业的业务收入翻了一番，过百亿企业数增加了 11 家，过 40 亿元企业数增加了 28 家。

软件百家企业中，有 1/3 的企业收入增长率超过 20%。增速超过 50%的企业达到 9 家。2016 年和 2017 年相比，排名提升超过 10 位的企业达到 15 家。增长速度较快的企业原因之一是积极转型和自主创新的突破，如北京华胜天成公司实施服务转型以及在云计算领域打造自主品牌“天成云”，使排名提升 41 位；原因之二为深入研究和推进新兴技术的应用，如北京易华录公司将大数据和人工智能技术应用于智慧城市和交通、安防领域，排名大大提高；原因之三是企业推动专业领域的高端化发展和在新兴领域布局并重，如江苏润和科技在聚集金融信息化领域的同时，围绕物联网“芯片、平台、应用”等战略布局也初步成型，排名有所提高；原因之四为在新兴领域积累独特核心技术，如科大讯飞、大疆创新等，排名提升比较快。

从盈利水平看，2016 和 2017 年均在榜企业有 93 家，首次或重新进入榜单有 7 家企业，企业持续增长能力增强。2017 年百家企业实现利润总额 1713 亿元，比上届增长 15.8%，占全行业利润的 19.6%；2017 年软件百家企业的平均主营利润率为 10.7%，平均总资产利润率 8.5%，分别低于 2016 年 0.8 和 0.7 个百分点，降低原因在于企业竞争激烈、人工等成本上升较快影响。连续两年利润率超过 20%的企业达 11 家，比上届增加 2 家，持续盈利能力有所增强。

从研发投入看，2017 年百家软件企业共投入研发经费 1550 亿元，占全行业研发投入的 27.6%，因此，软件产业的研发投入比较高。企业的平均研发强度为 9.7%，高于全行业平均水平 2.1 个百分点；研发强度超过 15%的企业有 15 家，其中有 12 家连续两年研发强度超过 15%；参与研发的人员数接近 46 万人，占软件百家企业总从业人员数的 46%，与 2016 年相比增加 17.9%。2017 年软件百家企业的著作权登记量超过 3 万见，比上届增长近 40%；根据国家知识产权局公布的 2017 年国内企业专利授权量排名，华为、中兴分列为第 2 名和第 5 名，小米移动和深圳云中飞所属的小米、欧珀公司专利授权量也非常靠前。

2017 年软件百家企业在软件产品、信息技术服务和嵌入式系统软件三个领域的收入占比分别为 30%、45%和 20%，与 2016 年相比，信息技术服务领域收入占比明显上升。软件产业链不断提升，在传统软件开发领域，传统产品与软件服务相结合，满足客户个性化需求；在信息技术服务领域，从单一的系统集成服务向产业链的前后端延伸扩展，基本形成了信息技术咨询服务、设计与开发服务和信息系统集成及后期运维服务等多个项目。企业在充分运用大数据、移动互联网、云计算等信息技术和手段中催生出新兴服务业态，软件百家企业的云服务相关的运营服务收入增长超过 90%。

软件企业的规模和数量呈现出多元化和分散化的特征。软件企业的类型基本上有：第一种软件企业的类型为独立的大型软件企业，这些企业的业务主要集中于软件开发、生产、销售和服务。这样的企业在国内数量较少而规模较大，如东软 Neusoft，始建于 1980 年，是国内软件产业的先行者，拥有 Linux 操作系统与办公软件业务。如中软 CS&S，国内软件行业的先行者，自动售票系统行业知名品牌。如用友 yongyou，始建于 1988 年，国内领先的管理软件和云服务提供商，财务管理软件市场领航者。第二种软件企业的类型为大型 IT 企业中的软件部门。在大型的 IT 企业中除了设置基本的开发、销售计算机硬件和通信设备的部门外，也设置了相应的提供软件产品和信息技术服务的软件部门，这些部门的业务主要为从事软件的设计与开发。部门的特点为大型的 IT 企业往往资金雄厚、拥有设计人才和独立的技术，研发出的软件产品在市场上占有一定的份额。如华为，早先是一家生产销售通信设备的通信科技公司，现在更多的业务放在软件业务上，成为全球领先的信息与通信技术（ICT）解决方案供应商，在电信运营商、企业、终端和云计算等领域构筑端到端的解决方案，为运营商客户、企业客户和消费者提供有竞争力的 ICT 解决方案、产品和服务。如中兴通讯股份有限公司，过去是中国最大的通信设备上市公司，逐渐发展成为全球领先的综合通信解决方案提供商，主要产品不但包括一些硬件设备如 2G/3G/4G/5G 无线基站与核心网、IMC、固网接入与承载、光网络、芯片、高端路由器、智能交换机，也包括软件产品如大数据、云计算、数据中心、智慧城市、ICT 业务等。第三种软件企业的类型为互联网综合服务提供商，如成立于 1998 年的腾讯集团，提供多元化的服务包括社交和通信服务 QQ 及微信、社交网络平台 QQ 空间、腾讯游戏旗下 QQ 游戏平台、门户网站腾讯网、腾讯新闻客户端和网络视频服务等，其所有的互联网服务业务依托于提供的软件产品。还如成立于 1999 年的阿里巴巴网络技术有限公司。它的经营业务有淘宝网、天猫、聚划算、阿里云、蚂蚁金服、菜鸟网络等，其业务比重向信息技术服务倾斜。第四种软件企业的类型为中小型软件企业，专门从事某一特定领域的软件产品开发和服务，并在这一领域内占有一定的位置。很多专业做游戏软件的小型企业，在不断更新的游戏软件中获取利润。

第四节　我国软件产业的模块化生产

一、模块化理论

模块是指可组成系统的具有某种确定独立功能的半自律性的子系统，可以通过标准的界面和其他同样的子系统按照一定的规则相互联系而构成的更加复杂的系统。模块化包括产品设计的模块化和生产知识的模块化，前者意味着产品实现了功能性的分工，后者则意味着有关生产的技术和知识能够实现在模块和系统层次的集成[70]。块化理论的早期研究集中于针对客户的标准化和通用化生产，发展到现在模块化理论研究在以分解和整合为基础，采用分级的模块化设计，模块化作为一种互换性和通用性的设计方法。模块化的特点有：（1）在结构上，采用组合式结构，产品由若干模块组合而成；（2）在设计上，以系统设计为中心，采用“分级模块化设计”原理；（3）强调模块的互换性和通用性；（4）模块化产品能够适应柔性制造和大规模生产的需要[71]。模块化分为模块分解和模块整合两个过程。模块分解是将一个复杂的系统按照一定的联系规则分解为可进行独立设计的具有一定价值功能的半自律性的子系统行为。模块整合是按照某种联系规则将可进行独立设计的具有一定价值功能的模块整合起来构成更加复杂的功能系统。模块化的分解和整合过程又可以细分为系统描述、制定和应用设计规则、模块化知识和任务分解后的组织化、系统调试这几个部分。其中系统描述是系统设计师描述、分析、构造复杂系统（如有形产品、架构性项目、软件）的主要功能、组成组件和相互间联系；制定和应用设计规则是在前一步系统描述的基础上选择并应用一套适应于本项目的设计规则，这是模块化战略的核心部分；模块的组织分为特定组织内部参与人员之间的组织化和系统多项任务或模块参与组织之间的组织化；系统调试是模块产品在实际环境中的验证与调试。

模块化设计规则可以分为看得见的设计规则和隐形的设计规则，系统或产品架构的总体设计师通过区分这两种设计规则来实现模块化[59] 这两种设计规则又分别称为系统信息和个别信息。看得见的设计规则又可以称为明确规定的设计规则，它能够影响下一步设计决策，在整个系统开始设计的阶段就需要确定，并且能够迅速准确地向所有参与系统设计、生产的参与者传递。看得见的设计规则可以分为三种：结构、界面和标准。其中，结构决定系统的构成模块及其功能；界面规定模块之间的信息交换、相互联系和作用；标准用来检验模块是否符合设计规则，是否达到了特定的功能并测定其性能。隐形的设计规则是某一模块内部的，对其他模块和系统的实际没有影响的决策。因此，遵循看得见设计规则，功能相同但隐形设计规则不同的模块之间可以互相代替或者事后再选择，这样一来，模块化系统结构能够产生更多具有价值的选择余地。

整个系统的企业可以划分为系统设计师和模块供应商两类：系统设计师复杂确定模块化产品的系统信息即“明确规定”的设计规则；模块供应商则在遵循系统设计师所确定的“明确规定”的设计规则前提下，自行设计某一具体模块，模块供应商可以隐藏本模块内部的设计规则，不必考虑其他模块的设计思路。这样每一个模块都具有信息异化的特征，即除了遵循系统信息外，其内在的个别信息是隐藏的，不为外界所了解的“黑箱”。

在设计规则的制定过程中，确定恰当的模块数量是模块设计的关键问题。一个系统中的模块数量既不能太少也不能太多。模块数量如果太少意味着较大的单个模块，可能难以驾驭；相反地，模块数量如果太多，就会增加模块件的连接和相互作用，高度专业化的小模块使整体结构虚弱，当外界环境变化时难以确定哪些模块仍然是必须的。确定恰当的模块数量和构造整个系统，必须能够随着外部环境的变化而变化。

模块化可分为三对六种基本操作方式：分离、替代、去除、增加、归纳和改变。每种操作方式对模块系统结构所产生的作用、影响及经济价值是不同的。分离和替代往往一起发生，分离是指将较大的模块分离成几个小的模块；替代是指将用更新的模块设计来替代旧的模块设计。去除和增加是相对的，去除是指将某个没有用处的模块从系统中去掉；增加和去除相反，即将原来系统没有的模块增加进来扩大整个系统。归纳和改变往往相互联系在一起，归纳是指从多个模块中归纳出共同的要素，然后将它们重新组织起来，形成一个新的设计层次，并可以创造子系统的设计规则和结构模块；改变是指为模块创造一个外壳，使其在原来设计的系统之外也能够发挥作用，壳内部的模块也形成一个整体，变成一个新的有用途的模块。

模块重用的出现可以解决基础模块设计、研发滞后于大量生产发展的矛盾。模块重用是利用事先建立好的模块创建新模块的过程。模块重用的含义是系统地开发可重用的模块和系统地使用这些模块作为构筑模块，在此基础上设计新模块或者更复杂的模块产品。模块重用的目的是解决设计滞后于生产发展，应付产品系统复杂化而提出的技术处理方案。

二、软件模块化生产

模块化生产在软件产业中最为常见，尤其是模块重用，可以使非结构化、非标准化程序变为结构化、标准化，并形成大量的能重用的计算机构建和模块。软件模块的重用技术能够使软件开发变成一系列模块的“排列组合”，通过需要的对象和功能进行拼接完成新的任务。

软件产品是由一系列的组件进行组合而成，而每个组件都具备特定的功能。因此，软件产品中的一个完整的系统可以分解为一系列的功能组件，也就是功能模块。功能模块之间的相互作用共同形成了软件产品的系统功能。软件模块的组装可以是以某种功能确定的、独立的半自律的半系统性质的子系统，这些子系统可以通过标准的界面和其他的子系统按照一定的规则相互发生关系，进而构成更加复杂的系统。因此，对于软件产品来说，每个模块的研发和改进独立于其他的模块，模块内部包含着自己独有的信息处理的过程。模块之间的联系是通过一个或数个通用的标准界面和系统将不同模块联系在一起。

软件的模块化开发过程分为两个部分，一个部分为设计者将一个源代码的结构分为元系统，另一个部分为将一个源代码的结构分为一系列的模块。元系统就是一个独立的能够保持系统正常运转的最小的系统；一系列的模块是由设计者设计出的较大的、独立的系统部件，这个部件可以作为一个整体在系统中运转。

软件开发中不同的模块进行排列组合，将一个大的系统切割成相互独立的不同的小系统，可以减少设计者在不同的系统进行组装时的成本。同时，不同的模块开发的程度不同，当一个新的模块开发出来代替旧模块时，该模块的应用不影响该系统中其他模块的应用。系统中更新的新模块所增加的功能不需要改变原系统中其他模块的功能，而在原来的系统中可以应用。

软件的开发者和使用者接受源代码结构的高度模块化，这是因为，对于开发者来说，模块的高度化可以使开发者做到更好地专业化分工，他只需要对自己熟悉的模块进行更新升级，而不需要花费时间和成本对其他的模块的开发进行沟通协调。模块的高度化还可以使的开发者在同一个模块的功能上进行水平开发，从而在开发者之间造成竞争，提高了类似模块之间的创新和改善系统功能的能力。对于使用者来说，可以根据个人的需求和偏好选择适合自己的模块来进行安装。

软件模块化设计所确定的目标有以下几点：

（1）软件模块提供更好的软件设计弹性。长期的软件实践表明，良好的弹性来自抽象。引入更多的更高层次的抽象会增加软件的弹性，抽象层次的高低来自设计者对问题域的本质认识的深刻程度，所以要设计更有弹性的模块需要提高设计者对模块解决问题的认识。额外的抽象层次基本上都会带来性能损失，设计者需要考虑性能和弹性的平衡，在性能问题不确定之前，要保证弹性。但是弹性会带来模块的复杂性，而过去复杂的软件会带来理解和维护上的困难，所以并不能过于强调弹性。改进模块弹性的手段有：采用接口提供服务而非具体实例；采用单一职责的简单模块而非复杂庞大的模块，提供可扩展机制，允许客户自行添加新的功能来强化模块；提供配置选项，允许客户定制模块的部分行为。

（2）软件模块可以提供更好的可移植性。可移植性是指软件在不同平台上运行的难易程度，不需要任何修改就可以运行，被称为跨平台。实际上真正跨平台的软件是不存在的，任何跨平台的软件必须有一个抽象的底层来支撑，这个支撑的部分具有在不同的平台上重新实现的功能，这部分就是软件的需要移植部分。因此，增加一个软件模块的可移植性，需要分离不需要移植和需要移植的部分，并且减少需要移植部分的复杂度以方便移植。确定一个软件模块是否可移植，需要确定软件模块的目标平台的移动，确定软件模块中的不移植部分（所有平台都支持的模块）和需要移植部分（并非所有平台都支持的模块）。选择技术方案时，优先选择可移植方案，对模块中无可移植方案的部分，采用接口抽象出一个可移植层，在不同的平台上分别实现此接口，这个接口的实现就是整个模块的需要移植部分，在做移植方案时，可以只关注这个部分。

（3）软件模块可以提供更清晰的接口定义。当一个模块不考虑可重用时，设计者不会对接口过多考虑，接口说明会以口头约定或项目内部约定为准。这种行为在单一项目内部不会造成很大的问题，但是一旦模块需要重用到其他项目，这时接口不清晰的说明会造成语义含混、理解困难、功能定义不明确的问题。因此，可重用模块的接口定义需要严格进行，必须含有以下内容：详细描述该模块提供的具体服务，清晰地阐明该模块所提供的功能；每一个接口函数的语义需要有说明，包括所有参数含义、传递方向、有效范围、异常处理、前提/后置条件等；在多任务环境下的并发访问安全性说明；模块本身的适用范围的详细描述，清晰界定模块的工作环境；提供完整的示例代码演示正确的使用方法。

（4）软件模块提供更好地稳定性功能。稳定性体现在功能和设计上的稳定性。功能上的稳定性表现为模块多次运行不会出现错误；设计上的稳定性表现为多次复用不需要修改。功能上的稳定性通过单元测试等手段来达到。根据接口设计足够多的测试用例，可以在很大程度上保证功能。同时，注意编程规范、严格检查各种前提/后置条件、编写更多的保护性代码、采用更好的错误处理机制，从而提升模块的稳定性功能。设计上稳定性则需要设计者对问题域有深刻的认识，在设计时采用更多的前瞻性、兼容性、可移植性。比较稳定的框架设计可以通过在若干个复用过程中反复重构而获得，这需要设计者从原有的设计中提炼总结。

（5）软件模块具有独立性。如果一个模块依赖其他模块，在复用时，其依赖的模块也需要一并复用，这样会形成一个模块链，当这个链条上的一个模块不能复用时，将导致整个模块链都不能复用。所以，在以可复用为目的设计软件模块时，需要考虑其独立性。模块的独立性需要避免采用存在复用风险的其他代码，只考虑使用平台的基本服务或有持续支持的其他模块；将依赖的模块集成到本模块内部，使外部依赖成为内嵌部分；将可能存在风险的外部依赖模块通过额外的抽象层隔离，使模块可以独立于依赖模块而变化；选择具有较短依赖链的外部模块作为依赖模块，缩短整个依赖链。

三、模块化生产与软件产业链整合

首先，模块化生产能够把一个系统分解成各个不同的子模块，企业之间可以更好地分工，实现软件企业的合作竞争。由于一个系统可以由不同的模块生产商来生产，因此不同的开发者可以专注于某一个模块的生产，这样可以实现劳动的分工，同时提高自由软件的开发效率。软件企业之间有竞争关系，因为存在同一个软件模块由不同的企业进行开发，那么软件企业在模块的弹性、可移植性、稳定性、独立性等就会存在竞争，提高了产品的效率。另外，软件企业可以通过合作的方式，围绕核心能力的开放式专业化生产经营，着力发挥它们的核心能力，而在能力不足的方面，通过与其他企业的合作关系，从外部企业获得所需资源。这时企业不需要考虑自己的短板，而是专注于做自己的擅长之处。按照模块的观点，企业可以拿自己的强势部分与其他企业的强项相结合，这样任何企业不但能从自己拥有优势的部分获得价值，同时通过与其他企业合作的方式，获得其他方面的优势。企业为了达到“双赢”或“多赢”，彼此在模块化的优势项目上展开合作，达到整体收益的最大化。

系统由不同的模块构成，每个模块在开发之后通过内核的原系统进行信息交流，从而发挥整个模块的功能，每个模块功能的发挥不会影响其他模块的功能。在不同的模块整合在一起后，通过外部性的作用，整个系统的功能超过了每个模块的功能之和。如在服务型机器人产业中有三个核心技术模块：人机交互及识别模块、环境感知模块、运动控制模块。同时机器人的基础硬件有：电池模组、电源模组、主机、存储器、专用芯片等；操作系统有：ROS、Linux、安卓等。当机器人由硬件和操作系统构成机器人整机时，整合的基础是由软件、系统、算法、控制元件共同构成的一个大型的系统，而这个系统形成了具有一定行动能力和交互能力的机器人整机。机器人整机具有不同模块的开发功能，如机器人操作系统开发的控制类 app、管理员 app 和各类应用程序 app 等。机器人整机同时对大数据产生需求，如群组服务、云服务、大数据服务等。

通过图 3-5 可以看出，对于智能机器人来说，核心基础是运动控制模块、环境感知模块和人机交互识别模块，这三个模块可以通过不同的企业进行生产。在机器人操作系统、基础应用开发和数据服务方面，也可以由不同的软件企业生产，最终形成计算机的整机。对于每个企业来说，基于模块化的自由软件开发可以在产品的生产过程中得到更高的期望收益。

第二，模块化的生产导致企业间进行设计规则的标准竞争。软件产品的模块化生产能够让不同的企业开发出不同的模块，排列组合后放到一个系统中并行不悖的运转。但是如果企业生产的模块是标新立异、互不兼容的产品，就会影响整体系统的运作，因此有必要制定相应的标准，将不同的产品模块转化为具有广泛适用性的零部件或通用性的软件产品。软件产品的标准化是模块化生产中专业分工的要求，当模块具有一定的标准化后，软件的适用性大大增强，可以将不同的模块进行排列组合，以适应不同软件系统的需求。软件产品能够实现批量化的生产，降低软件企业的生产成本和企业间的交易成本。软件生产企业需要按照设计的标准进行研发创新，采取积极措施适应标准的企业将获得广泛的市场前景，而不适应软件开发标准的企业，将会被残酷的市场规则而淘汰。

我国在 2014 年重点推动并参与两项云计算国际标准 ISO/IEC17788：2014《信息技术云计算概述和词汇》和 ISO/IEC17788：2014《信息技术云计算参考架

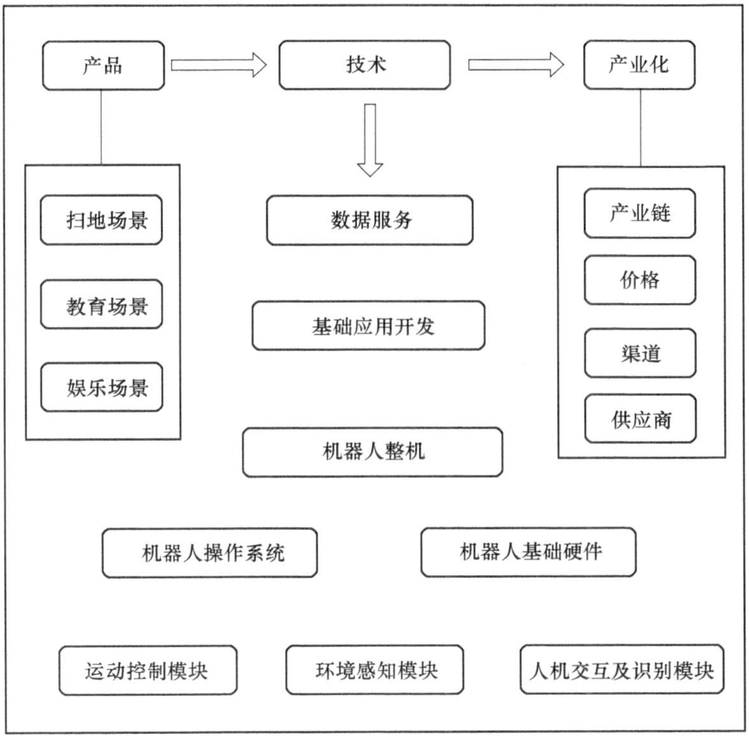

图 3-5 服务机器人的核心模块和技术

构》的制定，这标志着国际标准化工作进入了新的阶段。当前影响世界经济发展的重要因素为软件产品，因为软件产品可以打破原有的技术体系和生产模式，并且产生的新的市场需求，推动了产业结构升级，将产业链重新进行分化组合，催生了新兴产业。发达国家高度重视软件产品发展领域，制定了软件产品的政策、标准和应用，并且发布了相应的发展战略，通过软件产品基础设施建设，将软件产品在市场中的应用扩大化，提高软件产品的市场需求量，刺激软件产品产业的发展。因此，在软件产品的技术领域，各个国家都参与竞争，研发核心技术，追求在技术上起到引领作用，在国际竞争中走到前列。我国政府高度重视信息技术产业，通过制定战略政策刺激信息技术产业的发展。在软件产品产业的竞争方面，对标准制定的主导权是竞争的一个主要方面，哪个国家参与了标准的制定，就能够在争夺产业制高点、主动权、话语权等方面获得优势。标准竞争是一种层次更深、水平更高、影响更大的竞争形势，主导或参与各类标准的制定，有着能够让世界的生产者“向我看齐”的优势，有标准制定权才有市场话语权，才能够引领整个行业发展。各个国家都在深度参与软件产品产业国际标准的制定。我国需要广泛地参与到软件产品产业的标准制定中去，通过参与标准的制定，了解和掌握世界各国相关领域的发展动态，推动我国软件产业标准化与国际接轨，将我国的软件产品推送到世界的市场中去，提升我国软件产品的国际竞争力。

第三，模块化生产使得软件供应商在“背对背”竞争中实现软件产业链的优化整合。软件模块供应商之间一般不能观察到竞争对手的行为，只能观测到“看得见”的系统信息部分，在遵守共同界面标准的前提下，相互独立地完成各自的研发，具有“背对背”的特征。在非模块化的软件开发过程中，存在着“搭便车”的情况，当一个开发者选择参与开发一个项目，其他开发者就会停止开发，等开发者开发出这个项目时，其他开发者直接进行利用，这样会导致软件的供给不足。而对于模块化的开发过程，由于存在着只有开发者知道的“黑箱”，其他开发者无法“搭便车”，因此，所有开发者都倾向于参与开发不同的模块，从而实现整个模块的竞争化生产。这种“背对背”竞争的弊端会造成开发者重复开发和资源浪费，但是由于软件模块开发的不确定性较大，即使是不同的开发者开发出一个功能相似的模块，但是模块的内部性能还是会有所不同。这样其他的模块可以作为预留方案应对未来软件需求者的不确定性，这种重复研发所造成的选择价值，更适合复杂模块体系的构建。

软件企业经过“背对背”的竞争，必然有些企业的模块化产品被市场所接受，有些软件企业花费成本进行模块的开发，但是模块并不能适应市场的需要；也存在有人力资源成本、融资成本等因素的影响，软件企业开发模块软件的成本不同，成本较高的企业市场定价价较高。在这种情况下软件企业就会倒闭或者被并购。而此时比较大型的软件企业就会寻找具有专业优势的中小企业进行并购，以此减少企业的开发模块的成本，同时大型企业也可以通过并购的形式获取中小企业的客户资源，这样软件产业链实现整合，大企业的核心软件模块和中小企业的周边软件模块共同组成软件产业链。

在整个软件产业链中，由于模块化的生产方式，软件生产企业之间进行分工，一般来说，软件模块中有核心模块和非核心模块之分。核心模块由大型软件企业进行生产，这是因为规模较大的企业更有实力进行技术创新，因此大企业能够通过技术创新建立起核心模块。同时，大型软件企业有实力建立行业标准，通过制定标准设计将各类软件生产形成一个系统化的体系，这样就可以形成一个软件从设计到生产一个整体的软件产业链。对于基础软件中操作系统具有非常明显的用户锁定的性质，由于操作系统具有较高的学习成本、网络外部性等特点，因此，用户首先接受的操作系统，以后很难改变，除非后进入市场的软件更加方便易学，符合用户的使用习惯。因此，在操作系统的市场上，只有少数的大型企业占有整个市场，其他实力较弱的操作系统的软件企业面临被并购或者直接退出市场的局面。生产核心模块的软件企业生产出适应不同硬件的产品，同时企业通过制定软件产品的标准，将用户所需求的整个软件产业链纳入软件产品结构中。制定标准的软件企业将整个软件产品的设计和生产的标准向市场开放，其他软件企业会逐步围绕着核心模块，参照标准来生产核心模块的周边模块产品。这样一来，生产核心模块的大中型企业通过规模经济及技术创新保证在软件市场中的垄断地位，而非核心模块生产的市场上不断有小企业进入市场，小企业一方面被激烈的竞争所淘汰，另一方面会被大企业并购，完全竞争市场上的企业通过市场竞争优化产品结构，提高产品的质量。

如 2016 年 5 月金蝶国际完成对管易云计算控股权收购，此次交易后金蝶国际占股 58%，交易金额近 2.5 亿元，管易云计算的原投资方麦星投资实现全部退出。金蝶国际始创于 1993 年，创立初期是一家企业管理软件，通过 ERP（企业资源计划）向企业传递管理思想。1997 年，金蝶在业内首创 32 位决策支持型财务软件，在国产 Windows 版财务软件测评活动中获总分第一，引领中国财务软件由核算型向管理型转型，成为中国首个财务软件决策应用。管易云计算前身管易软件创立于 2009 年，专注为中小电商提供电子商务 IT 平台整体解决方案，2012 年，管易云实现了年销售额过亿，成为国内电商管理软件第一品牌。一直以来，在 ERP 领域的争夺就未停止，而电商 ERP 是金蝶等传统 ERP 企业想进入的市场，但因为电商市场相对割裂，体量不足，投入产出比并不划算，导致传统 ERP 未能大批进入该市场。随着软件产业的进一步发展，大数据和云计算等技术得到普及，用户的需求也发生变化，消费及零售商的全渠道策略就显得尤为重要。对于金蝶国际通过并购管易云计算，可以实现传统 ERP 企业和电商 ERP 企业的强强联合，改变市场竞争格局，提高企业的市场竞争力。而对于管易云计算而言，尽管在并购前占有一定的市场份额，但是由于在电商主要平台如淘宝上，阿里巴巴要求电商企业的所有 ERP 系统都必须登录聚石塔。聚石塔是由天猫携手阿里云、万网联合推出的一个“开放的电商云工作平台”，所谓“入塔”是指把服务商的应用全部部署在聚石塔云计算的环境内，而企业或服务商在使用聚石塔数据库或服务器托管产品，每年需要向聚石塔支付一定的额外费用，购买其云资源。因此，管易云计算这样的企业在阿里巴巴面前几乎无议价能力，加剧了电商 ERP 的竞争。管易云通过引入金蝶作为战略优势，管易云计算将借助于金蝶的产业优势，加大自身的竞争优势，进一步拓展市场渠道。通过以上案例可以看出，金蝶国际作为起步早、规模较大的应用软件企业在市场上占有一定的份额，在新技术不断拓展的过程中，需要延伸公司的产业链，这时候金蝶国际选择并购的形式，来进入新产品的市场。从中可以看出，这是由于软件模块化的生产为软件产业链并购提供了条件。同时，管易云作为一家电商 ERP 企业，在产品市场中竞争比较激烈，由于外在的成本升高，利润进一步减少，为了提高企业的市场竞争力，公司选择比较有实力的企业进行投资，这样可以提高公司实力。由此，在应用软件产业链中进行产业链的整合，提高整个产业的市场竞争效率。

第四章

我国软件产业链的发展现状

第一节　我国基础软件产业链

一、基础软件产业发展现状

基础软件产业链是构建计算机系统架构、集成各类应用的基石，主要由操作系统、数据库和中间件组成。

在国内基础软件产业链的市场占有率方面，国外品牌占有国内市场的大部分位置。在操作系统方面美国掌握着全球软件产业的核心技术、标准体系及产品市场，大部分的操作系统等基础软件企业均位于美国。2018 年的操作系统市场上，Windows XP 等 Windows 系列占据全球市场份额的 87. 9%，其次是苹果的 MacOS 系统，占到全球市场份额的 9. 7%。从事中间件产品的企业集中在爱尔兰、印度、日本、以色列、新加坡等国家和地区，以日本为代表的嵌入式软件的技术水平比较高。基础性软件产业面对的市场成熟，其上游的硬件供应商主要为软件运行、数据通信、数据采集和数据存储供应所需的硬件设备，包括小型机、微型机、存储设备、交换机、路由器等设备，这些产品的品牌分布广泛，受上游市场的影响较小。我国的国内品牌在操作系统上占有率比较低，2018 年我国计算机操作系统市场上，Windows7 市场份额为 62. 30%，Windows10 的市场份额为 14. 46%，Windows XP 和 Windows8 的市场份额分别为 13. 72%和 3. 83%，而包括 Linux 在内的其他操作系统的市场规模只有 5. 75%。我国国内的操作系统是在 Linux 的基础上形成的二次开发操作系统，在北京以中科红旗为代表，由北京中科红旗软件技术有限公司开发一系列 Linux 发行版，如红旗 Linux，包括桌面版、工作站版和红旗嵌入式 Linux 等产品；在上海以中标 Linux 操作系统为代表，中标系统与银河麒麟操作系统合并，“中标麒麟”是共创的操作系统品牌；在广东以新支点为代表，分别生产服务器版、嵌入式版和桌面版三款产品。2019 年 9 月，华为技术有限公司发布了鸿蒙系统，该系统是基于微内核的全场景分布式 OS，可按需扩展，速度比较快，是一个开源操作系统。可见，我国的操作系统在市场上的比重也逐渐上升。

2014 年以来，中间件市场发展迅速，伴随移动互联网的发展而产生移动无线中间件、云计算中间件、物联网中间件等。中间件是具有重要战略地位的基础软件，涉及政府、金融、电信等多个重要领域的安全问题，因此需要加大力度发展中间件，用国内产品替代国外产品，以确保国家信息安全。国内中间件的市场竞争较为激烈，既有国外品牌如 Mircosoft、Inprise、Oracle、Sybase、IBM 等，又有国内的品牌东方通、金蝶这样的龙头品牌和中创、普元等企业主体。特别是同方中间件的市场份额一直紧随 IBM 和 Oracle 之后，位居我国中间件市场第三位。传统中间件和云结合中间件也发展起来，在技术上和市场上都拓展出很大空间。中间件软件主要包括应用服务器 BEC Application Server、消息中间件 BES MQ 和交易中间件 BES V Broker 系列产品。

数据库管理软件市场同样以国外品牌为主，根据 DB-Engines 数据显示，2018 年，在全球市场上排名第一位的数据库软件是 Oracle，第二位的是 MySQL，第三位的是 Microsoft SQL Server，第四位的是 PostgreSQL，第五位的是 MongoDB。由此可以看出，国内的数据库软件在国际市场上还有一定的差距。国内的数据库企业通过业务拓展、企业收购等产业整合的方式来提升实力，如南大通用、人大金仓、神州通用等都在国内的数据库市场上有不少的份额，由于数据库企业为国企持股企业，拥有较好的政策和资金支持，资源充足，发展较快。国内还有一些创业的数据库公司，如 Ping Cap 产品有很大的创新意义，重要之处在于其本身的开源性，让分布式事务处理变得更简单，对开发者更透明。Sequoia DB 巨杉数据库本身是基于开源产品做各种解决方案，也是数据库中比较新颖的形式。除此之外，BAT 这样的大型互联网公司内部有自己的数据库产品，比如阿里巴巴集团的 Ocean DB 和百度集团的 Mola DB，拥有较强的技术实力，但是产品并不对外销售。

二、基础软件产业发展的特征

第一，操作系统市场呈现垄断竞争的市场结构，我国的操作系统产品竞争力不强。国际主流基础软件产品如微软的 Windows 操作系统、甲骨文的 Oracle 数据库系统、谷歌的网络软件，占据了极高的市场份额。从国内来看，国产操作系统的品牌主要有 Deepin、StartOS、优麒麟、中标麒麟、中兴新支点、威科乐恩等。国内的操作系统竞争力较弱，产品之间的相似度较高，替代性不强，还未建立起与之配套的一个生态系统。对于中间件产品，国产品牌比较多，以东方通为例，分别有标准产品线涵盖主流基础中间件，包括应用服务 TongWeb、消息中间件 TongLink/Q、交易中间件 TongEASY、企业服务总线 TongESB、负载均衡软件 TongLB 等；平台类产品线包括数据交换平台 TongDXP、数据传输平台 TongGTP/WTP、数据集成软件 TongETL、应用数据化平台 TongA2D、变化数据捕获工具 TongCDC、大数据分析处理平台 TongBETL 等。中创应用服务器是中国首先通过国家 Java EE 7 Web Profile 和 Full Platform 兼容性认证的中间件产品。中创的产品统一监管平台软件作为配套产品出口到非洲一些国家；中创的产品（如工作流产品）主要应用于军民融合领域，产品特点是业务调整比较灵活，流程管控比较透明以及管理一体化；中创产品的企业服务总线应用于质监、工商等领域，主要的功能为政务数据共享交换及大数据应用，并且成为大数据行业样板工程。金蝶的产品主要应用于党政军、金融、烟草、运营商等重点行业，该产品能够提供基础软件产品，产品的特点是“自主可控，安全可靠”，同时中间件产品与云计算、大数据等技术合作研发出新的产品，帮助客户实现转型发展。

第二，中间件产品发展速度较快。从中间件产品来看，由于政策的支持，其产品性能能够与国外的产品相匹配，甚至在一些领域上能够超越国外的相关产品。中间件产品的差异性逐渐扩大，有些产品在新一代 IT 技术上作为软件基础设施。有些中间件产品成为云计算市场领域的技术产品，形成了云中件间系列产品，为云产品提供系统的、全面的基础软件支撑。有些中间产品与我国特色的软件产品相结合，形成国产化的软件优势组合，共同提升软件市场的竞争力。中间件产品在我国软件市场上有较大的需求，能够和硬件及软件产品企业合作，推进产学研协作创新，打造一个全新的产业生态体系，提升中间件产品对国际产品的兼容及替代能力。

第三，在数据库市场上不断出现新的发展趋势。数据库向云数据库发展，而云数据库又发展为商业云数据库和开源云数据库。开源数据库是指免费的社区数据库，它的源代码可以供公众使用，使用方可以在原始设计的基础上进行修改；商业数据库是指商业企业开发和维护，通过对客户授权订阅使用，客户不能修改。由于数据库的需求增长，利用多种类型的数据库来满足不同类型的需求。国产数据库中的南大通用数据库主要应用在数据分析、数据挖掘、商业智能、海量数据管理等方面。南大通用的数据库产品在某些市场分类上具有国际先进水平，它将数据管理作为核心竞争力，通过自主研发和引进先进技术等形式开发出具有自主知识产权的数据库产品，成为我国国产数据管理软件和数据服务方面占领市场份额最大的企业；国产数据库企业武汉梦达，专业从事数据库管理系统研发、销售和服务，这家企业的特点是国家重点扶持，获得了很多的认证，并且成为国产优秀的基础软件产品；人大金仓是我国早期的数据库软件产品，公司产品涉及领域为国产数据库管理系统，公司的特点是专业化程度高，研发人员超过 60%，员工中 90%以上具有大学本科以上学历，博士和硕士比例超过 30%。人大金仓的产品较多使用于大型系统软件产品，能够为用户提供优质满意的服务，主要应用于政府、军队、电力、农业、水利、质检、教育、金融、能源和制造业等领域。在国产数据库领域，人大金仓的市场份额属于领先水平。神州通用属于中国航空科技集团公司，获得了国家高科技重大专项支持。神州通用的产品技术领先，获得多项专利，并且拥有核心的研发人才。神州通用的产品主要应用于政府、电信、能源、交通、网安、国防和军工等领域，在某些行业中技术处于世界领先水平。

第四，在产品差异化方面，基础软件的差异化不大。以操作系统为例，国内Linux操作系统主要是应用在服务器上，而桌面操作系统以Windows为主，两者的区别如下：

（1）在界面上。Windows界面统一，程序菜单一致，快捷键相同；Linux图形界面风格以发布版本不同而不同，可能互不兼容。Linux的终端机从UNIX传承下来，基本命令和操作方法一致。

（2）在驱动程序方面。Windows驱动程序丰富，版本更新频繁。默认安装程序包含该版本发布的硬件驱动程序，之后所出的新硬件驱动通过硬件厂商来提供。Linux的驱动程序是由志愿者开发，由Linux核心开发小组发布，硬件厂商不提供驱动程序，新用户对驱动程序的安装有一定的困难。

（3）在使用方面。Windows使用比较简单，容易入门。Linux图形界面业简单，但是文字界面相对复杂；

（4）在学习方面。Windows系统构造复杂、变化频繁，知识技能更新速度快，学习较难。Linux系统构造简单，知识和技能传承性好，深入学习相对简单。

（5）在软件使用方面。Windows每一种特定功能都需要商业软件的支持，需要购买相应的授权，而Linux的大部分软件都可以自由获取，软件功能的选择性较小。

通过以上可以看出，对于基础软件在消费者使用方面便利性差别不大，但是两个软件的开放性不同。

第五，在基础软件的进入壁垒方面，我国数据库系统和操作系统市场上几乎是国外产品占据主流。如以微软、IBM、Oracle等为首的跨国垄断企业，包揽了全球90%以上的数据库系统、操作系统等高端软件产品。这些企业通过数据库系统和操作系统形成强大而坚实的产品差别化屏障，直接影响我国关于基础软件的研制与开发。从世界软件产业分局格局来看，位于产业链上游的是美国，它绝对垄断着操作系统、数据库等基础软件方面的技术；嵌入式软件开发是属于软件产业链的中游，代表性国家主要有爱尔兰和日本，而在产业链上游制定的规则可以影响产业链中游的这些国家所生产的产品；应用类软件开发、信息技术服务是属于产业链的下端，我国软件产业现在主要集中在产业链下游。作为一个对软件需求庞大的国家，我国对基础软件的开发和研制对世界软件行业的竞争格局会产生重大影响，这一定会引来世界同行业的各大中小企业的阻挠。行业内的企业一般会把利润降低，并一直降到进入屏障的分界线上，并会采取措施进行阻止，通过一些价格歧视方面的企业行为，提高新进企业的门槛。

三、基础软件发展存在的问题

第一，国产基础软件起步晚，产品质量及服务水平存在不足。国产基础软件对核心技术掌握不够深入，技术创新和自主研发的能力和国外相比还存在较大差距。同时，基础软件产品的性能功能、用户体验、稳定性和成熟度等与国外主流产品仍然有一定的差距。如操作系统中的红旗 Linux 是我国较大、较成熟的 Linux 发行版之一。20 世纪 80 年代末，我国政府部门在内的所有个人电脑几乎全部安装微软的 DOS 操作系统。为了国家安全考虑，中国科学院软件研究所研制基于自由软件 Linux 的自主操作系统，并于 1999 年 8 月发布了红旗 Linux1.0 版。2017 年，北京红旗软件率先向大型国有银行为 ATM、ITM 等专有场景提供了基于 Linux 专用操作系统和中间件的整体解决方案，在金融行业累计应用超过 100 万个节点，完成了 70000 台金融自助终端设备 ATM/ITM 的国产化替代，成为国内唯一在金融自助终端设备上大规模上线使用的 Linux 操作系统供应商。从以上案例也可以看出，我国的基础软件仅仅在某一个行业占领了市场，在其他的行业中仍是 Windows 操作系统占绝对优势。根据百度流量研究院 2018 年 2~4 月的数据，操作系统的市场份额 Windows7 占 62.11%，Windows10 占 14.23%，Windows XP 占 13.9%，苹果 IOS 占 5.94%，其他操作系统占 1.12%。

第二，我国基础软件的生态链相关企业缺乏深度合作，难以形成系统化的应用能力，仍未形成良性发展的产业生态。我国发展比较好的软件产业联盟有长风联盟。该联盟成立于 2005 年，由一群致力于自主知识产权的软件与信息服务企业、科研院所及第三方机构联合发起成立。2011 年 11 月，长风联盟在北京市民政局取得社团法人资格，是首批注册法人实体的产业联盟。截至 2019 年，长风联盟的会员数量达 231 家，会员企业覆盖核心基础软硬件、应用软件、人工智能、大数据、云计算、物联网、智慧城市、互联网及创新创业机构等，吸纳了京东、东华软件、软通动力、用友、博彦科技、华宇软件等国内 2/3 的基础软件和应用软件产品龙头企业，覆盖软件与信息服务产业链各个环节。总体而言。国产基础软件产品在国内发展的态势良好，但是还未能覆盖大多数的产业。如中间件是基础软件的重要组成部分，中间件是开发分布式应用系统不可缺少的关键基础设施，在 20 世纪 90 年代进入产业发展道路。目前我国中间件产品做得比较好的是东方通，东方通的产品发展比较成熟，并且能够做到本土化服务和技术支持，成为中国市场上唯一能够与国际品牌 IBM、Oracle 正面抢夺市场的国产中间件第一品牌。但是其他的中间件厂商发展比较弱，用户认可度不高，国产软件区域性用户应用层次与深度有限，垂直行业可大规模推广的解决方案缺乏。同时，国产基础软件缺乏新型的销售方式与应用模式带动，难以跨越国外成熟产品的市场壁垒。

第三，基础软件产品的使用转换成本比较高。转换成本指的是消费者或用户从在位厂商处购买产品转向新厂商处购买产品时面临的一次性成本。无论消费者或企业，当从一种产品转向另一种产品时往往会受到转换成本的限制。国外企业在技术、产品和市场上长期领先，国内产品突围难度大。

美国的基础软件全球市场占比超过80%，数据库、中间件、开发工具、部署工具等产品全球占比达80%，约为9000亿元人民币。美国有大量的专业软件公司，尤其在基础软件领域，IBM、微软等企业已经在全球软件市场遥遥领先。转换成本的存在锁定了用户的需求，限制了其转换的可能，使得我国的基础软件产品很难进入市场。

第二节 我国工业软件产业链

一、我国工业软件的发展现状

我国工业软件市场保持稳中有升。根据赛迪顾问的统计，我国工业软件市场继续保持快速增长，2016年我国工业软件的市场规模达到1247.30亿元，同比增长15.5%，2017年工业软件市场规模为1446.9亿元，增长16%，2018年工业软件市场规模为1678.4亿元，增长16%。按照区域板块来看，在整个工业软件市场中华北、华东及华南市场占据着重要的地位，其中增长速度较快的是华北和华中地区的市场。东北地区的主导产业为工业，但是工业软件市场的增速较慢。对中国工业软件的市场进行细分可知，2018年我国工业软件市场细分中嵌入式软件的销售额为963亿元，信息管理类287.1亿元，生产控制类为285.6亿元，研发设计类为142.7亿元，嵌入式工业软件保持较快增速，由于高端装备智能制造领域自助研发水平提升，同时移动智能设备增长带来新的信息化需求。对于工业软件中面向行业的成套解决方案研发和应用发展较快，一方面，在机械、航空、纺织等行业对设计、分析、测试等方面的服务和信息化数据管理分析产生了巨大的需求，这也成为工业软件创新发展的动力；另一方面，在国家重点行业如航空航天、轨道交通等的快速发展下，在高端设计和分析研究方面的软件市场规模增长速度也比较快；传统的工业软件发展的主要是ERP、CRM等管理软件，在新的市场需求的改变下，产品向着基于云平台的轻量化服务模式转变；在电力、轨道交通、装备制造等行业中工业软件向控制类软件和系统解决方案方面发展，并且增长比较稳定。

软件产品应用于工业生产的整个链条，主要体现在工业生产的上、中、下游对软件产品的需求。工业生产的上游对软件的需求体现在对基础软件如操作系统、开发工具和中间件的应用，基本上是用于工业生产的设备中；工业中游对软件产品的需求主要体现在工业企业的生产过程中，应用于机器设备的生产过程中，如嵌入式软件、研发设计软件、生产控制软件、生产管理软件等方面；工业下游对软件产品的需求主要体现在将软件产品与工业产品相结合，比如汽车、船舶、机械装备中都含有软件产品。我国的国产软件产品在工业生产流程的应用中，在工业生产的上游比较薄弱，如前文分析操作系统软件主要为微软 Windows、苹果 Mac OS、Linux 等，中间件软件主要为 IBM、BEA、Oracle，国内的中间件软件有金蝶、东方通等。在工业生产的中游，我国的国产软件占有的比率比较高，比如嵌入式软件中有广州数控、华中数控、凯恩帝等。广州数控成立于1991 年，产品主要涉及机床数控系统、伺服驱动、伺服电机、数控机床连锁经营、机场数控化工程、自动化控制系统、工业机器人、精密数控注塑机、数控培训学院，同时还可以为客户提供自动化制造全过程解决方案。广州数控是我国的高新技术企业，在我国国产的数控系统的市场占有率中排在前列；凯恩帝成立于1993 年，产品主要涉及各种专机控制器、驱动器，电机等配套产品，对于机床供给行业所需要的单轴控制机械、数控车床、数控铣床等产品；华中数控成立于1994 年，产品主要涉及数控装置、伺服驱动与电机、工业机器人、红外热像产品、工业机器人及智能制造专业、无轴数控教学整体解决方案、智能升级整体解决方案等。工业软件中的 MES（制造企业生产过程执行管理系统）是一套面向制造企业车间执行层的生产信息化管理系统。MES 可以为企业提供包括制造数据管理、计划排程管理、生产调度管理、库存管理、质量管理、人力资源管理、工作中心/设备管理、工具工装管理、采购管理、成本管理、项目看板管理、生产过程控制、底层数据集成分析、上层数据集成分解等管理模块，可以为企业打造一个扎实、可靠、全面、可行的制造协同管理平台。2018 年，我国 MES 市场规模为 33.9 亿元，较 2017 年同比增长 22%，我国的 MES 市场增速放缓。工业 4.0 及中国制造 2025 激发了企业智能制造信息化的需求，作为工业软件核心应用的 MES 软件是制造业企业信息化的重要组成部分。MES 在发达国家实现了产业化，如西门子企业发展较好。我国 MES 行业的市场正在逐步发展起来，市场发展潜力巨大，但是企业对 MES 的重视度高，需求更明晰，因此 MES 市场中竞争比较激烈。

二、我国工业软件发展的特征

第一，工业云带动工业企业加快服务化转型。工业云通常指基于云计算架构的工业云平台和基于工业云平台提供的工业云服务，涉及产品研发设计、实验和仿真、工程计算、工艺设计、加工制造及运营管理等诸多环节。工业云提供的服务有工业 SaaS（Software as a Service）云服务、工业 IaaS（Infrastructure as a Service）云服务、工业 PaaS（Platform as a Service）云服务等方式。工业云基于云计算技术架构，使工业设计和制造、生产运营管理等工具大众化、简洁化、透明化，通过工业云计算服务，可大幅提升工业企业全要素劳动生产率。

工业云可以提供的服务有工业设计、加工工艺分析、装配工艺分析、模具设计、机械零部件设计与性能分析、电磁场模拟等服务，用户可以从工业云的服务中缩短产品升级换代的周期，降低产业的设计成本和制造成本，提高产品的性能。同时，工业云服务提供企业经营管理方面的业务，如订单管理、主生产计划、备料等诸多环节，工业云的 ERP（企业资源计划）、DMS（经销商管理系统）、PLM（产品生命周期管理）等企业管理工具具有企业过程管理的功能，通过这些产品能够提高企业管理能力；工业云的服务在企业和需求方的交易过程中对各种数据进行充分挖掘，利用大数据为企业研发、生产、营销、交易、服务等产品提供数据支持，开发出新产品。

第二，在工业的重点行业中，工业软件发展速度较快。工业云逐步应用到工业软件的解决方案中，企业能够通过工业云建立的平台将数据应用到市场、研发、生产等业务上，企业的全局控制能力大幅度提高，同时企业的决策力和执行力增强。在市场中具有主导地位的企业通过工业云建立的软件和技术平台，将社会资源更加流畅的优化整合，催生出新的商业模式。工业云将工业化和信息化相结合，在工业转型升级和提质增效方面作出了巨大的贡献，将传统的工业生产运行经营模式改造为以云计算、大数据为基础，工业企业在研发、生产、运营、营销、服务和管理创新的方式，从而创造出更大的价值。在工业云的发展基础上，企业在工业设计、虚拟装配、精准营销配送、精准广告推送等方面出现新的发展趋势。可以说，工业云计算服务、工业大数据服务已成为推动互联网与工业融合发展的主要支撑手段，并与企业技术研发、流程管理以及生产经营等方面紧密融合，塑造企业发展新模式、催生工业经济新业态。以贵州工业云为例，目前该平台的注册企业共有 139125 家，设备接入量为 51182 台。贵州工业云提供的服务有：

（1）综合服务，实现政府对行业的监管与服务；

（2）产业云平台，展现十大产业平台，实现网格化管理与服务；

（3）云制造，建立共享制造资源的公共服务；

（4）创业创新，建立线上线下相融合的众创空间；

（5）工业品商城，为企业提供产品的采购、销售和易货服务；

（6）金融服务，提供中小企业融资服务和个人/机构投资者的投资服务；

（7）高效物流，建设平台内部的供应链管理系统。

以贵州工业云提供的新型智慧城市产品为例，作为在信息时代背景下城市发展的重要趋势，新型智慧城市已经上升到国家战略层面。

第三，工业大数据应用生态逐步兴起。工业云技术应用到企业中，能够为工业企业在信息化建设中提供新的信息获取手段。工业企业通过建设和应用云平台可以方便快捷的获取数据生产要素，企业对产品实施工况监控数据挖掘分析，提升产品维护能力，加速新产品研发。比如，在发展工业云中发展比较好的浪潮云是安全可靠的云平台，公司具有国内领先的技术水平和运营能力，面向政府机构和企业组织，提供覆盖IaaS、PssS、DaaS、SaaS及管理服务在内的公有云服务。浪潮云工业互联网平台以Kubernetes作为所有中间件和应用的调度引擎，以物联网数据采集为基础，以大数据处理为支撑，以面向领域的应用敏捷开发能力为驱动力，具备完善的边缘侧设备接入、控制和计算的能力，以及基于MQTT等协议的物联网安全接入、大数据处理、微服务支撑框架等云服务能力。目前，浪潮云工业互联网平台已在通用装备制造业、专用装备制造业、汽车制造业、电子设备制造业、冶金业、储备业、化工业、电力热力燃气生产与供应业等8个行业，构建了设计仿真、生产管理、工艺质量管理、供应链管理、设备远程管理、产品生命周期管理、运营管理、其他等8个领域的解决方案，设备连接数达到数百万，云化软件和工业app过300个。其中，浪潮云联合合作伙伴使用自主创新的国产化可视化PLC建设了面向电力装备、燃气装备的远程监控和控制系统。明水经济技术开发区通过采集园区及企业的仪表、传感器等数据，在浪潮云工业互联网平台进行分析处理，帮助企业降低用能损耗、避免力调电费罚款、优化节能降耗、保障企业用电、用气安全，用电平均降耗3%~5%，安全指标提升30%以上。不仅如此，浪潮云为中储粮打造的全球最大的“智能粮仓”管理平台，同时管理31个省市近千家粮库，接入近10万个视频摄像头，近100万个粮情传感器，可实时掌握粮食库存、质量和粮情状态，远程实时查看现场情况，国家掌握粮情周期由15天缩短为3天，相对于传统储粮方法，能耗、人力等总成本降低了5%左右。

三、我国工业软件发展存在的问题

第一，我国工业软件综合实力较弱。国内的工业软件企业在我国主要工业领域中所占的比重比较小，工业软件的市场规模不大，软件企业的供应商的专业化能力比较弱，提供的产品在关键核心技术和产品能力方面与国外的产品还有不小的差距。同时，工业化和信息化的深入融合，造成云计算、物联网、大数据等新一代技术不断的更新换代，给传统工业软件提供商带来极大挑战。工业软件是一种以数据与指令集合对工业知识、算法、控制逻辑等进行固化封装的数字化技术，从而成为在工业领域中建立数据自动化流动规则体系，对业务活动具有赋能作用，是能够延伸人类知识与智能的载体。工业软件是把计算机语言解释成汇编码，汇编码解释成机器码，机器码以指令的形式驱动显示设备显示图像，或让其他物理设备中的执行器或制动器发出动作。工业软件是一串串流动在芯片和线路中的比特指令，其存储态是硬/软盘上的一堆相互关联的比特数据。对于工业软件开发者来说，不仅要有熟悉的行业背景，更要求有各种实践经验和隐形的知识。工业技术软件需要工业技术的发展与积累，通过工业技术的发展刺激工业软件的进步，而软件的进步反过来又刺激工业技术的发展。工业软件集成了最优秀的工业知识和技术积累，汇聚了众多的先进算法，并且有千百万的开发者优化数字化的成果。工业软件离开特定的算法与知识，几乎寸步难行。根据中商产业研究院的数据库显示，2016 年中国数控机床进口量下降 7254 台，但是 2018 年中国数控机床进口量上升幅度较大，为 14409 台，从我国的整体数控机床销售收入看，2014~2016 年我国的数控机床销售收入均超过 2400 亿元，2016 年数控机床销售收入为 2732. 3 亿元，2017 年数控机床销售收入为 3060. 3 亿元。从这个案例可以看出，我国的数控机床的增长速度有所下降，国外的数控机床的竞争力更强。

第二，我国工业软件不具有核心竞争力。工业软件在发展过程中最大的问题是不掌握核心算法。以工业机器人为例，我国已经连续 5 年成为世界第一大机器人应用市场，在高端机器人的市场上，占绝大多数的依旧是国外的产品。作为工业级产品，衡量机器人优劣主要有两个标准：稳定性和精准性。核心控制器是影响稳定性的关键部位，有着工业机器人“大脑”之称。软件相当于语言，把“大脑”的想法传递出去。掌握这门语言，需要底层核心算法，但是我们对核心算法的技术却不掌握。算法的差距使得伺服系统响应的速度过慢，通过底层算法，国外核心控制器可以通过伺服系统的电流环直接操作电机，实现高动态多轴非线性条件下的精密控制，因此国外的机器人响应速度更快、定位更准确。这样就导致国产的机器人与国外机器人差距过大，使得国内的工业机器人的竞争力过弱。

第三，我国工业软件拓展市场难度较大。国外企业具有先进入市场的优势，如果转换产品的品牌，会产生巨大的转换产品的成本费用。同时我国的工业企业对国产工业软件普遍缺乏信任。对于工业应用软件，受到重点工业产业加快智能化改造提升的需求，工业应用软件发展迅速。按照工业软件的分类，在研发设计类有计算机辅助设备、辅助分析、辅助制造、辅助工艺规划、产品数据管理等，代表企业有西门子 PLM、欧特克、达索系统、数码大方、中望龙腾、苏州浩辰、华天软件等；在生产调度和过程控制类有制造执行系统、工业自动化系统等，代表企业有西门子、通用电气、ABB、和利时、中控集团等；在业务管理类有企业资源计划、供应链管理、客户关系管理、人力资源管理、企业资产管理等，也包括定制化的企业应用集成平台系统、协同办公系统等，如 SAP、甲骨文、Salesforce、用友和金蝶等。

赛迪顾问股份有限公司与中国工业软件产业发展联盟合作，以各企业 2016 年工业软件领域营收规模为标准，对中国工业软件市场主流企业进行评估，最终形成“2017 中国工业软件企业排行榜”，该排行榜研究对工业软件的定义是指专用于或主要用于工业领域，以提高工业企业研发、制造、管理水平和工业装备性能的软件。工业软件不包括通用的系统软件和应用软件，如计算机操作系统、通用数据库系统、办公软件等。工业软件的前十名分别为华为技术有限公司、Siemens、中兴通讯股份有限公司、Honeywell、南京南瑞集团公司、上海宝信软件股份有限公司、株洲中车时代电气股份有限公司、浪潮集团有限公司、海尔集团。2017 年中国研发设计工业软件市场占有率中，Dassault Systems 为 19. 05%，航天神软为 12. 28%，Siemens PLM 为 10. 73%；2017 年中国生产控制工业软件市场占有率中，Siemens 为 23. 72%，Honeywell 为 10. 94%，南京南瑞为 9. 01%；2017 中国信息管理工业软件市场占有率中，其他占据 23. 57% 的市场份额，浪潮为 15. 96%，用友为 11. 44%。2017 中国嵌入式工业软件的市场占有率中，华为为 33. 51%，ABB 为 16. 73%，其他为 15. 99%。从以上的数据可以看出，在工业软件的市场占有率中，国外企业的市场占有率更高一些。工业软件的特点是转换成本比较高，当一个公司选择一款工业软件时，本公司的产品必然与软件产品的系统相互融合，算法、客户记录、历史报表、业务战略等公司内部信息会通过代码保存在数据库中，在构建使用各种编程语言编写的组件中，存储在数据仓库或隐匿在内容管理系统里。这些数据或业务所处的位置有可能导致专有应用程序、提供“标准”接口的开源数据库，或不允许执行提取操作的第三方程序所造成的锁定。上述情况会导致企业只能继续使用存储这些信息的记录系统或管理系统而无法轻易更换。例如，当一个企业使用 Salesforce. com 的 Apex 语言编写了大量业务处理逻辑，而这些逻辑将完全无法使用其他技术运行。因此，如果要更换该软件就必须使用其他的软件程序可以支持的语言重新编写所有的逻辑，该公司本来一直使用关系型数据库的企业将无力完全迁移至 NoSQL 数据存储系统。很多软件产品和硬件设备不提供用于提取数据所需的 API（应用程序编程接口），因此公司必须重建所有数据，或通过某种形式从原生的二进制格式重新解析，增加了公司的转换成本。

第四，专业人才培养和储备不足。我国工业软件复合型人才稀缺，但是对于嵌入式软件开发和运行平台等基础研发工作对专业人才有着较高的要求，尤其需要复合型人才。所谓复合型的人才是既懂信息技术又懂工业技术，并且具有一定企业管理知识。在复合型人才培养方面存在着成才率低、培养难度大的问题，这样就导致了工业软件人才大量缺口。同时，由于工业软件企业的快速发展，工业软件的人力成本上升较快，软件企业人力成本支出压力日益增大。国外软件企业加快在华布局，也使得国内各企业间争夺人才的现象更加激烈。许多国内企业依靠实施工业软件项目培养出的工业软件人才流失严重。工业和信息化部印发《软件和信息技术服务业发展规划（2016～2020）》，提出创新人才培养，实施人才优先发展战略，鼓励有条件的地区人力人才培养，重点培养技术领军人才、企业家人才、高技能人才及复合型人才。深入实施人才引进政策，重点发挥企业在人才引进的作用，吸引和集聚海外优秀人才特别是高端人才回国创业。同时教育部印发《关于开展新工科研究与实践的通知》，探索建设产业化学院，根据行业对人才的要求更新教学内容，探索企业合作办学、合作育人、合作就业、合作发展，并将大数据应用人才纳入新工科建设当中。教育部组织实施产学合作协同育人项目，2017 年第一批产学合作协同育人项目指南发布，89 家企业发布网络安全和信息化相关项目 4586 项，自主经费 2.63 亿元，其中大数据相关项目也获得支持。

第三节　我国应用及服务软件产业链

一、我国应用及服务软件产业的现状

我国的应用软件及服务发展比较好，在 2019 年的上半年，软件产品收入增长比较快，工业软件保持较快增长。根据我国工业和信息化部的数据，在上半年，软件产品实现收入 9183 亿元，同比增长 14.1%，增速同比提高 0.5 个百分点，较一季度提高 1.8 个百分点，占全行业收入比重的 28%。其中，工业软件产品实现收入 844 亿元，同比增长 19.8%，高于全行业评价增速 4.8 个百分点。同时，信息技术服务收入较快增长，电子商务平台技术服务、大数据服务等增势突出。信息技术服务实现收入 19386 亿元，同比增长 17.2%，增速同比提高 0.1 个百分点，高于全行业平均增长水平 2.2 个百分点，在全行业收入中占比 59%。其中，云服务和大数据服务收入分别增长 14.6%和 20.5%；集成电路涉及服务收入增长 12.1%；其他信息技术服务，如信息技术咨询涉及服务、系统集成、运维服务、运营服务等增长 16.3%。我国的应用软件和信息技术服务产业在市场应用广泛，产品种类比较多，需求量比较大，在软件产业链中发展比较好。在细分市场中，2018 年嵌入式软件的销售额为 963 亿元，信息管理类的销售额为 287.1 亿元，生产控制类的销售额为 285.6 亿元，研发设计类的销售额为 142.7 亿元。可以看出嵌入式软件的增长形式比较好。以研发设计类软件为例，在研发设计软件中我国的浩辰 CAD（computer aided design），也就是计算机辅助设计软件产品，该企业是国际领先的 CAD 产品及解决方案的提供商，它是全球极少数掌握 CAD 核心技术的软件厂商之一，在全球范围内，产品已经覆盖 100 多个国家和地区。在生产控制软件市场中有和利时、浙江中控、宝信软件等。和利时成立于 1993 年，是我国领先的自动化与信息技术解决方案供应商，公司的业务涉及工业自动化、轨道自动化和医疗自动化领域，而对这三个领域也有比较细致的分类；浙江中控是我国自动化、信息化和智能化技术、软件与解决方案供应商，业务涉及流程工业自动化及智能制造、工业大数据、工控安全、科教仪器等领域，企业研发

的控制系统有30000多套应用于10000多家工业企业。

软件产品应用于智慧城市等领域。智慧城市主要由数字城市、物联网和云计算三大类支撑技术组成。近年来，以浮空器为代表的空间技术和人工智能技术，催生了新型智慧城市的新技术、新模式。以“云端号”产品为例，东莞智慧城市空间信息平台“云端号”自2015年12月28日在松山湖生态园完成全球商用首飞以来，已稳定运营并为东莞提供服务，并在2016年10月完成“智慧环保”“应急通信”“火灾监测”等示范应用，已实现可见光、红外线等监测，24小时不间断，半径为10千米，最大距离达到70千米。具体为：传感器等收集如环境监测等实时数据，归集至云端号，再通过云端号光纤传输到指挥中心，形成东莞“空地一体化信息网络”。摄像头多安设在道路上，监测的只是局部情况，而搭载在云端号的高清摄像头则能监测全局，有利于疏散人群，对于交通、应急都有参考意义。“云端号”帮助东莞市内建设基于空间平台的大数据一体化管理平台，地面传感网络搭载传感器采集并收集相关传感器数据，通过空间平台搭建的空地无线传输系统将数据转发至地面大数据监控中心，监控中心将数据汇集并对数据进行解析、分类、存储、转发等动作。由于空间平台的覆盖半径为30千米，基本上能满足东莞市主要区域的无线覆盖，并配合地面传感网络和专用传感器可实现功能的深度定制，完成需求应用的搭载。尤其在城市环境监控和基础设施管理方面，该系统可实现自动化和智能化的大数据收集、融合、应用，大大降低政府在这一方面的工作量，为城市向智能化、现代化城市运营模式的转型提供强大的推力。

二、我国应用及服务软件产业的发展特征

近年来，在国家产业政策的支持和引导下，关键领域应用软件和行业解决方案方面在电信、能源、金融、交通、医疗地理信息等领域发展态势良好。

第一，在重点行业领域应用取得明显突破。跨入世界先进行列的重大应用有智能电网调度控制系统、大型枢纽机场行李分拣系统、千万吨级炼油控制系统等。在电力系统建设方面，我国电网调度系统D5000已在全国31个省级以上调度控制中心和59个地市调度控制中心部署运行，可以支持全世界结构最复杂、运行电压等级最高、用电量最大的电网安全运行。比如能源行业和石油行业对高性能计算的需求主要是偏移处理，模拟等应用。石油行业应用软件的一般特点是计算量巨大，通常一条10千米的二维地震测算仅计算一次就需要计算2880万次，若是100千米则需要计算3亿次。全国每年要处理的二维地震数据工作了在10万千米以上，且计算的次数多，计算量巨大；地震资料处理的过程、运维数据量、计算量和通信量都很大，所以对计算机的存储能力、计算能力和I/O通讯能力都提出了很高的要求。浪潮高性能应用集群主要解决了石油应用中的三个问题：

（1）高性能。浪潮结合石油行业的特点，推荐使用Intel处理器，不仅实现了较高的处理性能，而且在能效比、内存支持以及CPU本身的架构上Intel都有很大的优势。除此之外，随着GPU技术的发展，有些石油相关的软件已经可以在GPU上进行并行计算，这样客户可以在现有GPU架构下在一块GPU卡上实现万亿的浮点运算，大大提高了计算效率。

（2）网络带宽问题。在石油软件应用中，并行化对于网络延时和带宽的要求越来越高，采用万兆或者IB方案，能够最大化满足所有节点计算交换需求，网络延时低。浪潮可以提供全方位，全线速无阻塞的网络交互，充分发挥各个节点的性能。

（3）存储带宽问题，软件对网络带宽的需求必须配备完善的存储系统。浪潮不仅可以提供专业级的直连存储，而且有光纤存储系统，通过专有的存储节点构架Lustre并行文件系统，接入以太网，56GB的Infiniband网络，不至于出现CPU等待数据计算的情况，大大提高了计算效率。浪潮通过统一的集群监控管理，作业调度，结合浪潮高性能的服务器，保证了整套系统的稳定性。还可以提供高稳定性的商业版并行文件系统，极大提高了存储带宽，提高了存储系统的稳定性。

第二，新兴技术融合发展进程进一步加快。新一代信息技术快速发展，云计算、大数据等技术广泛应用在应用及服务软件当中。这样就对新兴技术的发展提出了新的要求，新兴技术需要以开放合作的态势与其他产业相结合。同时，新兴信息技术产业的竞争从单一的企业竞争演变为生态体系的全产业链的竞争。生态体系建设的重要性凸显。比如新松机器人自动化股份有限公司（以下简称“新松”）与万科物流发展有限公司（以下简称“万科物流”）于2018年签署战略合作框架协议，双方拟在智能物流装备等领域展开深度合作。新松和万科物流作为在各自领域内的领军企业，选择强强联手，全面加强智能制造与智慧生活在物流地产领域的深入贯彻和实施，新松将和万科物流共同创协合作模式，在发挥两家公司主营业务优势的同时，增强协同效应。两家合作的领域为自动化物流系统集成技术和自动化物流设备的研发、制造业务。两家公司将进行合作模式创新，开发出国际先进水平的物流仓储运营模式，开发出双方共同研发的先进物流技术和产品。新松和万科物流还将在物流方面进行深入合作，万科物流在国内建设的高标准现代化物流仓储设施，并由新松公司承担设备制造生产与项目实施。双方在物流领域的深度合作，将共同发展共同实现将应用于未来，万科物流也将在商业、酒店、长租公寓、物业管理、养老等领域，微智能装备提供服务场景，优先考虑引入新松作为合作伙伴，新松针对万科物流“城市配套服务商”的应用需求研发和通过优质的产品和服务。

第三，应用软件及服务软件产业将朝着业务多元化发展，服务水平不断提高。随着信息技术的不断发展，应用及服务软件产业的企业将业务向细分化、多样化方向发展。企业在创新的过程中出现了新产品和新业态，创新出新的市场需求，带动相关产业升级。在产业的增长领域中，以云计算、大数据、社交服务以及移动支付为代表，增长速度较快。同样，初创企业的产品创新活跃度增加。如杭州创匠信息科技有限公司（以下简称“创匠科技”）是一家主营业务为移动支付系统开发的公司，这家公司在移动支付领域的客户分别为微信支付服务商、支付宝服务商。创匠科技独立系统在移动支付领域市场进行优先部署，成为一家成熟的互联网技术公司。公司的核心技术为商业客户管理系统、第三方支付收银系统（PC 收银台、二合一二维码收银、商户营销 app、收银系统集成接口）、打赏、微信卡券、大屏互动（签到、摇钱树等现场互动游戏）等前沿新媒体互动应用。公司提供的产品不定期迭代更新，各产品后台操作无缝联动，能为客户提供精致而简洁的操作体验。公司提供一整套的支付服务，如针对市场上的大、中、小各体量商户（酒店、足浴、餐饮、美容美发、旅游景点、百货、医药连锁、综合体酒吧）提供 BCRM 系统（WAP）、BCRM 系统（app）、商户营销系统、二维码收银台、PC 收银台、商户营销 app、大屏互动、打赏、第三方接口。

（1）BCRM 系统的功能有：运营商管理，可以添加修改管理运营商，可以一键统计每个运营商业绩报表；管理渠道商，查看移动支付渠道商是否符合申请资格；管理商户，通过商户列表，管理每个商户负责人以及微信支付宝分成比例；管理员工，对业务员管理和客服管理，满足较大规模服务商更高效管理人员；管理产品，商户各类产品都由公司自定义来开通，给商户多样的营销活动；发布动态管理，一键发布公告，让企业的运营商迅速了解动向。

（2）商户管理系统的功能有：通过各类图表式数据报表来设置商户信息，修改登录密码，上日流水数据查看，后台更新公告；门店的管理，新增门店和查看门店详情及修改门店信息；用户的管理，新增店长，查看店员详情及修改店员信息；流水的管理，实施流水明细的查看及到处，退款操作；公众号的作用，绑定门店店铺公众号，公众号管理，可免费管理公众号的菜单栏。对于卡券的管理，通过卡券列表可制作微信卡券。

（3）二维码收银类型有微信支付宝通过一码双通道收银，固定金额二维码，非固定金额二维码，二维码支付打印小票。

（4）PC 收银台可以智能管理交易订单，快速和自动地识别二维码，自动切换收款场景，对折扣优惠券核销。

（5）大屏互动功能，可以自定义创建修改大屏互动活动，可以自由设置大屏活动，大屏互动二维码打印下载，并且有六种大屏活动任意挑选。从以上案例可以看出，在当今的软件产品中，往往是一种产品能够提供一系列的功能，大大提高了服务的多样化，多方面便捷、快速地满足客户的需求。

第四，软件产业中的信息技术服务市场规模较大，整个市场发展保持平稳较快发展，发展增速高于软件产业整体增速。信息技术服务业向着云计算、大数据技术发展，满足企业客户向互联网转型的需求，降低企业的 IT 运营成本，成为主要产品内容。由于云计算、大数据、物联网、移动互联网等信息技术相互交叉融合，信息技术服务企业通过云平台作为 IT 基础平台，进行系统集成和平台搭建，提供系统迁移业务，还产生了基于位置服务、移动社交等综合型服务，同时产生了智慧交通、智慧医疗、跨境电子商务等一些 O2O 服务产品。如百度集团的车联网解决方案，通过百度地图为用户提供路线规划、实时停车位查询、电子狗、实时路况、室内外无缝导航等服务；东华集团所提供的东华云管理系统实现云资源交付管理及云服务交付管理；中软集团所提供的“中小企业互联网+加速器”产品服务模式，基于“解放号”IT 服务众包平台资源支撑，为中小企业提供基于腾讯微信企业号的公共服务直达、企业 IT 轻应用、企业 IT 需求定制开发、政府企业等一系列信息化产品和服务。除此之外，还有针对个人的信息技术服务业，如由北京动如脱兔科技有限公司开发的火辣健身 app，其根据用户的诉求提供免费科学的定制健身计划、超清影视级视频课程、教练真正陪伴式健身指导、全面多维度数据记录用户的训练过程及成果。产品团队基于大数据分析不断推出更适合本国人的健身课程内容及训练方法。通过以上可以看出，信息技术服务市场非常活跃，市场上既有大型的互联网企业所进行科技研发出的针对企业需求新型服务产品，也包含着小型企业所创新出针对个体的产品。

三、我国应用及服务软件产业发展存在的问题

第一，应用及服务软件产业的整体产业面临较大转型升级压力。我国应用及服务软件产业依然处于产业链的中低端，市场竞争加剧导致企业的利润减少。同时，行业人力成本上升明显加快。例如，美国的一家软件公司 TopCoder 会将一些软件项目分拆成多个小单元，通过在网上发布的形式，邀请全球的编程高手来竞投。后来这种开放竞投的方式成为软件开发的一个主要趋势。在上述的公司竞投过程中，三年来有 40%的参加竞赛的选手来自中国，从这一方面也可以看出中国软件人才的能力是非常优秀的。软件产业应该是高利润的行业，但是我国一部分的软件企业处于垄断地位，可以获得垄断利润，更多的一部分软件企业在苦苦挣扎中消失了。软件产业是智力密集型行业，中国拥有世界上最大的智力资源库，中国人具备编程人员所需要的数学和逻辑思维，但是由于大部分中国软件企业利润很低，软件编程人员被称为“软件农民工”，人力资源的工资较低，导致大量的软件人才流入世界各地的软件公司，导致国内的高级软件人才不足。同时，应用及服务软件一般要求的是复合型人才，既需要对软件编程具有一定的能

力，又需要对相关的行业具备专业的知识。我国在对这方面人才的培养上未形成规模，在高等教育中，大部分都是计算机专业的人才培养，培养出来的人才适应的是最基础的软件编程，但是这样的人才不适合复合型的关键行业应用软件和行业解决方案的需求。

第二，我国还未对大数据、云计算等新兴领域的商业模式和服务模式形成非常清楚的认识，业务处于集成实施阶段。企业在转型初期也面临着利润下降、研发投入高、短期内难以获得明显成效的挑战。目前，中国有400家左右的大数据公司，这些公司有不同的商业模式，具体可以分为为客户提供数据分析的工具、为客户进行数据分析、通过各种途径收集数据并出售数据。由于大数据产业的新兴发展，这些商业模式并不成熟。大多数的大数据公司年销售额达不多上千万，有些大型公司的收入可观，如阿里云在中国每年的收入过亿元，亚马逊云2016年全部的运营收入有140亿美元。未来的大数据企业会分为纯粹的SaaS（Software as a Service）模式，公司可以提供基于云上的软件服务，如建立云服务的CRM系统、ERP系统、OA系统、邮件系统、财务系统，中小企业不需要建立自己的数据中心，而是将软件都转移到云上，公司基于大数据技术、大数据架构这样的产品会产生巨大的市场。对于一些大型企业，如中国石化、中国石油、中国移动、中国工商银行，由于业务涉及隐私性和稳定性，不会轻易使用云服务。这就衍生出另一种的大数据企业的产品模式，即建立基于大数据技术和架构的私有化软件平台。这样的私有化软件平台速度更快、存储费用更低、软件服务费用更低。由于中国在大数据的商业模式不成熟，中国的金融企业每年会付费给Oracle、IBM或者其他的软件公司整体的软件维护费用，License费用达到上亿元。当大的企业使用私有化部署的大数据平台，会减少70%左右的软件License支出，大大减少企业的成本。

第三，信息化面对着产业升级、与其他产业融合发展的阶段，而信息化产业中的企业在组织结构、业务结构和客户结构都面临着多样化的要求，并且形成了在信息技术咨询、信息系统集成和数据处理服务方面的新产品需求。由于产业的升级发展，信息系统集成及服务方面的政策性进入壁垒，成为信息产业发展的约束因素。如信息系统集成及服务的资质申报需要一定的条件。信息系统集成及服务资质是指从事计算机信息系统集成的综合能力，包括技术水平、管理水平、服务水平、质量保证能力、技术装备、系统建设质量、人员构成与素质、经营业绩、资产状况等要素，凡从事计算机信息系统集成业务的单位，必须经过资质认证并取得《信息系统集成及服务资质证书》，该资质等级共划分为一、二、三、四级，获取信息系统集成及服务资质的证书要求较高。在2017年获得信息系统集成及服务资质一级的企业共有55家，华为技术服务有限公司、中时讯通建设有限公司、江苏达科信息科技有限公司等均在其中。以中时讯通建设有限公司的信息系统集成产品为例，主要有通信管线迁改、教育信息化、大型数据网络、IDC及机房工程。如教育信息化是提供一个整体、一体化解决方案，为教学的端到端提供信息化的硬件及软件。设备的集成化、复用度高，并且该设备的硬件、软件功能可扩展、可升级，以适应未来的变化。可以看出，信息系统集成及服务有一定的发展，但是产品比较单调，不能满足市场多样化的需求。

第五章

我国软件产业链整合的演进

第一节　软件产业链整合的开始——软件危机

一、第一次软件危机

软件危机最早出现在20世纪60年代，当时计算机发展到大容量、高速度阶段，计算机应用的日益普及，软件需求急剧膨胀。软件产品中高级语言开始出现，操作系统标准化的生产，计算机应用方式发生变化，同时软件产业向数据库管理系统延伸。软件系统规模日渐扩大，程序设计的复杂度在加大，在计算机软件的开发和维护过程中出现了一系列严重问题。例如，在程序运行时发现的问题必须设法改正；用户有了新的需求必须相应地修改程序；硬件或操作系统更新时，通常需要修改程序以适应新的环境。上述种种软件维护工作，以令人吃惊的比例消耗资源，更严重的是，许多程序的个体化特性使得他们最终成为不可维护的软件产品。这时急需软件产业改变生产方式，向“抽象性”和“可移动性”发展。“软件危机”就此产生。1968年，北大西洋公约组织的计算机科学家在联邦德国召开国际会议，讨论软件危机问题，在这次会议上正式提出并使用了“软件工程”这个名词。在软件产品中出现C语言后，缓解了这次的软件危机。C语言是比汇编语言更高级的语言，能够让程序员编写代码更加便捷，降低了软件产品的编写难度，成功解救了以上的“抽象性”和“可移动性”问题。

二、第二次软件危机

20世纪80年代出现第二次软件危机，在这一时期，微电子学技术的进步应用到计算机硬件中，使得计算机硬件迅速发展，计算机硬件的生产自动化程度提高，硬件成本下降，性能和速度大幅度提高，计算机的使用用户大面积普及。软件产品的发展较慢，软件产业中的缺少相应的专业人才，出现软件开发人员的大量缺口，同时软件产品的生产率提高的速度低于计算机硬件的需求，即软件产品无法让人们能够更好地使用计算机硬件的更多良好性能。计算机硬件要求软件产品向“可组合性”“可延展性”“可维护性”发展。为了更好地适应计算机硬件的需要，软件产品的编程语言向C++、C#和Java等发展，这些语言更加地方便编程。其中C++中加入面向程序设计的特征，C#是微软公司发布的一种面向对象的，运行于 NET Framework 之上的高级程序设计语言，Java 是一种可以编写跨平台应用软件的面向对象的程序设计语言，该语言既可以被编译，也可以被解释，通过解释器，每条 Java 字节指令被分析，然后在计算机运行。

三、软件危机的新状态

21 世纪以后，软件危机并未完全消失，主要原因是软件产业的发展使软件产品渗透到生产、生活各个方面，但是软件产品的用户需求不明确。软件开发应用范围增大，这需要不同专业领域的人员进行合作，各类人员在交流和沟通中难免出现问题，使得软件开发过程管理比较困难，增加管理成本，软件开发效率低下。软件开发的复杂程度也在逐渐加大，软件开发的问题是延续不断的，当开发人员解决原来的问题后，就会出现新的问题等待人们采用新的组织形式、开发方法来提高软件的开发效率与能力。

由此可知，一方面，软件与硬件分工后，需要相互配合发展，当硬件的发展速度快于软件，也就是软件发展与硬件的发展不匹配时就会产生软件危机；另一方面，软件产品的需求是无穷尽的，软件产业必须不断地进行升级改造去满足软件产品的需求。软件产业的特殊性在于其软件产品既是个性化的，必须满足不同产业的需求，又是同质化的，基础软件产品具有共性，因此需要经过软件产业链的整合发展来解决软件危机的问题。

四、软件产业链整合的形成

首先，计算机硬件与软件相互依存，共同发展。计算机硬件是实体，软件包括程序和数据，软件指挥计算机工作的命令和语言。计算机硬件通过软件程序来执行人们对它的命令，也就是说通过软件将人与计算机建立联系。计算机的硬件和软件都非常重要，两者的发展缺一不可。软件产业脱离计算机硬件产业后迅猛发展，这是由于软件产业走向更加专业化的道路。计算机硬件迅速发展，由电子计算机、晶体管计算机发展到集成电路和大规模和超大规模集成电路，计算机硬件的存储器从过去的磁鼓、磁芯存储发展到现在的半导体存储器、磁盘和光盘存储，储备能力比过去强大，运算速度从过去的几万赫兹到如今几百万甚至几亿赫兹。在计算机硬件的发展过程中，需要软件的配合，这就刺激了软件产业的迅速发展。

第二，随着软件产品需求多样化，软件产业链不断延伸。在软件产业成立初期，软件产品主要提供给计算机硬件产业，也就是说为了给计算机硬件提供相应的服务。随着计算机硬件的普及，政府机构的一些大型科技项目和军事项目需要相对专业的配套软件，这时的软件产业主要为那些有专业需求方提供定制化的软件服务解决方案。随着计算机硬件的普及，软件向办公软件普及，出现了众所周知的 Word 文档软件和 Excel 表格软件等等，大幅度提高了工作效率。由于互联网的发展，软件产品走向了生活，软件产业进一步扩大，几乎每一个行业都与软件产业相结合，并且在生活中人们也离不开软件产品。也就是说，由于软件产品的需求不断扩展，软件产业链不断扩充、延展。

第三，软件产业具有知识密集型产业的特征，其生产要素为知识、资本和劳动力，其中知识资本是最主要的生产要素。软件产业是非常特殊产业，作为中间投入为工业提供知识产品和技术产品，提高工业的生产效率。如工业软件，面向行业的成套解决方案研发和应用，对机械、航空、纺织等行业在设计、分析、测试等服务的集成和综合数据管理分析方面提供了大量的软件产品，形成了工业进行技术创新的动力源泉。同时在一些重点行业中，如航天航空、轨道交通等对工业软件产生了高端设计和分析软件等产品的需求，刺激了工业软件的发展。

软件产业与消费者直接建立联系，消费者在使用软件的同时提供了大量的数据，这些数据能够帮助软件企业进行数据分析，从而减少社会成本，提高企业的利润。如滴滴打车软件，通过软件建立“滴滴大脑”，进行技术创新后，在每个地点实时分享 15 分钟以后的出行需求，准确率达到 85%，提前调度交通工具满足消费者需求，提高人们出行效率。在滴滴软件中研发了推荐上车地点，也就是虚拟车站，节约司机和乘客的时间。滴滴软件首创的智慧红绿灯向全国 500 个红绿灯提供服务，降低了 20%的拥堵时间。可以看出，软件产业链已经渗透到各行各业中，软件产业与各行业高度融合，连接无处不在，计算无处不在，数据无处不在，软件无处不在。

第二节 软件产业链整合的发展——分工

软件产业是生产计算机软件产品或软件服务活动的企业，以及在软件产品市场上具有替代关系的企业集合。软件产业在发展的过程中不断地进行分工，在分工的基础上逐渐形成了软件产业链，这与亚当·斯密的分工一致。亚当·斯密在《国富论》中提出：“劳动生产力方面最大的改进，以及在任何地方都被支配或运用的绝大部分技巧、熟练程度和判断能力还有大多数的机器，似乎一直都是劳动分工的作用……在一个管理良好的社会，由于劳动分工，一切不同技术的生产力的大幅度提高，会引起延伸至最底层人民的普遍的富裕……这种从中衍生出这么多好处的劳动分工，原本不是任何人类智慧的作用，它预见和扩展了其引起的普遍富裕……”软件产业是产生于计算机产业中，在计算机的发展中软件产业逐渐脱离硬件，成为独立的一个产业。软件产业的发展经历了以下三个阶段。

一、软件产品开发阶段

第一阶段是软件产品开发阶段。这一时期的软件开发属于手工劳动，用打孔纸带来编写程序，用透光的圆孔表示 1，其他的表示 0。将圆孔纸带输入到计算机中，作为控制计算机的程序。后来软件开发进一步发展，将英文打字机与计算机相连，发送二进制信号，进入了键盘编程时代。在软件的生产方法上，采用输入机器操作代码，形成了汇编语言，通过键盘直接控制计算机执行各种命令。在软件产品的设计方面，每一个软件产品都极具特殊性，因为软件产品都是为了特定的目的进行编制，所以软件产品的通用性有限，而且软件产品和软件生产者的关系密切，软件产品体现了生产者的个人喜好。在软件设计的流程上，软件开发没有系统的方法可以遵循，软件设计是通过个人的经验与创新来完成的。软件设计的基础零件“源代码”并没有软件说明书等文档。在与硬件的关系方面，软件的发展离不开硬件，但这一时期的硬件存储量较小。总之，此时的软件产业尚未成形，而软件产业由硬件分离出来，软件产品作为独立于硬件的产品，成为硬件和嵌入式应用软件两部分。软件开发只有程序和程序设计的过程，还未形成统一的程序设计方法，采用较为简单的工具。

二、软件产品设计阶段

第二阶段是软件产品设计阶段。软件产品的开发越来越成熟，软件产业的发展进入了软件设计阶段，软件产品的生产方式升级为小组合作式，软件开始作为一种产品在市场上产生了大量的需求，小规模的软件企业也开始出现，这些软件企业成为软件产业最初期的“软件作坊”。在软件产品的生产方法上，基本采用高级语言开发工具，每种高级语言有配套的翻译程序，即编译器，编译器可以把高级语言的语句翻译成机器指令。通过进一步的分工，出现了系统程序员和应用程序员，系统程序员主要工作是编写编译器此类的工具，而应用程序员为使用这些工具的人，应用程序员不需要掌握机器语言和汇编语言，软件开发开始应用结构化的方法。在软件设计流程上，程序的编写者和使用者是同一组别的人，由于程序规模小，虽然有程序清单，但并没有产生其他的文档资料。在与硬件的关系方面，硬件的速度、容量和工作的可靠性提高，小型计算机的出现，使得计算机在企业和政府中普及，并且计算机的价格较低、操作简单，这也促进了软件产业的发展。在软件市场上，软件的供给方在软件开发的方法基本上是沿用上一时期的个体化的软件开发方式，而软件需求方对产品的要求较高，而且软件产品维护的难度也越来越大。总之，这一阶段软件产业进行进一步分工为硬件、操作系统和通用型应用软件。在这个阶段，开发出来的初级软件产品可以重复销售给一家以上的客户，这样的应用软件就是通用型应用软件。

三、软件产品工程阶段

第三阶段是软件产品工程阶段。软件产业进一步发展成形，这一阶段称之为软件工程时代，即软件产业进入工程化的生产方式阶段。在软件产品的生产方法上，第三、四代语言出现。软件开发的技术进步较快，出现了数据库、开发工具、开发工具、开发环境、网络、分布式、面向对象等技术。在与硬件发展的关系方面，由于集成电路取代了晶体管，硬件向超高速、大容量和微型化及网络化发展，处理器的运算速度大幅度提高。这时出现的问题是，处理器在等待运算器准备工作的时间内处于停止工作状态。这时出现了操作系统，操作系统是一种程序，这种程序能够使计算机资源处于计算机的控制中。同时计算机的终端出现，用户能够通过输入或输出设备来直接访问计算机，不断发展的计算机软件系统也能够使计算机运转速度加快。在硬件和软件的结合中出现新的问题，也就是用户从键盘和屏幕输入输出数据的过程比较慢，而内存中执行指令的速度较快，这就导致机器强大的计算能力和速度的浪费。也就是说，软件产业的发展制约了硬件更好地发挥其能力和速度。解决这一方面问题的方法是分时，许多用户用各自的终端同时与一台计算机进行通信，而控制这一进行的是分时操作系统，该操作系统负责组织和安排各个作业。计算机的管理数据的规模也在日益庞大，应用更加的广泛，数据出现多种应用和多种语言相互覆盖，并且数据之间可以共享。为解决多用户使用数据、应用数据的需求，出现了新的软件产品，即数据库管理系统，该系统能够更好地应用数据库技术和统一管理数据。总之，这一阶段软件产业发展成为硬件、操作系统、基础件、通用型行业应用软件几个部分，这个时期出现了越来越多的独立软件企业，这些企业可以为市场上所有不同规模的公司提供专业化的软件产品，独立的数据库公司已经出现，以微软为代表的软件公司提供基于个人计算机的操作系统，软件产业发展迅猛，每年的增长率达到了20%。

四、软件产品结构化程序设计阶段

第四阶段是软件产品结构化程序设计阶段。软件产业进一步分工，软件产业的生产方法向结构化程序设计技术发展，Pascal 语言和 Modula-2 语言都是采用结构化程序设计规则制定的，Basic 语言是为第三代计算机设计的语言，这种语言升级为结构化的语言，并且出现了新的语言——C 语言，该语言更加的灵活且功能强大。在操作系统方面，出现了功能更加强大并且使用广泛的软件产品。为 IBM PC 开发的 PC-DOS 和为兼容机开发的 MS-DOS 成为计算机的标准操作系统。同时，Macintosh 机的操作系统引入了鼠标的概念和点击式的图形界面，使人机交互更加方便。在与硬件关系方面，由于计算机和微电子和数字化声像技术相结合，出现了多媒体计算机，相应开发了许多与之配合地多媒体计算机应用程序软件，通过这些软件可以更好地使用图像、声音等多媒体信息。软件需求刺激软件产品多样化，应用程序面向更多的大众用户。电子制表软件、文字处理软件和数据库管理软件如雨后春笋般迅速出现，作为独立的软件产品首次出现在市场上的有：Lotus1－2－3 是第一个电子制表软件，WordPerfect 是文字处理软件，dBaseⅢ是实用的数据库管理软件。总之，在这一时期，软件产业发展成为硬件、操作系统、基础件、业务基础件和复杂型行业应用软件等多种产品互相影响的产业链。尤其是互联网产业的发展，使软件产业的业务范围进一步扩大，行业规模进一步扩大。

第五代软件产业链的发展进一步成熟，软件产品发展趋于成熟。例如，Microsoft 公司的 Windows 操作系统成为计算机市场上占有率最高的软件产品，特别是 Microsoft 公司的 Word 操作软件成为应用最为广泛的产品。20 世纪 90 年代，在 Microsoft 公司的操作软件越来越成熟，将文字处理软件 Word、电子制表软件 Excel 和数据库管理软件 Access 等软件打包在同一个程序包为，称为办公自动化软件。该软件使 Microsoft 公司在软件产品市场中长期处于垄断地位，获得收益颇丰的垄断利润。同时，面向对象的程序设计方法在 20 世纪 70 年代开始使用，主要在 Smalltalk 语言中。在 20 世纪 90 年代，结构化的程序设计正式被面向对象的程序设计所代替，并成为依然延续至今的主流程序设计技术。面向对象的程序设计方法适用于规模较大、具有高度交互性、反映现实世界中动态内容的应用程序，主要有 Java、C++、C#等面向对象程序的设计语言。软件体系结构也在不断地发生变化，从过去的集中式主机模式发展成为分布式的客户机服务器模型（C/S）或浏览器服务器模式，系统软件越来越完善，系统开发软件产品种类丰富，应用程序产品大量商品化，软件产业从幼小产业成长为国家的主导产业。

第三节　软件产业链整合的结果——软件产业集群形成

随着软件产业的发展，软件产业集群逐渐形成。而软件产业集群的形成又为软件产业的发展提供了有利条件，促进了软件产业的快速成长。可见，软件产业的发展与软件产业集群的联系非常紧密。

早在 20 世纪 80 年代，在政府主导式和自发形成式两种形式下，发展起来了国外的软件产业集群，如在硅谷出现了软件产业地理区域上的聚集，并产生了很好的经济效益，这种巨大的示范效应，使得全世界在很短的时间内出现了很多类似的软件园区。在软件产业集群中，企业之间存在着竞争与合作的关系，在分工程度较高的企业之间形成了战略联盟。在产业集群中能够为企业提供新知识和补充能力，提高企业间的协作能力。由于软件产业是知识密集型行业，产业集群有利于技术人员的流动和新知识的传播，同时能够将科研机构的创新成果更快捷地在企业中应用，知识溢出效应明显。软件产业对知识创新的依赖度较高，软件产业集群能够让在区域聚集的企业借助网络整合，将区域内的各项资源如机构、企业、技术人员及政府等进行互动，形成共享平台，使资源最大化效应的利用，从而使得更多的资源在这个竞争力较强的地方集中，更进一步刺激了软件产业集群的发展。

一、软件产业集群形成途径

第一，通过软件人才集聚形成软件产业链。软件产业需要人力资源支持，因此在人才集聚的区域会形成软件产业的集聚。硅谷高新技术产业园区内集聚着一大批软件产业，如谷歌、Facebook、因特尔、苹果、思科、惠普、甲骨文，这些软件企业的成立和斯坦福大学有着密切的关系，可以说没有斯坦福大学就没有硅谷高新技术产业园。硅谷产业园区的前身是由一位斯坦福大学的教授费雷德里克·特曼在1951年筹备建立的斯坦福工业园。由于当时斯坦福大学毕业的学生会前往外地寻找工作，斯坦福大学的特曼教授认为，为何不在本地建立一个产业园区，以便于学生的就业。同时，斯坦福工业园成立的核心目的是为了让斯坦福大学的科研成果，也是美国科学研究与开发办公室在斯坦福大学成立的无线电实验室进行的研发和生产能够与斯坦福大学建立更紧密的关系。这样，斯坦福大学无线电实验室的成果有了广泛的需求，而在需求的驱动下形成了一个科研、投资和创业的生态系统，奠定了软件产业链的形成。特曼也被称为“硅谷之父”。软件产业的形成离不开斯坦福大学的创新思维，斯坦福大学是少有的能够将科研成果进一步创新成客户所需要产品的学校。1939年，斯坦福大学特曼教授的两位学生惠勒和帕卡德在一个简陋的汽车库用538美元资金开始创业，创建了惠普(HP)；1951年斯坦福大学毕业生瓦里安兄弟，租借了工业园4英亩土地，修建了硅谷首座建筑，他们出售的产品主要为他们发明的调速管。后来陆续有科技公司迁入了这座园区内。1954年，特曼推出了斯坦福大学的卓异人员合作计划，斯坦福大学的课堂向当地公司开放，允许公司的全日制雇员以兼职的形式从大学获得硕士学位。公司为员工提供学费及其他费用，员工可以在斯坦福大学取得学位，通过这个计划，硅谷的许多公司的员工在斯坦福大学攻读研究生课程，从而提升了科研水平。1955年，硅谷有7家公司，到1960年增加到32家，1965年斯坦福研究园区正式建立，园区内有近70家高新技术企业，企业的经营产品主要以硅晶体管和集成电路、芯片关系密切，因此，这个产业园区日渐称为“硅谷”。到20世纪80年代，硅谷云集了近3000家计算机硬件企业，如今全球最知名的软件企业都集聚在产业园区中。从以上案例可以看出，硅谷产业园区内形成了一个完整的软件产业链，这个软件产业链的形成首先是斯坦福大学输出可持续性的科技人才，提供了人才的支撑；由于紧靠斯坦福大等科研机构，为科研成果转化为产品提供了便利条件；同时有资金的支撑，硅谷有许多天使投资人，对创业企业进行资金支持；硅谷在成立之初主要是以硅晶体为原材料的电子元件为主的产业园区，电子元件是软件产业链的上游，为软件产业提供硬件支持，然后从硬件逐渐向软件产业链中游扩展，形成了以研发软件产品为主的企业，后期形成了软件产业的开发、设计、销售等，进而形成了一条完整的软件产业链。

第二，围绕典型的软件企业形成软件产业园，进而建立完整的软件产业链。1999 年，马云带领创业团队在杭州创办阿里巴巴，经过 20 年的发展，阿里巴巴成为全球盛名的互联网软件公司，实现了“让天下没有难做的生意”。杭州是一个典型的内生发展型的城市，与浙江其他地区一样具有浙商“与生俱来”的经商传统。在过去，浙江的主导产业为传统产业，尤其是制造业、商贸物流业比较发达，如宗庆后创立了娃哈哈集团，鲁冠求创立了万向集团。由于阿里巴巴作为软件企业，主营业务是为企业提供一个买卖交易的平台，所以这些基础产业为阿里巴巴的成长壮大提供了基本的保障。在阿里巴巴成立以后，2003 年淘宝市场开放，同时又建立了相关的蚂蚁、阿里云、菜鸟等生态企业，将软件产业链逐渐建立起来，对软件人才的需求更加密集，因而这个城市也成为人力资本密集型的区域。在阿里巴巴的带动之下，越来越多的人来到杭州创业，又使杭州的创业生态和人才储备得到巨大的改善。阿里巴巴不仅成为杭州吸引一流人才的一把利剑，更重要的是阿里巴巴从创业开始，就是建立一家现代企业治理的公司，它不依赖于家族治理模式，具有极强的开放性，阿里巴巴在我国企业中较早地建立起“合伙人”机制和文化，形成了相对健康的公司生态。因此，杭州具有宜居宜业的良好环境、创新创业的独特文化基因，成为软件企业发展的沃土。杭州逐渐和京沪深接轨，奠定杭州作为长三角“硅谷”乃至新的全球商贸中心的人力资本基础；同时，从企业治理的角度，阿里巴巴能够让整个浙江商业群体以开放式的现代化治理模式进行创新创业发展，建立起多元的软件产业链。这样阿里巴巴发展成为电子商务的优秀企业，同时也在云计算等领域有竞争力；杭州的海康威视在安防产业中具有国际竞争力；华三通信是全球顶尖的网络设备供应商，微信 70%的流量由其支持；安恒信息在网络安全方面，代表我国在这个领域的最高水平。这样越来越多的杭州本地高科技公司、独角兽企业吸引全国人才，从而本土软件企业和品牌不断成长，进一步促进了软件产业链的完善。

第三，政府规划的软件产业园区形成软件产业链。我国软件产业云集的中关村软件园位于首都北京市海淀区东北旺，两期面积 2.6 平方千米，是中关村国家自主创新示范中的新一代信息技术产业高端专业化园区，是北京建设世界级软件名城核心区，是我国创新驱动战略体系成果的展示窗口、国际合作与技术转移的关键节点、科技惠及民生的重要源头。中关村软件园是政府规划的软件园区，1999 年，北京市政府提出将重点规划建设“一路、一城、一园、一网”，其中的“一园”即国家级软件园，也就是中关村软件园。2011 年，中关村软件园二期项目开工，2015 年竣工后陆续进入了软件企业，截至 2018 年底，园区集聚了联想（全球）总部、百度、腾讯（北京）总部、新浪总部、滴滴总部、亚信科技、科大讯飞（北京）总部、华胜天成、文思海辉、博彦科技、软通动力、中科大洋、启明星辰、中核能源、广联达、IBM 等 600 多家国内外知名 IT 企业总部和全球研发中心，总部经济达 80%以上。在园从业软件工程师达 7.79 万人，总产值 2519.6 亿元，国家规划布局内重点软件企业 28 家、跨国公司研发总部 7 家、上市企业（含分支机构）67 家、中国软件百强企业 15 家、收入过亿企业 71 家。园区每平方千米产值 969.1 亿元，园区 2.6 千米上的单位密度产出居于全国领先地位。中关村软件园俗称“后厂村”，在这里有巨头科技公司，还有称为“码农”的程序员，这些科技人才的特点是高学历、高薪资和低年龄。“后厂村”地处偏远地带，位于北五环之外，交通并不是很便利，距离最近的地铁站有 20 分钟的路程。从这个案例可以看出，这是由于国家规划形成的软件产业园区，园区内集聚了全国知名的软件企业，从而软件人才也都在这里集聚。在这样一个软件企业集聚的园区内，人才竞争比较激烈，挑灯夜战是这里的常态。在软件企业集聚的产业园区内能够更好地进行知识共享，如 2019 年在产业园区内成立了百度黄埔学院，进行了我国首席 AI 架构师培养计划第二期课程，参加这期培训的人员来自各行各业的高级技术决策者，通过 4 次面对面线下核心课程、定制化线上分享以及集合各自业务应用的课后作业，进行深度学习从而达到知识共享的目标。需要注意的是参加培训的不只是百度的员工，还有移动、联通、电信等三大通信服务供应商的技术骨干，也有华为、三星等“明星企业”学员，以及大型软件企业的技术负责人等。可以看出，这个软件产业园区内不但有软件产业的上游企业，而且有下游的软件人才培训机构，形成了一个完整的软件产业链。

二、软件产业集群的动力机制

第一，软件产业集群的形成能够节约交易成本。交易成本是由诺贝尔经济学奖得主科斯提出，他在《企业的性质》中提出交易成本是“通过价格机制组织生产的，最明显的成本是所有发现相对价格的成本”，市场上发生的每一笔交易的谈判和签约的费用及利用价格机制存在的其他方面的成本。交易成本理论的根本论点在于对企业本质加以解释。在经济体系中存在企业的专业分工和市场价格机制形成的专业分工两种形式。当使用市场的价格机制的成本相对偏高，就会倾向于交易在企业内完成，形成价格机制；企业是人类追求经济效率所形成的组织体。2009 年诺贝尔经济学奖得主——威廉森将交易成本区分为搜寻成本、信息成本、议价成本、决策成本、监督交易进行的成本。软件产业集群的形成降低了交易成本，如工业大数据技术和工业大数据系统可以对海量数据进行高质量的储存与管理，同时对大数据进行建模、分析、可视化等技术处理，能够将大数据与工业生产的经验相结合，使得工业在支撑应用层各种分析应用能够顺利实现。国家对工业互联网和大数据的融合发展非常重视，工信部在 2018 年 6 月发布《工业互联网发展行动计划（2018~2020年）》与《工业互联网专项工作组2018工作计划》，这两个行动计划是为了在2020年初步建成工业互联网基础设施和产业体系；工信部在2018年8月进一步发布《推动企业上云实施指南（2018~2020年）》，指南进一步促进了企业数字化转型。在政策的鼓励下，工业大数据与工业大数据产业的结合发展有了较快的增长速度，在2018年我国工业大数据产业规模达到了292亿元。随着技术不断推进和市场的需求刺激，根据我国工业大数据创新发展联盟预测，工业大数据产业在2020年产业规模可以达到822亿元。我国的工业互联网产业和大数据仍处于起步阶段，存在着数据孤岛、挖掘数据价值难度高、难以将数据应用落地等困难，建立工业大数据产业园，将软件企业和工业企业进行集聚发展，能够节约交易成本，促进工业大数据产业的发展。在工业大数据产业园中，建设大数据创新开发团队，建立一个大数据创新成果转化平台，在园区内建立“一站式”配套服务，作为需求方的工业企业能够在园区内寻找到适合发展所需要的数据分析工具，作为供给方的软件企业能够准确得到工业企业的需求，减少了供需双方的搜寻成本，使研究成果符合市场需求，实现应用。在园区内可以帮助工业企业构件数据化思维，建立一个数据开放平台，构建出一个完整的大数据应用生态。在园区内信息传播更便利，能够促进工业企业选择适合的大数据平台，逐步推动大数据在工业领域的广泛应用，在园区内汇聚数据资源，从而降低了工业企业使用大数据的成本。在工业大数据产业园中，可以选择一批具有创新性的典型工业企业进行试点示范来推广，探索新型的发展模式，通过一个行业的标杆来共享成功经验，在园区内来宣传和推广。在工业大数据产业园中发展得比较好的企业会形成具有互联网思维的工业大数据龙头企业，引导和带动传统工业企业的转型，节约了传统工业企业的学习成本。

第二，软件产业集群的形成有利于知识的共享扩散。软件产品的生产要素除了劳动和资本，还有重要的生产要素——知识。知识作为生产要素具有非排他性和非竞争性。非排他性是指消费上的非排斥性，也就是说一个人在消费这类产品时，无法排除他人同时消费这类产品；非竞争性是指一个使用者对该物品的消费并不减少它对其他使用者的供给，也就是说增加消费者的边际成本为零。软件产品更新换代非常快，其中知识作为生产要素对于产品的技术创新起到关键的作用。比如在中关村软件产业园有一个机构为中关村软件园孵化器，成立于2001年，由北京中关村软件园发展有限责任公司、北京中关村发展投资中心、北京市科技信息中心及北京塞西电子科技公司共同出资成立。中关村软件园孵化器是在园区内做广泛科技资源整合者，向高成长性创业企业提供“贴身、贴心”全方位一体化的服务，在园区产业创新生态系统中打造创新的引擎。中关村软件园孵化器经常举办一些培训和政策解析会，对知识产品进行共享。孵化器每个人平均举办4~5次培训，如2019年8月，举办“人力资源管理与社保咨询”主题培训，邀请专家和学者讲解社保政策的最新动态，为企业讲解劳动法和劳动仲裁的相关知识，为企业提供人力资源管理办法，并规避劳动争端；举办“融资过程中务必注意的那些坑”主题培训，邀请专家为企业分析为什么大部分企业拿不到投资、一份优秀的商业计划书该怎么写、快速辨别一个行业是否具备投资机会、创始人该如何做好一场融资路演等问题，通过极具实操性的案例分析让创业者深入了解各类融资过程；举办“企业合规变更之降低税费”主题培训，从税收政策梳理、企业用工方式与风险、税收及风险热点问题优化方法进行讲解，进一步帮助企业了解税收改革趋势，掌握新环境下税收政策变法，合法降低税费；举办“中小微企业减税类政策”解析会，对《财政部税务总局关于实施小微企业普惠性税收减免政策的通知》等一系列文件进行解读，企业系统全面了解减税降费政策，通过现场咨询解决了经营过程中遇到的问题。由以上案例可以看出，在软件产业园中的机构会组织培训会、解析会等各种形式，对政府财政政策、金融、技术等方面进行知识共享，使园区内的企业快速获取最新知识，提高整个园区软件企业的竞争力。

第三，软件产业集群的形成有利于达到规模经济效应。规模经济效应是指在一定的产量范围内，随着产量的增加，平均成本不断降低。规模经济产生的固定成本被更多的新增产品所分担，使总成本下降。比如在软件产业园中的人才培训方面，在深圳高新技术产业园区内有深圳市人才集团有限公司，该公司设立在园区内，为园区中的用人单位和人才提供规范、专业、优质、高效的人力资源服务。这样的人才集团有限公司提供招聘、培训等事宜，为产业园区的其他企业培养所需要的人才，节约了企业的人力资源搜寻、培训等成本。由一个公司来培训园区内的所有企业需要的人才，培养的规模比较大，成本大大低于每个企业对人才的培训，产生了规模经济效应。比如作为全国最有活力的软件园之一——沈阳国际软件园，2019 年入驻企业 1126 家，其中世界 500 强企业 43 家，中国软件百强企业 22 家，上市公司及子公司 87 家，国内外知名软件企业及研发中心进入园区。园区内企业有 60%～70%从事工业软件与工业设计、软件与服务、人工智能、电子商务、互联网、大数据、云计算、移动互联网、物联网、智能应用等业务。在沈阳国际软件园中，园区会提供市场推广服务，借助现有宣传平台，帮助园区企业推广其新产品、新技术、市场活动；同时通过资源整合，组织园区内企业开展形式多样的活动，使园区企业之间加强了解，增进合作，催生园区内的软件产业链的形成；在园区内为 IT 企业服务，为园区提供通信服务、设备服务、集成服务、IT 咨询服务，在未来将为企业引入软件开发与测试、云计算服务，以及适合中小型企业发展的公共技术平台。除此之外，园区还会为企业提供人力资源服务、投融资服务、企业运营服务、认定认证服务、项目申报服务等，这些服务统一为园区内其他的企业提供，企业所需要支付的费用大大降低，减少了企业的成本，实现了规模经济。同时，由于园区能够提供优质的服务，吸引世界各地的软件企业入驻，又进一步分担了园区运营的各项成本，促使园区为企业提供更好的服务，提高了软件产业园的综合竞争力。

三、著名的软件产业园区

目前比较著名的软件产业园区有印度的班加罗尔、爱尔兰等。我国国内软件集群有：中关村软件园、大连软件园、上海浦东软件园、深圳软件园、天津滨海高新技术产业开发区软件园、成都天府软件园等。

（一）美国硅谷软件园

1. 简介

美国硅谷科技园区形成于20世纪50年代，位于在加利福尼亚北部旧金山的圣克拉拉县。美国硅谷科技园是当今世界上最先进的软件产业园。虽然美国和世界其他地区的高新技术产业不断发展，但作为高科技技术创新和发展的开创者的硅谷科技园，仍然聚集了美国险投资总额的三分之一的公司。因为高科技技术公司一般也是风险较大的公司，从这个数据可以看出，创新型的风险投资公司仍然大多数选址在硅谷科技园，择址硅谷的计算机公司已经发展到大约1500家。硅谷科技园由过去的会员区发展到现在的总部园区，集聚着因特尔苹果公司、谷歌、脸书、雅虎等高科技软件公司的总部，成为一座繁华的市镇，并且诞生了无数的科技富翁。

2. 集群内的合作关系

硅谷软件园源于斯坦福大学教授弗雷德·特曼。他意识到硅谷集聚着一流的高校，如拥有雄厚科研力量的美国一流大学有斯坦福大学、圣塔克拉拉大学、圣何塞州立大学、卡内基梅隆大学西海岸校区等。由于当地没有产业支撑，学生毕业后会到其他的地方寻找工作。因此，弗雷德·特曼教授将大学的土地租赁后，建立一个工业园区，创立了斯坦福工业园。这样一来，大学研究实验室与工业园区内的公司之间互相合作，推动了科研技术向产品技术的专业，将科研技术商品化。在硅谷科技园区中具有人力资源优势，一方面教授等科研人员、大学生与企业的结合，加速了高新技术的发展；另一方面斯坦福大学源源不断向工业园输送高素质的大学生。在硅谷科技园区内有丰富的资金支持，工业园和园中建立了风险投资基金，为学子们创业提供了资金支持。这些有技术能力的人才成功创立了一家又一家高科技企业，每一家的企业集聚又推动了硅谷产业园区的发展，最后造就了硅谷今日的辉煌。

3. 发展模式

目前的硅谷地区体现着多元化的产业融合，在世界中处于领先地位的产业有计算机硬件和存储设备、生物制药、信息服务业、多媒体、网络、商业服务等。在硅谷中，从业人员的知识水平较高，其中的科学家和工程师占有较大比重。硅谷的主导产业为软件产业，其增长速度高于传统的工业，并且产品的升级换代比较快，周期比较短。软件企业的特征是研发费用在销售额中所占的比例较高，并且研发的产品是面对世界市场。硅谷的发展模式不再是自我驱动的模式，而是与世界经济的全球化发展相结合，通过吸引全球的资金和人才以及出口技术产品，形成了同全球经济高度互动的经济模式。硅谷的快速发展取决于智力和高技术高度密集，大学、研究机构、风险企业高度密集聚集在一起，彼此之间建立紧密的关系，这样园区内的知识和信息不断汇集和交流，成为高科技的重要源泉；软件园区内有大量的软件开发人员，这些高新技术的发明者通过设立创办高技术企业，直接将产品转化为商品，因此，在硅谷软件园中软件开发者和创业企业家于一人；由于软件开发企业是知识密集型产业，知识产品的特征是开发时期的风险性较高，存在知识溢出的情况，风险投资起到了巨大的作用，风险资本家不仅向有发展前途的高技术公司提供必要的资金支持，同时可以向这些公司提供管理和技术方面的服务；在硅谷中，大学生和研究生毕业生进行创业占有极大的比例，由于大学生成为企业家具有勇于冒险、敢于创新、重视自身价值的特征，但是创业失败的概率也较高。

4. 软件园现有规模

硅谷聚集了超过 16600 家高科技公司，其中有 1000 余家将总部设在硅谷。硅谷拥有大大小小电子工业公司达 10000 家以上，他们所生产的半导体集成电路和电子计算机约占全美 1/3 和 1/6。硅谷的 GDP 占美国总 GDP 的 5%，而人口不到全国的 1%。硅谷是美国高科技人才的集中地。更是美国信息产业人才的集中地。在硅谷集结的美国各地和世界各国的科技人员达 100 万以上，美国科学院院士在硅谷任职的就有近千人，获诺贝尔奖的科学家就达 30 多人。硅谷是美国青年心驰神往的圣地，也是世界各国留学生的竞技场和淘金场。在硅谷，一般公司都实行科学研究、技术开发和生产营销三位一体的经营机制，高学历的专业科技人员往往占公司员工的 80%以上。

5. 政府政策

政府通过制定恰当、有效的政策和法律来激励硅谷科技园的发展。由于硅谷产业园中的企业一般为科技型企业，科技企业在发展过程中的研究风险较大。科技成果容易有“搭便车”的情况发生，为了激励硅谷科技园进行科技创新，建立知识产权保护和专利制度，制定法律允许大学、研究机构、非盈利机构和小企业拥有利用联邦资助发明的知识产权推进产学合作；科技产业园区对人力资本的需求巨大，政府根据产业发展和科学研究的需要不断修改移民法案，以吸引移植各类高科技人才；政府为减少企业的科技创新压力，通过税收制度推进风险投资增长，激励企业创新；科技成果需要在企业的帮助下在市场中转换，政府通过建立庞大的技术转让机构网络，使科研成果尽快进入市场等。比较而言，硅谷在扶持高科技产业的政策方面的优势更加明显，即加利福尼亚州的法律环境更为宽松。

（二）印度班加罗尔软件基地

1. 简介

印度第一个计算机软件技术园区——班加罗尔软件产业科技园建立于 1991 年，全园耗资 60 亿卢比（5.8 亿人民币），资金来源于邦政府、印度塔塔集团与来自新加坡的资金，其中邦政府股份占 20%，其他两家股份各占 40%。为了适应软件出口所需要的高速信息交流服务，1992 年，班加罗尔建立了印度第一个设有卫星地面站的城市。在 2000 年，班加罗尔建立了印度第一个科技孵化中心。

班加罗尔软件业由国外公司、本地企业和合资公司组成。国外公司一般是母公司提供离岸外包服务，本地企业大多数为中小型企业。数量极少的大型企业，如 Tata、Wipro、Infosys 等在收入和雇员数量上占据本地企业极大份额，同时本地企业还与国外公司组成合资公司，比如 Tata 与 IBM、Microsoft 成立合资公司以服务其母公司，并为其他公司“提供终端解决方案”。班加罗尔软件业以向大型机构（如银行、保险公司和其他大型企业等）提供 IT 相关的支持性服务及向著名的软件公司提供编程服务为主，销售收入大部分来自较低端的编码。许多公司从简单编码业务开始发展到承接系统设计、咨询以及运筹等更复杂的项目。

2. 发展模式

印度软件产业集群的发展，主要是通过产业园区内企业之间地理上的便利条件，加强企业之间形成广泛的交流和合作。在产业园区内的企业可以通过相互之间的研讨来制动合作项目计划。在印度软件产业园区内的企业由于经常开展交流与合作，形成了一定规模的企业合作模式，这样也提高了产业集群中的企业自由竞争和优势互补。国外的软件企业在印度寻求合作时，第一时间到软件产业园区内，促进了国外软件企业和印度本地企业的合作效率。

班加罗尔软件园中软件企业主要是发展软件外包这个产业，将软件产业园中的生产要素、基础设施和激励机制配合软件外包的业务进行开展，为软件外包服务提供更好的发展环境。印度软件产业园区的发展依赖于印度的“海归派”，这些从海外留学归来的人为印度软件产业的发展带来了充足的资金和尖端的技术。同时，印度还具有大量会说英语的廉价劳动力的优势，大量的西方软件企业将公司安扎在印度的班加罗尔软件园中。软件产业园区内的资金来源于企业的发展，同时园区注重建设信息的基础设施，为软件出口提供便利条件，实施信息技术的扶持政策，为软件企业与海外的研发机构、客户提供强有力的数据通信连接。在印度建立了卫星通信设施和互联网基础设施，这样可以使园区内的企业间便于联系，也可以促进软件园区内的企业能够方便地与世界其他地方的企业联系。由于软件企业的发展，印度进行了软件技术专业人才的培养，为适应软件外包业务的需要，国家培养了大量的软件蓝领工人。政府在学校开设了软件技术相关课程，并且建立将软件专业的学生输送到国外培训，为软件产业的发展储备了大量的优秀人才。

3. 政府政策

20世纪90年代，印度政府开始支持软件产业的发展，制定了《信息技术法》《软件技术园区（SPT）计划》，并建立了软件科技园，以此来促进软件产品的出口。印度政府制定了出口导向型企业五年的特别免税优惠，实施政府采购和促进消费政策，强制性的政府购置国产IT产品，这些政策都极大地刺激了软件产业的发展。随着软件产业的进一步发展，印度政府颁布了“特别经济区计划（SEZ）”，提出了一系列刺激软件产业园区和软件产业发展的政策。针对软件产业园区的优惠政策有：企业出口产品需要的大量资本投资或基础设施建设投资的保税待遇延至10年；企业进口以完善数据通信基础设施为目的的产品不需要缴纳进口关税，也不需要为此承担平衡外汇的出口义务；取消进口许可证，资本物品可转口；外国企业的投资包括技术诀窍费、特许使用费以及股利等，在缴纳所得税后可自由发送回本国；区内企业可以申请得到出口产品快速通过的“绿卡”等。2000年10月17日，印度IT法案生效，为该国电子商务的稳步发展提供了法律保障。

同时，印度政府通过制定税收减免政策和简化审批程序的手段来激励软件产业的发展。印度在多部法律和政策中规定了广泛、充分的税收优惠。如制定软件企业的所得税减免政策；对软件企业进行软件研发所必须进口的软件设备实施零关税政策；软件企业在开发软件的过程中所需要进口的硬件设备也实行不同程度的关税减免政策；对于在印度国内注册的软件企业，政府制定了在五年内实现外汇净收入25万美元以上，可以享受进口设备可享受零关税的政策；印度的软件企业在国内采购中间产品免除地方税，出口产品价值50%的产品可以在国内市场销售等。

印度还实施“促进出口资本货物计划（EPCG）”，该计划的主要内容为：制定了企业办理手续的简化程序和合理化措施，对于满足条件的企业如所有营业额在5000万卢比（491万人民币）以上和具有良好信用记录的出口商都可以免予提供银行担保，以此减少交易成本；实施星级出口企业评级，达到一定级别的企业可以享受特权，包括便捷清算程序、免予银行担保等。

印度政府成立了专门的软件出口中介机构，如“印度全国软件和服务协会”和“电子与计算机软件出口促进会”，这些机构主要是为了促进软件出口，并为印度软件产业的发展提供技术支持。政府建立了与软件产品外包相适应的海外信息沟通和联络机构，如在美国设立第一个国际商务支持中心，该中心在美国及时反馈美国市场信息，致力于加强与美国企业界的联系与沟通。

印度政府创造出良好的金融环境，设立了政策型的金融机构，软件产业风险投资基金会。1986年，印度政府划拨1亿卢比（以后每年增拨1亿卢比，约982万人民币）成立了第一家风险投资基金。在软件产业发展良好的态势下，印度的资金来源以国伟资金为主体，主要为跨国企业及海外印裔科技企业家的风险投资总额达到60%以上，这样形成了软件产业的重要投资项目的国际化风险投资体系。此外，印度政府大力推动符合条件的软件企业公开上市筹资，放宽软件出口企业通过国际融资收购国外软件企业的有关限制，使印度软件企业通过收购、兼并，进一步向集团化和跨国化方向发展。

（三）杭州软件产业园

1. 简介

1997年12月，浙江省政府批准建设杭州高新软件园，经过一年的发展，杭州高新软件园被认定为“国家火炬计划软件产业基地”。杭州的高新软件园地理位置为杭州的高新区，在区位、人才、产业和环境方面具有优势。杭州高新软件园的发展目标为推进“天堂硅谷”向“智慧e谷”跨越发展。在我国的工信部的软件产业前百强企业中，杭州软件园的企业有10家，如普天东方通讯集团、UT-斯达康（杭州）通讯有限公司、杭州恒生电子股份有限公司、杭州新中大软件股份有限公司、杭州信雅达系统工程股份有限公司。

近年来，杭州软件企业出现的一个较为明显的趋势就是杭州软件产业正在逐步地利用资本市场，以推进杭州软件产业的规模化发展进程。一批软件公司分别在美国 NASDAQ 、香港创业板和国内A股市场上市。

2. 集群内的合作关系

杭州软件产业园发展建立在“以人为本”的发展理念上，通过人才掌握核心技术。在实施“天堂软件人才工程”的过程中，出现了一大批的创新人才。杭州软件产业园将企业和学校之间搭建桥梁，使校园里的学生与市场上的企业直接对接。这样在产业园区内积聚了一批软件企业人才，建立了以核心人才为主的科研团队，建立自主创新的主体。软件产业园区内与知名的软件企业如微软、思科等知名厂商签署了合作协议，建立了实训中心，以此来培养企业所需要的人才。此外，杭州国家软件产业基地以“一张网，三项服务，五个支撑体系”为基础建立公共服务与技术支撑平台。投巨资建设了一张“专网”，这张由高速光纤结成的“公共服务与技术支撑平台”，从高新区延伸到全市几百家企业，专门为中小软件企业服务。平台上挂了以集团采购形式购买的正版开发软件，就像一个开放的图书馆，企业随时可以借用，有力地推动了中小软件企业的发展。

3. 发展模式

自 1998 年 8 月被批准成为国家火炬计划软件产业基地以来，杭州高新软件园坚持以市场为导向，以科技创新为动力，以体制创新为保障，大力推进科技成果产业化，正在成为浙江省最有影响力的科技成果转化基地、技术创新示范基地、高新技术产品出口基地、创新型人才培养基地、海外高层次人才创新创业基地。

4. 软件园现有规模

目前基地拥有软件企业近 2000 家，其中全国软件企业百强 9 家，规划布局内重点软件企业 28 家。2016 年软件产业实现收入 2092 亿元，增长 28%。在 2016 年软件产业基地评价排名中，杭州高新软件园综合评价位列第二，产业发展水平位列第一。在产业培育、科技创新、人才引进、体制创新等方面积累了一定的经验。

5. 政府政策

浙江省政府在联合多个部门激励软件产业的发展，并且指导制定了《杭州国家软件产业基地发展规划》，启动了“浙江软件产业科技创新服务平台”。杭州软件产业园制定了三大战略，即共同品牌、产业工程化、人才资源开发，制定了在产业政策、投融资体系、人才环境、公共服务等方面的政策保障。杭州软件产业园的发展，以政策扶持为基础，将企业进行集聚发展，通过项目带动企业发展。同时加大杭州软件产业基地的资本投资，如在软件基地的核心区高新软件园、天堂软件园投资近 10 亿元建设了 30 万平方米的产业用房和基础设施。政府支持软件产业园区的扩展，积极支持浙江大学国家大学科技园、东部软件园等扩展区块的建设，形成以高新软件园为主体，辐射多个产业集群的空间布局，形成“一园多点”的产业发展格局。

（四）大连高新技术产业园

1. 简介

大连高新技术产业园区位于大连市区西南部，占地 153 平方千米，海岸线长 41.6 千米，森林覆盖率达到 70%以上，它是大连市对外开放的先导区、科技兴市的示范区，也是大连高新技术产业集聚区。目前注册企业 5000 余家、高新技术企业超过 900 家、出口型企业超过 380 家，IBM、惠普、爱立信、戴尔等世界 500 强企业超过 100 家。大连高新技术产业园区以软件和信息技术服务外包为主导，发展以网络及电子商务、动漫游戏及文化创意等为特色的现代服务业。先后被授予中国唯一的“国家软件产业国际化示范城市”和“国家创新型软件产业集群”，中国首家“国家创新型特色园区”，以及中国“国家软件产业基地”和

“国家软件版权保护示范城市”等国家授予软件产业的所有荣誉。大连高新技术产业园区是软件和服务外包产业的核心区，同时也是沿海经济重点发展区域，软件和服务外包产业呈现高端化、规模化、集群化发展，目前该产业园区已经拥有企业1220家，收入达到1180亿元。规划建设有大连软件园、七贤岭现代服务业核心功能区、河口国际软件园、黄泥川·天地软件园和华信软件园等多个专业软件园。软件和服务外包产业实力、规模和创新能力走在全国前列。

2. 发展模式

大连高新技术产业园以软件和服务外包为主导，发展特色产业，成功打造全国首个软件和服务外包千亿产业集群。大连高新技术产业园的发展具有国际优势，在地理区位上毗邻着韩国和日本，政府通过招商会的形式吸引国际及国内资源。当政府召开以软件园区为整体的招商会时，园区在招商会上建立企业集群发展的共同形象，通过园区来吸引客户。同时园区组织软件企业一起举办展览会，以便客户比较、挑选。这样便于客户一次性看到种类多的产品，易于在挑选的地区购买商品。园区将产业园内的企业信息公布在官方网站或信息服务企业的网站上，达到国内外企业对软件企业进行挑选、比较，达到吸引客户的目的。

大连的软件产业园具有人力资源优势，大连具有大量的大本专科院校和科研单位。软件园附近高校云集，一批既懂计算机又懂日语的人才，成为软件业迅速发展的巨大优势。现有大连理工大学、大连铁道学院、东欧信息技术学院等设置了软件学院。与此同时，还有200多家电脑培训学校正在整合资源，输送合格的软件蓝领。园区内企业每年在全国各地招来大连工作的硕士、博士1万余人。这样，在大连软件园中形成了丰富的人力资源，技术力量资源丰富，产业工人素质较高，为软件产业集群的发展提供了科技与人才保障。

3. 政策保障

大连高新技术产业园特别重视人才的作用，坚持人才引领产业发展理念，牢固确立人才优先发展布局，强化人才工作的规划和顶层设计，制定下发《大连高新区中长期人才发展规划（2010~2020）》，建立重大人才工作议事制度，定期开展人才工作领导小组工作推进会，加强工作的督查和指导。不断加大人才资金保障力度，近年来全区用于人才“引育用留”的资金累计达到10亿余元。与大连理工大学、大连海事大学，大连东软信息学院签署战略合作协议；建立与重点企业、软件协会、培训机构、中介机构沟通交流机制，通过开展调研、座谈交流活动，共同研究解决重大人才问题。实施“海创工程”政策，给予获得“海创工程”立项的企业100平方米办公场地，为尖端人才提供100平方米免收三年租金的生活公寓，提供1000平方米标准厂房补贴，并根据情况给予50万~200万元创业专项资金，不超过100万元贷款贴息，不低于100万元的创业投资和资金担保。通过连续实施五届“海创工程”政策，为58名海外尖端人才累计提供扶持资金超过6600万元，吸引风险投资4500万元，获得国家支持400万元。实施人才培养计划，通过建立博士后工作站、开展各类培训的方式，近年来，区财政投入培训资金近4000万元，累计240家企业和培训机构以及457名人才得到培训资助。区内拥有博士后工作站14家，累计培养博士后50余名。实施软件高级人才奖励政策，对软件企业高层次人才给予不超过15万元的奖励。实施《鼓励知识产权创造和发展的资助办法》，对获得发明专利、设计专有权、著作权的创新人才给予资助。软件高级人才奖励政策实施以来，区财政已经累计支出资金达3.6亿元，受奖励群体3.8万人，深受企业和人才的好评。

为加快推进大连高新区科技金融发展，发挥财政资金放大作用，助力企业创业创新和培源新兴产业集群，2015年10月大连高新区管理委员会发布《大连高新区新型产业投资引导基金管理办法》。大连高新区新兴产业创业投资引导基金是由大连高新区管委会设立并按市场化方式运作的政策性基金，采取阶段参股和风险补贴方式，支持天使投资和创业投资机构投资大连高新区种子期、初创期创新创业企业和新兴产业。引导基金来源于大连高新区财政预算安排，总规模为5亿元人民币，首期安排1亿元人民币，以后年度根据地方财力状况和引导基金投资运作情况确定预算。为加快大连高新区自主创新战略实施，促进中小微企业通过担保融资实现快速发展，缓解企业融资难的问题，大连高新区管理委员会发布《大连高新区中小微企业担保融资支持资金管理办法》。大连高新区中小微企业担保融资支持资金专项用于企业贷款利息和担保费补贴、合作结构融资担保业务风险补贴。担保融资支持资金从大连高新区财政列支，按照年度预算进行安排。这里的担保融资业务是指合作机构为区内符合条件的中小微企业提供的担保贷款业务。合作结构是指与大连高新区管委会签订合作协议的融资担保公司，以及经大连高新区管委会认定的为企业融资提供信用担保的其他企业等。

四、小结

首先，近几年来，我国软件产业园区的发展规模逐渐加大，但是存在产出率偏低的问题，因此，在推进我国软件产业园区集群整体发展的同时，应该通过制定政策积极扶持本土领先软件企业的规模化发展，充分利用软件企业的规模经济效应。

第二，我国软件产业在人力资源上的短缺很大程度上是一个结构性的问题，而不完全是一个总量性问题。在软件产业园区内不仅要大量的培养高端的软件人才，同时需要培养大量的软件蓝领工人，同时建立与国际接轨的管理模式和管理平台来合理地配置人力资源，从而相应地缓解或解决当前我国软件产业面临的人力资源紧缺以及人力成本上升过快的趋势。因此，软件产业园区的发展将与高校、培训机构相结合，产业园区内的企业与高校进行联合培养模式，解决软件蓝领人才的需求。同时软件园建立博士后工作站或者阶段型高端培训等形式，培养高层次人才。

第三，在解决软件企业对资金的需求方面，软件园区需要在银行信贷之外发展风险投资等特定资金渠道，通过担保公司解决一些有发展前途的软件公司的融资难问题。政府部门也可以采取一些政策和措施对软件开发投入提供财务支持与税收优惠，以提高软件企业进行研究开发的积极性。

第四，在我国软件产业发展的政策指向上，需要采取本国市场和出口导向并重的产业发展战略。我国软件产业的发展需要利用本土市场的需求优势，同时利用本土的成本机构优势。软件产业的发展不同于工业产业，因此，对于软件产业的政策扶持不应照搬照抄工业企业的扶持政策，而需要依据软件产业发展的自身特点来有针对性地实施相关的产业扶持和引导政策。

第五，软件产业园区内的软件企业不仅致力于改变自己的城市，提高服务水平，同时也把开放平等共享的互联网精神、创新创业的热诚和勇于冒险的资本都深深地植入到城市土地中。同时软件产业园区可以吸引众多国际知名的软件企业在园区内设立软件研发中心，主要以软件订单出口方式从事软件加工及服务业务，并在其周围形成了一批与其配套、提供软件外包业务的本地软件企业，这些更加刺激了软件产业园区的发展。

总之，软件产业集群的形成，能够在降低企业成本、创新激励、通过提高效率增加竞争力等方面起到巨大作用，这种产业集群的竞争力能够提升整个区域的竞争能力。而这样的产业集群竞争力是非集群和集群外软件企业所无法拥有的。软件集群依靠内部联系网络，有力推动了当地区域经济的迅速发展。近几年来，我国部分地区软件园的形成与发展成功地实现了拉动区域经济发展、提高我国软件产业竞争力、实现跨越式发展的目标。

第六章

我国软件产业链整合的动因

软件企业的并购类型和并购频率与软件产业的生命周期密切相关，在软件产业不同的生命周期中表现出不同的并购模式，主要为横向并购、纵向并购和混合并购，这是软件产业并购的一个特征。例如，在软件产业的萌芽发展阶段以横向并购和混合并购为主。在这个时期，软件产业属于幼小产业，市场比较分散，进入门槛低，利润率高，吸引大量企业进入。企业进入市场有不同的方式，有一些新生软件企业通过横向并购来扩大规模，一些成熟行业或衰退产业中的大型企业通过混合并购而进入新生的软件产业。在这个时期，横向并购是主要的并购形式。由于市场竞争激烈，软件企业需要通过扩大规模来降低成本，占有市场份额。产业中的优势企业开始出现并领导软件产业整合，大型软件企业间的横向并购案例不断增多，同时大型企业在规模扩大后迅速加强了对中小企业的并购。

这样软件企业向集聚阶段发展，在这时期，软件产业中的企业数量进一步减少，市场集中度提高，软件企业更关注经济规模、全球布局和成本。大型企业一方面加强纵向一体化，并出售或关闭附属部门；另一方面加快对中小企业的收购，因而纵向并购和剥离成为主流。

当软件产业中的企业进一步发展，成为寡头垄断的市场结构时，企业之间进入平衡和联盟阶段，这一时期的并购模式以混合并购为主。软件企业通过混合并购不断将资产向潜在机会或者能为企业增加价值的子产业转移。

从并购频率方面来看，软件企业并购额增速最快出现在规模化和集聚阶段，在这一时期市场的集中度达到最大。在市场中的混合并购仍然存在，使软件市场向以软件产业寡占型市场结构形成，从而进入了平衡和联盟的演进阶段。

第一节　横向并购

软件产业链整合的方式之一：横向兼并。横向兼并又称横向并购，是软件产业链中软件企业扩张的一种基本形式，也是软件产业链整合的一种形式。这种横向并购发生在软件企业与软件企业之间，是竞争性的软件企业之间发生的并购。软件产业链中的两家软件企业生产相同的软件产品或提供相同的软件服务，并且该两家企业在软件生产经营、销售环节具有相似性或互补性。

一、规模经济效应

软件企业间实施横向并购，能够充分利用并购后企业的规模经济效应来扩大市场竞争力，达到在市场竞争中取胜的目的。软件企业的生产要素具有不可分性、在固定资本和生产工艺流程的一致性以及在管理上的资源一致性。软件产业的特殊之处在于，软件企业的生产投入要素之一是大数据。大数据研究的对象是数据，数据并不能被一般的数据库进行处理。由于数据量比较大，且数据的运转模式和运转速度也很快，因此作为资源的数据需要去合理处理。对于软件企业来说，大数据的作用是数据的分析使用和进行二次开发利用。通过对信息数据进行分析，不仅能把隐藏在数据背后的信息找出来，并且能够通过分析这些信息来提高软件产品的性能，满足用户的需求。软件产品采集数据后，对数据进行二次开发，通过将这些信息进行总结和分析，能够制定出符合客户需要的个性化方案，并营造出一种全新的营销方式。

但是数据的应用有一个前提，也就是软件企业要在一定量的数据上进行分析，才能得到可靠的分析报告。如果采集的数据过少，那么得出的结论是不准确的。软件企业为了得到一定规模数量的数据，就需要进行产业链整合，通过横向兼并的方式获取更多的数据。例如，滴滴出行是涵盖出租车、快车、顺风车、代驾等多项业务在内的一站式出行平台。滴滴出行软件改变了传统的打车方式，建立了互联网时代下引领的用户现代化出行方式。滴滴出行利用移动互联网特点，将线上与线下相融合，从打车初始阶段到下车使用线上支付车费，将乘客与司机紧密相连在一个 O2O 的闭环中，最大限度地优化乘客打车体验，改变了传统出租司机等客方式，降低空驶率，也节约了乘客的打车时间，最大化节省司机和乘客双方的资源和时间。但是滴滴出行能够运营成功需要相当规模的数据的支撑，软件产品中必须拥有一定量的乘客，通过乘客使用软件，来获取相当规模的数据。滴滴出行通过对乘客在使用软件时提供的乘车时间、地点、路线、频率等数据进行分析才能更好地为客户派单，明确拥堵路段，进行智慧交通分派。因此，滴滴出行需要通过产业链的整合获取大量的数据，滴滴出行首先并购了“快的”。滴滴出行和“快的”自成立之日起，两者的竞争就非常激烈。两家企业通过融资获得了大量的资金支持，从 2014 年 1 月，快的打车和滴滴出行开始了补贴大战，总计补贴数十亿元。2015 年 2 月，滴滴出行宣布与快的打车合并，结束了这场以“烧钱”为竞争策略的双虎之争。2016 年 8 月，滴滴出行宣布与 Uber 出行达成战略协议，滴滴出行将收购 Uber（中国）的品牌、业务、数据等全部资产。滴滴出行通过这两次并购，将出行平台的软件产业链进行整合，不但提高了该软件产品的市场集中度，而且获得了大量数据要素，获得了规模经济效应。

二、网络效应

软件产业的客户具有网络效应，网络效应也叫做网络外部性，指消费的外部性，即购买某种商品的消费者数量的增加将提高消费者的效用水平，从而增加了消费者对该商品的需求。卡茨（Katz）和夏皮罗（Shapiro）[71] 将网络效应分为两种：一种是直接网络效应，由于消费某一产品的用户数量增加而直接导致的网络价值的增大，这可以看作是直接的网络外部性；另一种是间接的网络效应，随着某一产品使用者数量的增加，该产品的互补品数量增多、价格降低而产生的价值，这种网络效应主要是由基础产品和辅助产品之间的技术上的互补性所形成的。卡茨和夏皮罗把这种基础产品与辅助产品的关系称为硬件与软件的范式，基础产品称为硬件，辅助产品称为软件。用户从一种互联网产品所获得的效应取决于消费网络现有的用户基数。某个网络的用户基数越大，越能吸引新的用户加入，而新用户的加入又使原有用户在不用增加付费的情况下增加了可连续性，用户基数的扩大增加了网络对新老用户的价值。在软件产品中，一种软件产品的用户基数越大，就意味着软件产品的周边兼容的其他产品的需求也会增加。软件生产企业通过横向并购整合的方式，将其他软件企业兼并进来，生产兼容软件。这个产业链整合的过程可以使得软件产品的种类和数量增加，软件产品的价格水平降低，软件产品的服务质量提高，这又进一步的吸引大量的用户去使用这个软件产品，从而使得这种软件产品的网络效应不断扩大，而这又促使软件企业为这件软件产品投入更多地资金，形成一种良性的循环。

同时，当消费者对这件软件产品形成依赖后，很难去更换其他软件产品。因为消费者转移软件产品要付出巨大的转换成本，消费者很可能在以前的网络系统中投资了很多精力与时间，付出了较高的培训和学习成本，当消费者要转移到新产品时，这些投资将无法收回，同时消费者还需要花费时间与金钱学习新的产品，进行必要的投资，这就增加了消费者的转换成本。因此，软件企业会通过横向兼并的方式，通过整合软件产业链获得更大的网络效应。

Facebook 是美国的社交网络服务网站，创立于 2004 年，是世界上排名领先的照片分享站点，在 2015 年 8 月单日用户数突破十亿美元。Instagram 是一款支持 IOS 和 Android 平台的移动应用软件，用户在任何环境下抓拍各种照片，选择图片格式后分享在社交平台。2012 年，Instagram 被 Facebook 以 10 亿美元收购，而当时的 Instagram 仅仅诞生 1 年多，整个工作团队不到 10 人。Facebook 的横向兼并行为，就是一种对软件产业链的整合。因为 Facebook 和 Instagram 在一些软件产品的使用上具有互补性，通过两种软件产品的整合，在原有产品的基础上加入了新的优势和功能。特别是 Instagram 作为一款工具型的照片处理软件，在移动软件中融入了多元化的社会因素，通过好友关系建立了朋友网、回复、分享和收藏等，这些服务是该软件的巨大价值。Facebook 在收购了 Instagram 后，两家企业进行了产业链整合，共享用户数据，并且用户内部邮件可以共享。同时，两家企业在自有业务和附属的业务之间共享用户数据，加深了对用户需求的理解，更好地提供了服务。通过以上案例，可以看出两家产品相似的软件企业进行横向整合后，共享用户，拓展产品服务范围，获得了网络效应，用户可以将生活的照片同时在 Instagram 和 Facebook 分享，提高了用户体验效率。

三、节约成本

软件产业链中的企业之间可以通过兼并节约成本。软件产业的投入的生产要素以知识技术产品为主，知识技术具有特殊性，它不像其他的物质生产资料具有排他性和竞争性，相反知识技术具有非排他性，也就是说一项知识技能作为生产要素投入到一家软件企业时，并不妨碍这项知识技术成为其他企业的生产要素。知识技术还具有非竞争性，一家企业使用该生产要素时，并不会增加另外一家企业使用该要素的边际成本，增加企业的使用不会减少知识技能的投入数量和质量。知识分工、知识共享的外部性可以带来报酬递增，当软件企业进行横向兼并后，可以将共同的知识技能进行共享，节约知识技能开发的成本。在软件产业中，知识技术不是单独存在，而是依附于人力资本之上，由软件开发人员发挥作用。这就对软件开发人员有相当高的要求，软件生产水平在一定程度上取决于软件人员的教育、训练和经验的积累。同时，由于知识技术更新周期非常快，软件开发人员经常处于变化之中，不仅需要适应硬件更新的变化，而且还要涉及日益扩大的应用领域问题研究。根据人力资本的一些特殊性质，软件企业培训人员需要花费大量的成本，但是软件企业通常产业链整合，对相关软件产品进行并购后，自然收获并购企业的大量人力资本，这样就节约了成本。

神州数码控股有限公司成立于 2000 年联想集团二次创业期间，整合了原先的联想科技、联想系统集成、联想网络公司三家公司，是中国目前最大的整合 IT 服务提供商。神州数码以“数字化中国”为使命，提出“以客户为中心，以服务为导向”的战略，融合城市化和信息化进程、发展“智慧城市”的目标。2017 年 10 月，神州数码集团控股有限公司宣布收购参股公司上海云角信息技术有限公司 70%的股权，交易完成后，云角将成为神州数码集团旗下全资子公司。神州数码通过全面收购云角，将有效补充神州数码在云资源聚合和云增值服务商的业务布局，快速提高神州数码在云计算领域的技术和服务能力，强力拉动神州数码在 Cloud MSP 领域的领跑优势。通过以上案例就可以看出神州数码通过软件产业链的整合，将云角在云计算增值服务提供方面的优势吸收到本企业当中，吸纳了云角在云计算相关的技术咨询、培训、运维、优化等基于“云”的各种产品，节约了产品开发成本和软件人员的培训成本。

四、达成限制竞争协议

软件产业链中生产相同或者同类的软件产品的企业出于各自利润最大化的目的，通过市场行为制定限制竞争的协议，如限制产量和提高市场价格，以增加行业利润和自身利润。这种共谋的市场行为可以通过公开或者不公开的行为来进行。软件企业可以通过横向并购来对软件产业链进行整合，在软件产业内的企业达成共谋协议。这是因为，一方面横向并购减少了行业内的企业数目，使企业间的共谋企业容易达成，协调各企业的行为困难大大降低。如果在某个软件市场上有10家企业和有100家企业相比，数量较小的企业更容易达成限制产量和提高价格的协议。另一方面横向并购可能造成软件产业中的市场集中度较高，在软件市场中市场份额位居前列的大企业就可以独立行动，限制产量和提高价格而不顾及其他小企业的情况，而其他的小企业不得不跟随大企业的行为来调整自己的策略。2017年9月，阿里音乐和腾讯音乐双方达成版权转授权合作，腾讯音乐将独家代理的环球、华纳、索尼全球三大唱片公司版权资源转授至阿里音乐，阿里音乐将独家代理的滚石、华研、相信、寰亚等音乐版权也转授给腾讯音乐。阿里音乐旗下的虾米音乐和腾讯音乐是两家竞争非常激烈的音乐播放软件企业，而这两家企业竞争的最主要的资源就是音乐版权资源。腾讯音乐的用户基数较多，但是音乐的界面和广告令客户不满。而虾米音乐虽然的用户基数较低，但是曲库精致，更具匠心。虾米音乐和腾讯音乐曲库共享后，显然可以达成一个限制性竞争的协议，同时提高下载音乐的价格，提高企业的利润。阿里音乐与腾讯音乐的联手可以共同打击另一个在音乐软件市场上发展迅猛的网易云，网易云的特色是音乐社交，通过产品差异化，依靠非常好的用户体验和个性推荐，在2016年拥有1亿用户，在2017年发展到3亿用户。

软件产业链整合中在横向并购的过程中，软件企业之间即使没有形成共谋关系，也可以通过限制竞争的市场行为来获取利润。当软件企业通过横向并购取得了足够大的市场份额，企业会以并购为目标来限制竞争。当并购企业凭借取得的优势市场地位，就会不顾及其他中小企业而滥用市场势力，提高市场价格，限制产量。尤其是软件产业中的软件产品在并购前差异化较大，产品之间相互替代性较大，不同产品的企业发生并购后，软件企业对产业链进行重新整合，对产品进行改造升级，进一步扩大产品的差异化程度。在这种情况下，软件企业就会单方面将并购一方或双方产品的价格提高到高于并购前的水平，并购企业获得利润。在涨价过程中造成的销售损失可从扩大其他并购产品的销售中得到弥补，基于并购双方产品的相对差价，即使并购前未曾盈利的企业也会通过涨价获利。

五、利润最大化目标

软件产业的利润率会出现规律性的变化。在软件产业为幼小产业时期，软件产业中的软件产业增长迅速，软件企业利润率很高。随着企业规模化进程加快，市场中的企业数量增多，导致利润率大幅下降。许多软件企业面对日趋激烈的竞争，常常采用降价等价格行为。有些软件企业在市场竞争中面临入不敷出的风险，最后陷入核心技术人员流失、利润降低的恶性循环。当软件产业中的企业整合达到最快速度，就会达到软件企业的利润率下降到产业演进曲线的最低点。通过软件产业链的整合，软件产业逐渐形成寡占型市场结构，产业内幸存的寡头企业对市场价格具有决定能力，使利润率维持在合理的水平；在最后时期，由于竞争者大幅减少，软件企业的毛利率将达到最大值。

软件产业是产业链整合最为频繁的产业，软件产业中的企业大部分是风险投资进行创业，软件产业中创业企业的目标一般为上市，但是真正能上市的创业企业大约只有1%，被并购的概率在10%内。大型软件企业在经济上、资源上和信息上具有优势，这些企业寻求符合战略需要的小型公司。这些小型的创业企业在技术上或者产品上具有独特性和先进性，并购这样的小型企业，大型软件企业可以轻易得到小型公司的产品、用户和团队，帮助并购公司实现盈利，并且在大型企业的技术上和人力资源的长远发展上有促进作用。小型软件企业往往面临着研发成本高昂、运营经验不足等困难，被大型企业兼并后，可以提高更好地集中优势进行产品研发，提高产品在市场上的优势。

六、获得专利技术

软件产业属于知识密集型产业，软件产品的开发具有不确定性，即产品生产过程的不确定性和产品市场化过程的不确定性。软件产品还具有知识的溢出效应，即企业之间的经济技术联系导致知识的溢出以及人员的流动导致知识的传播。因此，对于软件产业的发展通过专利保护的形式进行。在软件领域中软件的改进会通过申请专利来保护，国内软件企业逐步重视软件专利的申请，申请量逐年增加。软件申请发明专利的方面有很多，比如机床控制软件、图像处理软件、虚拟内存扩展软件、控制方法、加密算法等。

为了获得专利技术的并购也称为知识产权并购，是当今企业快速扩张的主要方式之一。知识产权是公司发起并购的重要原因，也是企业间在并购过程中的谈判重点。软件企业通过并购可以进行技术集成和整合，有选择地从外部取得所需要的可用技术和战略方向技术，能够减少自主研发的投入风险。如思科公司是全球科技领导厂商，自1984年起就专注于互联网。公司的解决方案涵盖企业网络、数据中心、安全和协作，并有专业的技术服务团队提供支持。思科公司在1990~2012年间收购了100多家企业，其中约30%的发展来源于通过并购获得技术，并进行技术集成，从而在进入新市场时提高效率与反应速度。软件产业通过并购知识产权可以降低研发风险，并且通过并购尽早获得最新技术，可以帮助企业获得提前占领市场优势。如德州仪器公司发现，由于人们对网络通信速度提出更高要求，数字用户线路技术成为新一代调制解调器的领先技术标准。某小公司拥有DSL原创技术专利，德州仪器公司以3.95亿美元的价格收购了这家小公司。这家小公司过去的销售额只有1200万美元，亏损高达3000万美元，因此德州的收购价格非常高，但是德州仪器对该公司的专利权的购买所带来的不只是对DSL技术的独家所有权，而是抢占市场的先机。

第二节 纵向并购

纵向并购也称垂直并购，是指处于生产同一（或相似）产品不同生产阶段的企业之间的并购。软件产业链中的纵向并购是软件产业链整合的一种形式。软件企业之间通过实施纵向并购可以获得被并购企业的同时得到所需资源，也可以通过纵向并购达到进入某一行业的目的，完成企业的产业扩张。从纵向并购方向来看，有前向并购和后向并购。前向并购是诸如软件产品的生产企业并购软件产品的销售企业，即软件企业通过并购来向前延伸产业链；后向并购是诸如软件产品生产企业并购软件产品的设计企业，即软件企业通过并购来向后延伸产业链。

一、降低交易成本

交易成本又称交易费用，其概念是由科斯创立的，他在1937年发表的《企业的性质》一文中，将交易费用解释为“利用价格机制的成本”。他同时认为，企业组织作为市场的替代同样存在内部“管理费用”。诺斯将交易费用界定为：“交易成本是规定和实施构成交易基础的契约的成本，因而包含了那些经济从贸易中获取的政治和经济组织的所有成本”。马修斯认为，交易费用包括事前准备合同和事后监督及强制合同执行的费用。交易费用与经济理论中其他费用一样是一种机会成本。它也可以分为可变成本和不可变成本两部分。具体来说，当信息产生交易成本时，与个体间产权交易有关的各种行为导致了交易费用的产生，这些行为包括：寻找有关价格分布、商品质量和劳动投入的信息，寻找潜在的买者和卖者及有关他们的行为与环境的信息；在价格是内生时，为弄清买者和卖者的真实要价及有关他们的行为与环境的信息；订立合约；对于合约对方的监督以确定对方是否违约；当对方违约后强制执行合同和寻求赔偿；保护产权以防第三者侵权[71]。

在签订契约以及以后的实施和执行契约的成本非常高昂时，由于企业的不完备性，在实施的过程中存在着风险，企业会选择通过纵向并购的形式，将原本在市场上进行的交易转变为企业内部的行政行为。企业通过内部的管理形式，也就是行政管理程序来组织生产，这样可以降低市场的交易成本。企业还可以随时处理可能出现的问题，通过形成管理的方式对程序进行控制。更进一步分析，在企业内部会建立共同的利益，在共同的所有权和监督下，会通过协调一致的行为追求利润最大化，这样的管理方式有利于企业的成长和发展。通过企业内部的激励和控制机制与在市场交换中可以获得的手段相比，企业内部的管理机制会丰富和有效。内部的连续性的供给关系可以避免机会主义，在市场上进行交易时谈判成本也会在内部纵向一体化中化解。因此，企业能够更好地在投资方面采取长远的战略，并把产品根据市场的需求不断调整变化。

软件产业的特殊性在于软件产品大部分都依附于其他产业存在，软件产品是提高其他产业生产效率的工具。如工业软件，是在工业领域应用的软件，包括系统软件、应用软件、中间件、嵌入式等，尤其是工业软件中的应用软件，不同的应用软件增加用户和其服务的领域提供不同的内容。软件产品在工业中的作用越来越突显，从过去是制造业信息化发展的辅助工具，发展成推动工业智能化转型升级的利器。工业软件不再是单一功能的工具软件，而是集成了工业知识和技术的一系列智能软件。因此，软件设计方面的要求也越来越高、越来越复杂，软件与工业的融合程度越来越紧密。软件产品供给方与软件产品需求方比较容易产生契约不完备，因为软件的产品就是样品，软件的试制过程就是生产过程，在写出程序代码并在计算机上试运行前，软件开发过程的进展情况较难衡量，软件质量也比较难以评价，软件开发过程的管理和控制十分困难，单纯的软件企业为工业企业所设计的软件产品往往不能达到工业企业的要求。在这种情况下，当软件产品需求的上游工业企业委托下游的专门软件产品生产企业进行软件产品开发时，往往会花费高额的成本开发出的软件产品不符合其要求。这时软件上游企业便会进行产业链整合，通过纵向一体化节约交易费用。

西门子股份公司是全球领先的技术企业，创立于1847年，业务遍及全球200多个国家，专注于电气化、自动化、数字化领域。但是近年来西门子已经先后出售了家电业务和医疗保健业务，它在推动制造企业转型，同时自身也在转型。西门子的转型之路是通过收购很多比较有竞争力的软件公司，将企业的业务朝着“数字化企业解决方案”的方向发展。西门子企业试图取得软件领域的霸主地位，特别是在数字化模拟软件、数据服务、产业分析等领域。西门子于2013年收购总部位于德国慕尼黑的产品生命周期管理（PLM）软件公司TESISPLMware，于2014年底收购企业级MES软件市场的领导者Camstar，于2016年年初收购美国模拟软件提供商CD-adapco，于2016年8月收购英国3D打印工业组件开发商Materlals Solutions，于2016年11月收购美国自动化和工业软件供应商Mentor Graphics。西门子通过一系列收购，产生了一套面向“数字化企业解决方案”的架构，打造了实力最强的工业软件体系。

二、实施价格歧视策略

软件产业链中的企业属于互补型产品生产商的关系，软件产品的上游厂商和下游厂商所生产的商品是互补型商品，互补型产品共同合作完成最后的产品或服务。互补型产品的生产商如果分开生产，每个公司都会拥有局部的垄断力量，从而降低了这两个公司的总收入以及整个经济体系的效率。软件产品的应用软件生产商会考虑提高价格后会降低本产品的需求，但不会考虑提高应用软件的价格而对应用软件服务的价格影响。同样，当应用软件服务商提高价格时，不会考虑对该种应用软件价格的影响。如果应用软件的生产商能够降价，那么软件服务的需求和软件服务生产商的利润会增加，但是应用软件的生产商利润并不会增加，因此它不会主动降价。而在软件产业链整合的情况下，软件企业生产商进行合作，两个生产商在定价上进行共谋，获得最大利益。生产周期对垄断者是有利的，一个垄断者已经获得了很多利润，一个实行价格歧视的垄断者将获得更多利润，特别是当一个上游的垄断生产商面对众多的下游生产商的时候。同时，下游生产商购买上游生产商产品的支付意愿不同，因此，上游生产商会为那些需求弹性小的生产商设定加高的价格，而为那些需求弹性大的生产商设定较低的价格。但是上游生产商向下游生产商实施价格歧视是有条件的：生产商有能力区分需求弹性不同的群体；必须保证转售不会发生，因为套利行为会严重影响价格企业实施的效果。假设上游生产商向众多的下游生产商供货，由于资金限制，上游生产商将兼并这些下游生产商中的几家。上游生产商需要有策略地决定应该兼并哪些下游生产商，在兼并需求弹性较高的生产商时，上游生产商可以适当降低价格，而在兼并需求弹性较低的生产商时可以实行高价格策略。成功的价格歧视能够有效地提高经济效率。

金蝶国际软件集团有限公司是亚太地区领先的企业管理软件及电子商务应用解决方案供应商，是全球软件市场中成长最快的独立软件厂商之一，是中国软件产业的领导厂商。金蝶开发及销售企业管理及电子商务应用软件和为企业或政府构筑电子商务或电子政务平台的中间件软件。同时，金蝶向全球范围内的顾客提供与软件产品相关的管理咨询、实施与技术服务。金蝶最初的优势产品是 ERP 中间件软件产品，2010 年金蝶开始并购并向服务战略转型。随着中间件的发展，ERP 生产商进行了价格战，传统的 ERP 市场利润率大幅度下降。随着业务的发展，金蝶开始向管理咨询、IT 规划、IT 应用评估等更高附加值的服务发展，咨询服务业务的比重逐渐提高。2010 年金蝶以 2000 万元并购 PLM 行业软件公司广州普维和房地产行业软件商深圳嘉码，后又以 1000 万元的资产收购方式并购专业协同软件生产商深圳市怡软技术开发有限公司。由此可见，作为上游生产商的金蝶通过产业链整合，纵向并购的方式以不同的价格收购下游生产商软件服务行业，不仅拓展了原来公司的业务，并且能够以更高的价格向消费者提供专业化的中间件及相关软件服务，获取更大的利润。

三、规避进入壁垒

在软件产业中发展比较快的是云服务，尤其是国外云服务生产商看好中国市场，希望能够进入中国市场。但是由于数据安全方面的因素，外资云服务企业进入中国需要接受中国政府的监管，也就是说外资云服务企业进入中国市场有进入壁垒。约束外商投资增值电信业务相关的主要法律法规为《中华人民共和国网络安全法》（2017 年 6 月 1 日实施）、《电信业务经营许可管理办法》（2017 年 7 月 3 日修订，2017 年 9 月 1 日实施）、《中华人民共和国电信条例》（2016 年 2 月 6 日修订并实施）、《外商投资电信企业管理规定》（2016 年 2 月 6 日修订并实施）、《电信业务分类目录》（2015 年 12 月 28 日修订，2016 年 3 月 1 日实施）、《外商投资产业指导目录》（2017 年 6 月 28 日修订，2017 年 7 月 28 日实施）、《互联网信息服务管理办法》（2011 年 1 月 8 日修订并实施）。根据《电信业务分类目录》，增值电信业务分为两大类，分别如下：（1）B1 第一类增值电信业务，B11 互联网数据中心业务、B12 内容分发网络业务、B13 国内互联网虚拟专用网业务、B14 互联网接入服务业务；（2）B2 第二类增值电信业务，B21 在线数据处理与交易处理业务、B22 国内多方通信服务业务、B23 存储转发类业务、B24 呼叫中心业务、B24-1 国内呼叫中心业务、B24-2 离岸呼叫中心业务、B25 信息服务业务、B26 编码和规程转换业务、B26-1 域名解析服务业务。

云服务属于 B11 类 IDC 业务。互联网数据中心（IDC）业务是指利用相应的机房设施，以外包出租的方式为用户的服务器等互联网或其他网络相关设备提供放置、代理维护、系统配置及管理服务，以及提供数据库系统或服务器等设备的出租及其存储空间的出租、通信线路和出口带宽的代理租用和其他应用服务。网站主要涉及 B21 在线数据处理与交易处理业务和 B25 信息服务业务。B21 和 B25 的区别在于，B21 提供货物商品服务，B25 提供信息服务。B21 在线数据处理与交易处理业务是指利用各种与公用通信网或互联网相连的数据与交易/事务处理应用平台，通过公用通信网或互联网为用户提供在线数据处理和交易/事务处理的业务。在线数据处理与交易处理业务包括如淘宝、天猫、京东、亚马逊这样的交易处理业务、电子数据交换业务（如银行间电子资金转账系统）和网络/电子设备数据处理业务。B25 信息服务业务是指通过信息采集、开发、处理和信息平台的建设，通过公用通信网或互联网向用户提供信息服务的业务。信息服务的类型按照信息组织、传递等技术服务方式，主要包括如新浪网、腾讯网的信息发布平台和递送服务，如百度、搜狗的信息搜索查询服务，如微博、知乎的信息社区平台服务，如 QQ、微信的信息即时交互服务，如 360 安全卫士、腾讯电脑管家的信息保护和处理服务等。

外资投资增值电信业务的限制和要求有：

（1）注册资金。《电信业务经营许可管理办法》规定，经营增值电信业务，在省、自治区、直辖市范围内经营的，注册资本最低限额为100万元人民币；在全国或者跨省、自治区、直辖市范围经营的，注册资本最低限额为1000万元人民币。

（2）外资比例。根据《外商投资电信企业管理规定》，经营增值电信业务的外商投资电信企业的外方投资者在企业中的出资比例，最终不得超过50%。

（3）经营类别。根据《外商投资产业指导目录》，增值电信业务属于限制类，外资比例不超过50%，电子商务除外，也就是说，电子商务领域（B21）已经向外资开放。但是，互联网新闻信息服务、网络出版服务、网络视听节目服务、互联网上网服务营业场所、互联网文化经营（音乐除外）、互联网公众发布信息服务，属于禁止类。由此可见，新闻和出版类网站不向外资开放。

（4）资质要求。《外商投资电信企业管理规定》指出，经营增值电信业务的外商投资电信企业的外方主要投资者应当具有经营增值电信业务的良好业绩和运营经验。外商投资电信企业的外方主要投资者，是指在外方全体投资者中出资数额最多且占全体外方投资者出资总额的30%以上的出资者。此条款否定了单纯的财务投资者进入增值电信业务领域，但其在该领域的投资业绩能否作为审核依据，审批部门可能会个案调整。

云计算包括IaaS、PaaS、SaaS。从监管角度看，2015版的新版本《电信业务分类目录》里增加了“互联网资源协作服务业务”的描述。根据以上的定义从事互联网资源写作服务业务的企业需要具备互联网数据中心的牌照。也就是说，属于传统IDC业务的范畴的IaaS服务，在它的产品中IaaS服务属于传统IDC业务的范畴，如果企业的业务涉及IaaS，而不涉及PaaS，需要具备IDC（不含资源协作服务业业务）的业务经营许可。一般来说，平台性的企业一般经营PaaS服务，提供平台型服务的IDC业务中具有资源协作服务业务的形态，因而需要办理含有互联网资源协作服务业务的IDC业务经营许可。现在对SaaS服务并未统一的定义，对于该SaaS服务提供的产品有些属于纯粹的软件服务，并不属于电信业务经营许可和管理的范畴。但SaaS服务提供的服务有部分属于《电信业务分类目录》中“其他的增值电信业务”，如果按照其他业务形态的管理要求，则需要进行许可准入以及后续的事中事后管理。

云服务企业经营形态是IDC业务形态，因此，需要获得增值电信业务经营许可证。在管理上对IaaS和PaaS这两种业务形态进行许可，管理要求也是通过两种形式进行。这两种业务如果要申请增值电信业务许可证，那么跨地区的需要到工业和信息化部审批；如果只在省内从事相应业务，那么可以由当地的通信管局直接进行审批。公有云经营者一定要持证。私有云分两种情况：一种情况是“使用通信技术”，利用信息通信技术提供相应的服务，不需要持证；另一种情况是某一家企业为多个第三方提供私有云服务，这家企业实证在经营云服务，则需要持证经营。

亚马逊 AWS 是亚马逊公司旗下云计算服务平台，为全世界范围内的客户提供云解决方案。AWS 面向用户提供包括弹性计算、存储、数据库、应用程序在内的一整套云计算服务，帮助企业降低 IT 投入成本和维护成本。按照中国政策要求，亚马逊于 2016 年 8 月进入中国市场，并将接受中国政府监督，且所有数据留在中国。此前，由于亚马逊 AWS 的灰色身份而无法在中国大范围拓展市场。亚马逊 AWS 采取与光环新网合作的方式，在中国境内提供并运营北京区域的亚马逊云技术及相关服务。光环新网成立于 1999 年，作为一个电信、数据和信息网络综合服务、增值服务等业务运营商，光环新网具有独特的电信背景、雄厚的技术和资金优势、宽广的业务范围、广泛的客户资源和良好的资源整合能力。亚马逊 AWS 通过与光环新网的合作，AWS 云服务能够确保符合新电信法规，继续 AWS（中国）北京区域的客户提供与其他 AWS 区域相同的云服务。通过这种合作方式，亚马逊 AWS 绕过了中国政策对外资企业云服务方面的进入壁垒，顺利进入中国市场。中国公有云计算市场竞争将进一步加剧。除了外资进入外，国内百度、腾讯、阿里巴巴都是云服务有力的竞争对手。这样的产业链整合，有利于软件产业中云服务市场的健康、快速成长。

第三节 混合并购

混合并购是指非竞争对手又非现实中或潜在客户或供应商的企业间的并购。进行混合并购的软件企业一般都是大型软件企业，参与这种兼并的厂商生产的产品之间，一般既不是直接互补关系也不是直接替代关系。因此，这些软件厂商的软件产品非常多样化，而且产品之间几乎没有联系。随着软件产业的发展，我国出现了大型的综合性软件企业，而这些综合性的软件企业都是通过混合并购形成的。

混合并购有三种形态：在相关产品市场上企业间的产品扩张型并购；对尚未渗透的地区生产同类产品的企业进行市场扩张型并购；生产和经营彼此间毫无相关产品或服务的企业间的纯粹的混合并购[71]。如腾讯依托自己作为游戏运营商的强势地位，其在自主研发游戏项目的同时，也在游戏产业链的上下游进行了大量的并购。腾讯企业进行混合并购的公司大多为国外的游戏企业，通过这样的混合并购形式，能够将同类产品的企业在该地区的市场尚未充斥着该产品时进行市场的扩张。腾讯进行的并购中，对游戏产业链产生重大影响的发生在韩国及美国。

2010 年，腾讯与风投基金合作，收购了韩国 7 家游戏开发公司，收购总额达 1 亿元人民币，其中包括腾讯代理运营的《QQ 仙境》的研发公司 Next Play；2009 年腾讯入股美国游戏开发商 Riot Games 公司 7.5%的股权，在 2011 年以 4 亿美元收购了公司 92.78%的股权。通过这项并购案，腾讯公司获得了一款风靡全球的网游《英雄联盟》之中国独家代理权，这也是腾讯公司最成功的并购案例。在以后的发展过程中，《英雄联盟》逐步超越《魔兽世界》成为全球最大的在线游戏。目前凭借《英雄联盟》的 6700 万月活用户，腾讯游戏曾大赚 90 亿美元。

腾讯公司在收购游戏产业链上游的开发商时，也在收购游戏产业的上游的，游戏引擎公司。2012 年腾讯公司以 3.3 亿美元收购了美国 Epic Games 公司 48.4%股权，并且获得相应董事会席位。该公司是全球著名的网游公司，它研发的三款虚拟游戏引擎被全球无数的网游开发公司采用，这些网游开发公司包括世界上所有的大型游戏开发商，如微软、索尼、EA、THQ、NCSoft、Webzen 等。

腾讯公司的并购行为也延伸到下游的渠道商和游戏辅助商。2012 年，腾讯公司收购了 Level Up，从而控制了巴西、菲律宾及美国的部分游戏分发渠道；同年，腾讯公司收购了知名的游戏插件社区 ZAM 公司。腾讯公司通过并购将业务扩展到传统端游之外的手游领域，进行了全产业链的混合收购。2014 年，腾讯公司以 5 亿美元入股韩国知名的手游开发商 CJ E&M 旗下游戏公司 CJ Games，该公司开发了在微信及手机 QQ 平台上运行的《天天富翁》《全民砰砰砰》，在韩国开发的游戏长期位居韩国各大排行榜前列。腾讯公司利用 CJ Games 合并了 CJ E&M 旗下的游戏发行部门 Netmarble，以此进入了韩国市场；2012 年腾讯公司收购韩国手游渠道分发商 Kakao Corp 公司，从而进入韩国的游戏开发的下游。从以上可以看出，腾讯公司通过混合并购的企业行为将产业链扩展到国外的游戏开发商、游戏引擎公司、下游的游戏渠道商及全产业链，从而将国外领先的游戏设计、开发、运营等引入中国市场，通过并购的方式占领中国的游戏开发市场。

一、资产合理化利用

在资产利用方面有理论认为，公司是将有形资产、无形资产和人力资源相结合从事独立的经营活动，公司的资产中有一部分属于专有资产，只能用于生产特有的产品，但也有一部分资产可以用于生产一类产品。公司可以将内部未充分使用的资产，或者在经营期限内无法充分利用的资产用于其他方面，这样可以获得更高的收益。如何将不能充分利用的资产获得更好的收益，可以将这部分资产出租或者出售，也可以通过混合并购的方式自己留有这部分资产，但是这部分资产也可以被并购的企业使用。尤其是对于软件产业来说，除了有形资产外，无形资产的作用也更重要，如企业家的才能和良好的管理团队，并不针对某种具体的产品。当公司进行混合并购后，扩展了生产产品的范围，往往能够使管理才能更充分的利用。软件产业中的技术知识是非常重要的无形资产，这类无形资产是公司研究与开发的结果，当公司进行混合并购后可以更加充分地、多角度地利用这些技术知识，提高无形资产的利用效率。2016 年 9 月 1 日，Micro Focus 国际公司宣布计划以 88 亿美元的价格收购惠普公司旗下的软件业务部门，此次并购交易以后，Micro Focus 国际公司的员工数量和公司营收增加了 3 倍，公司成为欧洲软件公司的巨头。Micro Focus 国际公司总部位于英国，公司成立于 1976 年，公司定位于提供基础设施架构的软件公司，主要业务是为各个企业现有的电脑基础设施提供技术更新服务，以避免更换电脑系统。公司的产品组合给客户的价值体现在使用户能更快更有效的创新，同时降低风险，另外，公司能够搭建一个把新旧技术应用连接在一起的桥梁。惠普是世界上最大的信息科技公司之一，成立于 1939 年，总部位于美国加利福尼亚州帕洛阿尔托市，惠普有三大业务集团：信息产品集团、打印及成像系统集团和企业计算机专业服务集团。惠普公司分拆旗下的非核心软件业务，与 Micro Focus 国际公司合并成为新的公司，并维持 Micro Focus 国际公司的名称，惠普股东取得新公司 50.1%权益，惠普公司将从交易中取得 25 亿美元。新公司将包括大数据、企业咨询保安管理、政府咨询管理及咨询科技运作管理业务等。惠普公司以打印机硬件等设备为主要产品，公司同时拥有生产软件产品的资产，生产软件产品的资产利用效率未能全部实现。Micro Focus 公司的产品线主要覆盖三个领域：开发、运维和安全。在开发方面，提供灵活的开发工具，目标是实现让整个业务应用能够迅速并灵活地在云端或手机端等不同的设备上平滑运行。在运维管理方面，能够使客户随时随地接触到应用的数据，获取到相应的信息。在安全方面，在身份辨别的认证等维护系统安全方面，公司不断地创新和更新产品，从各个维度保障整个系统的安全性。Micro Focus 公司选择并购的企业有一定的标准，如业务模式相近，业务发展的规模也相近，具有相近的客户特征。当 Micro Focus 公司并购惠普公司的软件业务部门后，能够将服务于惠普的软件业务的资产获得最大化的效益，帮助 Micro Focus 公司成为全球的软件设备服务公司。这种混合并购的模式是相关产品市场上企业间的产品扩张型并购。

二、降低风险

软件公司进行混合并购的原因之一是为了降低企业的经营风险。公司可以通过混合并购的形式将公司的原有经营业务拓展到相关性较小的其他行业当中去，公司可以在不同的领域内经营活动，当其中的某个领域经营失败时，可以通过其他的领域进行补偿，增强企业的应变能力，使整个公司的利润率得到保障。混合并购是现代企业集团为适应多元化经营战略目标的模式，混合并购有利于降低进入新行业的成本，克服进入新行业的障碍，增加进入新行业的利润增长点，同时减少长期经营一个行业所带来的风险。百度是一家主要经营搜索引擎服务的互联网公司，于2000年1月由李彦宏和徐勇在美国创立，被视为中国三大互联网公司BAT中的缩写字母B。截至2016年1月，百度在Alexa的排名上位于第四名，中国互联网排名第一，同年4月百度宣布业务架构重组成立“百度搜索公司”。根据财报显示，2016年百度的总收入101.61亿美元，仅比2015年增长6.3%，增长速度为近几年最低。其中移动收入占2016年总收入的63%，较2015年的53%有所增长。2016年营业利润为14.47亿美元，比2015年下降13.9%，研发费用总计1.62亿美元，比2015年下降0.2%。在当前搜索引擎市场格局基本稳定的情况下，并且搜索引擎的盈利模式基本固定，百度在这方面的发展受限，急需转型。百度通过混合并购的方式将经营业务由搜索引擎向其他行业扩展。2017年7月，国务院出台《新一代人工智能发展规划》，计划到2030年人工智能核心产业规模超过1万亿元，强调将发展自动驾驶汽车和轨道交通系统，并将重点引进神经认知、机器学习、自动驾驶等国际顶尖科学家和创新团队。百度向人工智能产业转型。2017年7月，百度与微软宣布，双方已经达成推进无人驾驶业务合作相关协议。据不完全统计，百度在近5年的投资实践总计有139起，投资总额约1645.82亿元（数据来源于网络）。从数量分布来看，从2013年到2017年，百度在投资并购方面稳中有升，整体处于向上的发展态势。2017年，百度投资的公司在业务方面分布于企业服务、文化娱乐、汽车交通、本地生活、硬件、工具软件、游戏、教育、广告营销、金融、物流、房产服务等，其中投资企业最多的是企业服务类有10家企业。2017年，百度并购的公司有工具软件公司渡鸦科技Raven Tech、企业服务公司KITT. AI、硬件公司xPerception。从以上可以看出百度的混合并购策略，通过对不同行业的企业进行投资并购，降低经营的风险。其中的xPerception是创立于硅谷的初创公司，是一家专注于机器视觉软硬件解决方案的科技公司，面向机器人、AR/VR、智能导盲等行业客户提供以立体惯性相机为核心的机器视觉软硬件产品，收购该公司后，xPerception的核心团队均加入百度研究院，加速包括AR、自动驾驶和机器人在内的百度人工智能业务矩阵的产业化。同时百度全资收购美国初创公司KITT. AI，并把KITT. AI公司的语音能力和自然语言处理能力融入百度平台中，全面免费向百度的合作伙伴开放。KITT. AI是一家专注于语音唤醒和自然语言交互技术的公司，曾经入选美国知名创投研究机构CB Insights人工智能创业一百强，公司开发了三款产品，分别是Snowboy（可定制的词典检测引擎）、NLU（多语言自然语言理解引擎）和Chat-Flow（多圈谈话引擎）。百度收购KITT. AI是利用其强大的语言能力和自然语言处理能力在软硬结合的过程中强化体验，而百度在AI领域的广泛布局为对于KITT. AI技术的落地应用提供了良好的现实基础。因此，百度通过混合并购的形式，将公司的业务向人工智能专业开展，一方面使百度公司向多元化经营方面发展，降低产品单一化的市场发展风险，另一方面通过收购有发展前景的AI公司，降低公司开发新产品的风险。

三、降低获得数据要素的成本

软件产业具有特殊的资产和知识密集型资产的特性，当特殊的资产和知识密集型的资产作为主要的生产要素时，该资产获得的成本显得非常重要。软件产业中一项特殊的资产是数据，数据成为一种生产要素，主要来源于两个方面：一方面，数据是产品的附属物，如高德地图及其他软件，在客户使用的过程中，企业可以对用户执行的各种行为进行收集、整理和分析。这类数据由客户提供，但使用权和控制权却属于提供产品的公司，公司可以利用数据来实现其价值，从而获得经济收益。另一方面，对于一些公司从各种渠道购买数据，然后根据公司的需求对数据进行分析，利用数据对公司的产品进行改进，从而提高原产品的附加值。2017年6月1日，顺丰宣布关闭对阿里巴巴旗下物流平台菜鸟网络的数据接口，在阿里巴巴旗下的购物网站（淘宝、天猫和咸鱼）无法查询顺丰的物流信息。经过国家邮政局的协调，顺丰和菜鸟网络达成和解，并同意在6月3日全面恢复业务合作和数据传输。从这个案例中，可以看出顺丰和菜鸟之间的合作出现问题，在6月1日至3日期间的不合作状态产生了巨额的交易成本。顺丰是中国最好的快递公司之一，为客户提供一流的服务，是第一家拥有机队的快递，是目前快递公司中服务最安全也最快速的公司之一。顺丰坚持高质的服务，因为只有高质量的服务，客户认可较高的费用。顺丰除了做好快递业务的同时，更重要的是挖掘数据信息的价值。用户通过购物选择快递公司进行邮寄，快递公司可以通过用户数据信息分析出用户的购物习惯、购物频率，进一步分析出客户的消费能力及购物习惯等。因此，顺丰在做快递的同时，业务向生鲜、超市扩展，成立了顺丰优选。菜鸟网络是阿里巴巴于2013年成立，阿里巴巴通过和“三通一达”以及顺丰的合作，建立中国快递网络，通过阿里的互联网平台进行数据整合，服务于网购人群，阿里巴巴不建立物流实体，而是提供平台。在这种情况下，快递公司加入菜鸟网络后可以直接对接淘宝天猫的订单，业务量大大提高，降低快递成本，而菜鸟驿站专心做基础设施，提高快递效率降低成本。虽然菜鸟网络只提供平台，但是快递公司的数据信息全部提供给了菜鸟网络，而数据信息是一笔巨大的资产。当菜鸟网络对所收集的数据信息进行分析后，就可以更加有针对性地了解到客户的需求，从而做出相应的产品促销策略，这样可以更进一步垄断市场。在这种情况下，2015年6月，顺丰、中通、申通、韵达、普洛斯5家物流公司宣布投资5亿元成立丰巢科技，主要功能是提供快递行业最后一公里解决方案，以智能快递柜为切入点，在提升快递末端效率以及便捷度的基础上，加强硬件与人、网店的链接，为快递柜行业成为完整的末端快递解决方案提供样板。丰巢智能柜的设计已经覆盖物流快递、社区服务、广告媒体等领域，并且公司通过快递柜的大数据收集，可以更好地满足客户的需求，开发关联商业，形成有效的用户互动闭环。2018 年 5 月，阿里巴巴、菜鸟网络和中通快递宣布达成战略投资协议，阿里巴巴、菜鸟网络等向中通快递投资 13. 8 亿美元，持股约 10%。阿里巴巴入股中通快递后，两者将围绕面向新零售的快递、末端、仓配、跨境等物流服务展开全方位合作，并在智慧物流方面进一步提升数字化、在线化、智能化水平。阿里巴巴、菜鸟网络和中通快递通过合作共同推动产业链上下游和生态资源的进一步整合和协调，提高了公司的竞争力。通过以上案例可以看出，对于软件产业来说，大数据将是公司的核心生产要素，为了更加便利、全面地获取这种生产要素，公司可以通过混合并购的形式，将公司的产业链向下延伸，更方便地从消费者身上获得数据要素，提高公司的竞争力。

四、范围经济

范围经济是指由厂商的范围而非规模带来的经济，也就是说当同时生产两种产品的费用低于分别生产每种产品所需要的成本总和时，这种状况就存在范围经济。范围经济出现的原因一般是一个地区集中了该产业生产所需要的生产要素，如人力、生产要素、上下游相关产业支持等其他环节的供应者，导致这一地区出现产业集群从而发展这一产业具有了低成本的优势。另一种原因是企业通过扩大经营范围，增加产品种类，生产两种或两种以上的产品而引起的单位成本的降低。范围经济和规模经济的区别在于企业生产成本的节约来源于生产或提供某种系列产品的单位成本中。这种生产成本的节约来自生产过程的各个环节。比如同样的生产线可以制造不同的产品，市场营销可以帮助企业所生产的各类产品进行销售，或者研发的成果可以在不同的产品生产部门所分享。北京华胜天成科技股份有限公司（以下简称华胜天成）成立于 1998 年，是中国 IT 综合服务提供商，是服务网络覆盖大中华地区、东南亚及北美、东欧的跨国 IT 服务集团。华胜天成的业务方向涉及云计算、大数据、移动互联网、物联网、信息安全等领域，业务领域涵盖 IT 产品化服务、应用软件开发、系统集成及增值分销等多种 IT 服务业务。2016 年华胜天成设立物联网并购基金，逐渐完善物联网相关产业的布局，在 2017 年 8 月携手中域高鹏资本以 19 亿人民币向海南双成资本收购泰凌微电子，成为当年成果交割的第二大半导体收购案。华胜天成作为一家软件开发商和集成商并购一家半导体公司正是处于范围经济的考虑，通过这样的混合并购华胜天成可以解决从连接到平台再到智能的“端到端”物联网解决方案。在软件产业的发展过程中，软件企业意识到数据是重要的生产要素，而物联网是将数据进行连接的重要工具。物联网从技术上看能够解决信息的获取、传输、处理、存储问题。数据作为生产要素起到越来越重要的作用，而数据的获取是最大的技术创新点。物联网能够将信息获取的渠道从人变成物，在这个过程中传感器芯片起到了巨大的作用。同时数据信息的传输需要一定的空间，物联网应用的场景也非常复杂，这个时候将需要依靠各种通信芯片建立不同的传输方式。芯片的作用在于具有处理海量信息的能力和以极低的功耗处理节点数据信息的能力。因此，物联网的新兴发展将会使收集、储存数据更加便利，而在此过程中，存储芯片的需求将大幅度提高。运营商发展物联网的核心是平台，平台是产业链价值最大的一个部分，同时是数据的集散中心。平台分为使能平台和创新平台两类：使能平台模式是指运营商开放现有能力，采取分阶段收费模式实现盈利；创新平台模式是指运营商通过搭建特定行业应用平台，聚合领先垂直的行业企业，共同开发应用产品。为了保证应用的开发速度，平台需要基于大数据和云计算的架构，结合上层物联网应用，提供数据分析和挖掘能力，从而实现基于场景的用户和数据运营，提升全产业链下的产品化和服务化水平。在这个平台部分，华胜天成主要由管理平台、基础软件和基础硬件三类，分别对应着云计算与大数据、数据库中间件、服务器存储。运营商发展第二个层面是应用层。应用层作为物联网架构中最接近人的一层，直观地反映出物联网对人们生活的改变。在这一个层面上华胜天成有智能物流、安检、零售、环保以及旅游五个方面。通过以上可以看出，华胜天成已经具备了产业链中游的平台层面和产业链下游的应用层面，公司通过并购的形式，将泰凌微电子所做的面向物联网和人机交互市场的高度集成度射频 SOC 芯片并购，这样就将公司产业链延至上层的芯片、传感器中，形成了范围经济，降低企业的经营成本，提高企业的市场竞争效率。从软件产业来看，软件产业的混合并购将会频繁发生，软件产业是一个跨界产业，软件产业将通过并购整合的形式对传统产业进行改造，提高传统产业的竞争效率。

第七章

中美法律政策对软件产业链整合规制的比较研究

第一节　著作权法和专利法

国际上对软件产业保护的主要协议是 TRIPs，全称为“Agreement on Trade-Related Aspects of Intellectual Property Rights”，意为与贸易有关的知识产权协定，简称《知识产权协定》，这是世界贸易组织体系下的多变贸易协定，于 1995 年 1 月 1 日生效，由同时成立的世界贸易组织管理。在 TRIPs 中将计算机软件视同文学作品，这样计算机软件保护纳入版权体系中，根据该协议第 11 条规定，计算机程序的权利人与电影作品的权利人一样享有作品的出租权。1996 年的《世界知识产权版权条约（WCT）》重复并明确了 TRIPs 协议的相关内容，其中，第 4 条将计算机程序作为《伯尔尼公约》中的文学作品予以保护，其第 7 条与第 8 条又分别规定了计算机软件的出租权与信息网络传播权。

一、我国的著作权法和专利法

（一）著作权法

《中华人民共和国著作权法》于 1990 年 9 月 7 日第七届全国人民代表大会常务委员会第十五次会议通过，根据 2001 年 10 月 27 日第九届全国人民代表大会常务委员会第二十四次会议《关于修改〈中华人民共和国著作权法〉的决定》修正。《中华人民共和国著作权法》（第二次修正）于 2010 年 2 月 26 日第十一届全国人民代表大会常务委员会第十三次会议获得通过。2012 年 3 月 31 日，国家版权局在官方网站公布了《中华人民共和国著作权法》修改草案，并征求公众意见，修改的主要内容是将侵犯著作权的赔偿标准从原来的 50 万元上限提高到 100 万元，并明确了著作权集体管理组织的功能。我国著作权法共有六章内容：第一章是总则；第二章是著作权，内容分别是著作权人及其权利、著作权归属、权利的保护期、权利的期限；第三章是著作权许可使用和转让；第四章是出版、表演、录音录，又分为图书、报刊的出版、表演、录音录像、广播电台、电视台播；第五章是法律责任和执法措施；第六章是附则。著作权法所称的作品，包括以下形式创作的文字、艺术和自然科学、社会科学、工程技术等作品：文字作品，口述作品，音乐、戏剧、曲艺、舞蹈、杂技艺术作品，美术、建筑作品，摄影作品，电影作品和以类似摄制电影的方法创作的作品，工程设计图、产品设计图、地图、示意图形作品和模型作品，计算机软件，法律、行政法规规定的其他作品。可见，著作权法对计算机软件的著作权进行保护。其中第53条规定，复制品的出版者、制作者不能证明其出版、制作有合法授权的，复制品的发行者或者电影作品或者以类似摄制电影的方法创作的作品、计算机软件、录音录像制品的复制品的出租者不能证明其发现、出租的复制品有合法来源的，应当承担法律责任。

我国著作权法在对软件产业链整合方面的局限性：第一，计算机软件是一种逻辑性极强地抽象性知识载体，既是一个作品，又是一个工具，而著作权法只保护形式，不保护内容。第二，计算机软件著作权保护阻碍了软件行业的发展和交流。著作权法规定，作者有权保持作品的完整性，不允许他人未经授权的修改。但是软件产品具有特殊性，软件产品作为工具在使用的过程中要不断地修复。计算机软件的合法使用用户，在使用软件的过程中，为了使软件与系统相融合往往会修改软件。当合法用户修改软件后，这个新的软件里有合法用户的劳动成果，但是合法用户不能把修改后的软件进行传播，也不能因为修改而获得版权，这样加大了软件产品的开发成本，不利于软件产业链整合。第三，著作权法可以阻止软件产品复制，却不能阻止软件产品的使用。软件开发者希望通过需求方通过软件产品的使用来获得收益，因为软件产品在使用中才能实现其价值，但是著作权法对软件产品的使用是没有约束效力的。

因此，有些学者认为，软件产业不仅应当受到著作权法的保护，也应当受到专利法的保护。软件产品具有一定的技术性，而技术性的产品应该被专利法保护。软件产品的技术性体现在软件具有一定的自然规模，软件的核心是算法，算法是人类智力活动的产物。软件算法必须与计算机或者其他机器相连接才能实现其价值，从某一方面讲，软件实现了自然规模与硬件的相结合，它们产生了一种特殊的“装置”，这种特殊的装置具有一定的技术性。

计算机软件产业的发展壮大会形成一批资金与技术实力雄厚的软件开发企业，这些企业在做大做强的时候会主动寻求垄断地位，因而也就需要保护自己的设计构成原理、算法模型、处理过程以及功能等核心的、深层次的内容，这样软件产业的需求推动了计算机软件的专利化[73]。计算机软件的版权保护只能保护其形式而不能保护其内容，随着软件产业的成熟，软件产业作为一种新型的技术，它的使用权成为知识产权应该保护的对象。

（二）专利法

1984年，我国颁布《中华人民共和国专利法》，但其中并未涉及对软件产业的保护条款。但是中国专利局，即现在的中国知识产权局，制定了《专利审查指南》，其中对计算机软件相关产品申请专利设置了条件；1992 年，我国颁布第二版《中华人民共和国专利法》，相应在 1993 年修改了《专利审查指南》，对软件授予专利的情况进行规定：（1）涉及自动化处理过程的专利申请；（2）涉及计算机内部运行性能改进的专利申请；（3）涉及测量或测试过程的专利申请；（4）涉及汉字编码方法及计算机汉字输入方法的专利申请。同时，申请人谋求对计算机或具有数据、信息处理功能的装置与所有的计算机软件作为一个发明整体的保护。2000 年，我国颁布了第三版的《中华人民共和国专利法》，相应地在 2001 年修改了《专利审查指南》，后来在 2006 年和 2010 年修改过两次《专利审查指南》，不过这几次在软件产业申请专利方面的改动都不是很大。

2017 年 4 月，国家知识产权局公布国家知识产权局令（第七十四号），关于修改《专利审查指南》的决定。其中涉及计算机程序的发明专利申请的审查基准：如果一项权利要求仅仅涉及一种算法或数学计算规则，或者计算机程序本身或仅仅记录在载体（如磁带、磁盘、光盘、磁光盘、ROM、PROM、VCD、DVD 或者其他的计算机可读介质）上的计算及程序本身，或者游戏的规则和方法等，则该权利要求属于智力活动的规则和方法，不属于专利保护的客体；如果一项权利要求除其主题名称之外，……，不属于专利保护的客体。不属于专利保护的客体的有：（1）本身限定的计算机可读存储介质记录的程序；（2）一种计算机程序产品；（3）不包括任何物理实体特征限定的计算机游戏装置，仅由游戏规则限定的，并且不包含任何技术性特征的装置；（4）以上产品由于在实质上仅仅涉及智力活动的规则和方法，因而不属于专利保护的客体。如果专利申请要求保护的介质涉及物理特性的改进，在叠层构成、磁道间隔、材料等方面有所改进，则可以申请专利保护。

在修改后的《专利审查指南》中，计算机程序本身的定义有：代码化指令序列、符号化指令序列、符号化语句序列下的源程序和目标程序其中设计计算机程序的发明有解决方案，全部/部分基于计算机程序处理流程和对计算机外部对象或者内部对象进行控制或处理。进一步明确著作权法保护程序的“表达”与专利法保护解决方案在涉及计算机程序保护方面的区别。

计算机程序的发明专利的申请权利可以分为两种，一种是方法权利要求，另一种是产品权利要求。对于产品权利要求，可以写为实现该方法的装置。在计算机程序的发明专利申请过程中，不管是针对哪一种性质，都需要配有说明书的支持，以说明书的形式说明整体上该发明的技术方案，并且记录着解决技术方案的必要技术特征。说明书不能只是简单地概况描述计算机程序所具有的功能，以及该功能能够达到的效果。计算机程序的发明专利的申请权是方法权利的要求时，应当按照方法流程的步骤详细描述该计算机程序所执行的各项功能以及如何完成这些功能；计算机程序的发明专利的申请权是装置权的要求时，需要具体描述该装置的各个组成部分及其各组成部分之间的关系，所述组成部分不仅可以包括硬件，还可以包括程序。

计算机领域产品的特点：软件与硬件是两个协同工作的组成部分；在计算机产品权利要求中可以针对其他程序流程的改进直接地、明确地进行描述，避免将程序流程理解为限定硬件的方法或功能。对于软件与硬件均有改进的情形，在权利要求撰写时也可以根据需要将两者的改进体现在一项权利要求中。

程序流程的各步骤完全对应一致的方式，可以按照与反应计算机程序流程的方法权利要求完全对应一致的方式，撰写装置权利的要求。这种撰写的方法是将程序的各组成部分与计算机程序流程的各个步骤或者在方法权利要求中的各个步骤完全对应一致。在这种装置权利中的要求的各组成部分是实现程序流程各步骤所必须建立的"程序"模块，在该方法的各步骤所必须建立的"程序"模块。"程序"模块的组合所限定的装置权利的要求是通过说明书来记载的计算机程序实现解决方案的"程序"模块构架，并不是通过硬件方式来解决方案的实体装置。可以将过去的"功能模块"修改为"程序模块"，通过这样的修改能够将技术的本质更好地反映出来，同时避免与一般的"功能性限定"相混淆；这样的修改能够更好地反映技术本质，"程序模块构架"权利要求是一种装置权利要求，这样的改进体现在计算机程序上，而不是硬件实现方式，申请人可以选择一种撰写的形式。

对于"全部以计算机程序流程为依据"的装置，程序作为组成部分的装置，是一种计算机设备，包括存储器、处理器及程序改进特征。程序模块构架形式的装置是一种计算机装置，包括：程序改进特征。以上两者的保护范围实质相同，如果除其主题名称之外，限定特征均为程序改进特征或区别仅在于隐含公开的内容，则认为保护范围实质相同，需要择一限定。

在我国，专利被分为三种类型：发明、实用新型和外观设计，专利保护的最长期限为 20 年。在获得专利的条件上，要求发明成果具有新颖性、创造性、实用性，其中新颖性的判断标准为：国内未公布、国内外刊行物上未发表。获得专利的方式有两种：一种是发明在先原则，即专利归第一位发明者，美国和加拿大采用这种方式；另一种是申请在先原则，即谁在先申请谁就先获得专利，包括中国在内的大多数国家都实行这一种方式。2016 年，我国计算机、通信和其他电子设备制造业申请专利数 118725 件，比上一年增加 18%件，其中发明专利 70883 件，有效发明专利 227365 件。

专利法对软件产业链整合的作用有：

第一，专利保护增加跟随着干中学的成本，鼓励软件企业进行原创后通过申请专利提高收益。我国专利法第 34 条规定："国务院专利部门收到发明专利申请后，经初步审查认为符合本法要求的，自申请日其满18个月即行公布。国务院专利行政部门可以根据申请人的请求早日公布其申请。”如果没有专利法进行限制时，干中学成本过低。干中学是指随着企业所生产的累计产量的增加，由于在生产过程中生产经验的积累使企业生产的效率不断提高，生产的平均成本下降。具备干中学能力的企业，首先创新出新产品的概率较大。这样当先发明出软件产品的人申请专利时，就会保留这种干中学的生产经验，提高跟随者的成本，有利于软件产业整合。但需要注意的是，企业在申请专利时，是否需要公布源代码，如果要求企业公布源代码就有可能降低跟随企业的干中学成本。因为软件产品中的核心内容是源代码，如果为了申请专利及早公布源代码，会便于跟随者去复制这样的源代码，并且源代码是知识产品，在复制过程中成本较低，不需要其他的成本投入，传播速度较快。这样相当于跟随者的学习周期很短，跟随企业很容易赶上在位者，不利于拉大企业间的差距，对产业链的整合不利。

第二，专利保护有利于鼓励企业投资于研究与开发。专利制度的基本目的是限制模仿、鼓励创新，提高潜在模仿者的成本。专利保护使专利持有者获得了市场垄断力量，从而持有专利保护的软件企业产生垄断利润。这样其他的软件企业为了获得软件利润也会参与到软件研发活动中，这样在软件产品市场上就形成了软件的专利竞赛，企业为了获取超额的垄断利润而努力成为第一个发明者和市场垄断者。企业进行研究与开发的目的是追求利润最大化，企业进行研究与开发所遵循的原则是研发的边际收益等于边际成本，当软件企业投资研发的收益低于研发的社会收益，此时说明软件企业的研发投入从社会福利最大化的角度看是不足的。专利保护机制使软件企业的发明者享有知识的垄断权利，允许专利者获取与专利知识生产有关的大部分利润，使研发的外部性内部化，从而鼓励软件企业更多地投资研发活动，使软件产品的技术创新发展迅速。

第三，专利限制了技术扩散。从社会福利的角度看，信息知识的获取都是无偿的，也就是说信息知识的外部性非常大，当信息知识不被专利保护时，信息知识能够快速传播，有利于信息的完全有效使用。但是在这种情况下，虽然信息的快速扩展有利于社会福利的改善，但是不能够激励企业去进行研究与开发投资。所以，专利有可能会造成信息知识的传播受限。

二、美国的著作权法和专利法

著作权法和专利法在对软件产业的保护上是不同的。美国在20世纪70年代末至80年代初以著作权法保护计算机软件，这是因为著作权法保护模式的特点是只保护表达形式，与专利法相比，其保护软件产业的深度有限但范围较广。软件企业获得著作权法保护的条件较低，只要符合独创性原则，即独立创作开发的软件，无论创新性如何都可以受到专利权的保护。在这样的情况下，可以刺激小型企业进行软件开发，不管软件开发的程度如何，只要是独创性开发出来就受到著作权法的保护。这样就为软件产业的发展提供了大量的空间，许多的软件企业进入软件产业，为软件产业的发展提供了资金和人才集聚。1980 年，美国修改了著作权法，指出“计算机程序”是为获得某种结果而直接或间接用于计算机的序列语句或指令，并在第 117 条规定了对计算机软件专有权利的限制，由此可知，著作权法是美国保护软件开发的最重要的手段。

1981 年，美国在 Diamond 诉 Diehr 案中开始将计算机软件向专利化推进。由于计算机软件是利用一定的规则形成的指令，专利法不保护作为思维组成部分的算法，但是利用算法所构造的指令是能够解决问题的技术，这个技术可以用来申请专利。后来，美国对计算机软件的专利案采取整体审查标准，当一项发明既有典型的技术手段，又有非技术手段的计算机软件，这项整体可以看作一个发明。按照这一判例，美国专利局修改专利审查指南：只有一项计算机程序从整体上看属于纯数学运算法则的，才不被纳入专利法的保护对象，不授予专利权[73]。1995 年，美国专利商标局发布了一份指导性文件《对软件以及与电脑相关发明的检验标准》，规定采用计算机程序控制的装置可作为“机器”申请专利保护；具有一定物理结构的，并可用于计算机操作、运行的储存数据（包括计算机程序）。固定在光盘、磁盘或者其他存储介质中，可以作为“制品”申请专利保护；能够说明如何在计算机中运行或者利用计算机实现一系列操作的计算机程序，可作为“方法”申请专利保护[74]。在 2010 年美国专利法第 101 条的可专利性标准中进一步开放计算机软件专利的审查标准，即计算机算法能否产生有用、有形和具体的结果，若实际有效则可以申请专利。计算机软件受专利法保护使软件产业链整合进入新的阶段，仅 2009 年微软已经拥有约 4000 项专利，另有 3300 多项申请待审查，这么多项专利使微软企业能够获得规模经济，并长期占据垄断地位，不断地并购中小企业，进行软件产业链的整合。

三、著作权法和专利法对软件产业链整合规制的比较分析

软件著作权和软件专利是两种不同的知识产权形式，这两种对软件产品的不同保护形式所获得的效果也是不同的。软件的著作权保护依据《中华人民共和国著作权法》和《计算机软件保护条例》。软件著作权是在软件创作完成后产生的，可以进行软件著作权登记，以起到类似公证的效力。从理论上说，即使软件作品的所有人不登记也拥有软件的著作权。著作权能够保护软件产品所有人的合法权益，当软件产品被盗版时，著作权所有人可以采取保护措施，制止他人盗版。但是当竞争对手，也就是软件的其他开发人员，这些开发人员通过产品了解软件开发的思路，可以按照产品的开发思路重新编写软件，在这种情况下，虽然著作权保护了软件产品不被盗窃，但不能保护软件产品的构思不被模仿。总之，

软件著作权无法保护软件最核心的部分。软件的专利保护依据《中华人民共和国专利法》，具体的审查标准为国家知识产权局《专利审查指南》第二部分第九章中“涉及计算机程序的发明专利申请审查若干问题”。软件产品的专利权申请需要一定的程序：首先，专利必须主动向专利局提出申请才能获得，因此专利权必须积极主动地去申请。著作权在理论上不去申请也拥有该作品的著作权，但是需要能够证明作品的归属权。第二，软件产品在申请专利时，必须描述软件的构思。这种构思是以技术方案的形式来形成，内容则是软件流程图。软件产品申请专利时并不需要说明采用何种语言或者以什么样的具体的语句来实现。当软件产品被授权专利后，其他人再采用该构思时，就会造成该软件产品的侵权。从这点可以看出，软件产品申请专利后比软件著作权的保护力度要大很多。第三，软件公司申请专利一般由专业的专利代理公司申请完成。软件产品申请专利一般通过专业的专利代理公司进行申请，专业的专利代理公司会将软件产品的构思做出恰当的表述，获得适当的保护范围。需要注意的是，申请专利的软件构思不能是“智力活动的规制和方法”。第四，软件申请专利时，专利的技术材料需要公开，这样有可能被专业的软件工作人员模仿其创新思路。同时，软件申请专利保护时需要具备新颖性、创新性、实用性的条件，但是达到上述条件的软件比较少。第五，申请专利需要支付费用，而且获得专利后每年还需要支付一定的维持费用。专利的申请及审查可能需要两年到三年的时间，但是在软件市场上软件产品的更新速度较快，所以专利申请不适用于市场周期较短的软件产品的专利保护。

通过以上分析可以看出，著作权法和专利法对软件的保护都是有限的，因为著作权法只保护软件的形式而不保护软件的核心思想，著作权法无法保护那些对软件核心思想进行侵权的行为。但是单独依赖专利权对软件产业进行保护，则会造成很多软件产品不符合专利权法的保护范围而得不到保护，并且申请专利法保护的成本过高，效率太低。总之，需要著作权法和专利法共同保护。

四、著作权法和专利法影响软件产业链整合的机制

第一，软件企业有可能通过获得著作权法的保护而成为垄断企业，进而对软件产业链进行整合。著作权法和专利法同属于知识产权法，知识产权法是指因调整知识产权的归属、行使、管理和保护等活动中的产生的社会关系的法律规范的总称。知识产权法的综合性和技术性特征十分明显，在知识产权法中既有实体法规范，也有程序法规范。知识产权法属于民法，是民法的特别法。知识产权法的国内立法渊源有：知识产权法律，如《中华人民共和国著作权法》《中华人民共和国专利法》《中华人民共和国商标法》；知识产权行政法规，如《著作权法实施条例》《计算机软件保护条例》《专利法实施细则》等；知识产权地方法规、自治条例和单行条例；知识产权行政规章，如《国家工商行政管理局关于禁止侵

犯商业秘密行为的规定》；知识产权司法解释，如《最高人民法院关于审理专利纠纷案件适用法律问题的若干规定》。中国加入了十多项知识产权保护的国际公约，知识产权法的产生渊源中的国际条约。主要有：《与贸易有关的知识产权协定》（TRIPS 协定）、《保护工业产权巴黎公约》等。知识产权法一般包括以下几种法律制度：著作权法律制度、专利证书专利权法律制度、著作权法律制度、商标权法律制度、商号权法律制度等。知识产权法中涉及计算机软件保护的最主要的立法渊源是《计算机软件保护条例》，该条例于 2001 年 12 月 20 日以中华人民共和国国务院令第 339 号公布，根据 2011 年 1 月 8 日《国务院关于废止和修改部分行政法规的决定》第 1 次修订，根据 2013 年 1 月 30 日中华人民共和国国务院令第 632 号《国务院关于修改〈计算机软件保护条例〉的决定》第 2 次修订。该条例分总则、软件著作权、软件著作权的许可使用和转让、法律责任、附则，共 5 章 33 条。

2017 年，我国发明专利申请量为 138. 2 万件，同比增长 14. 2%。共授权发明专利 42. 0 万件，其中，国内发明专利授权 32. 7 万件，同比增长 8. 2%。我国发明专利授权量排名前十位的企业依次为：国家电网公司 3622 件，华为技术有限公司 3293 件，中国石油化工股份有限公司 2567 件，京东方科技集团股份有限公司 1845 件，中兴通讯股份有限公司 1699 件，联想（北京）有限公司 1454 件，珠海格力电器股份有限公司 1273 件，广东欧珀移动通信有限公司 1222 件，中国石油天然气股份有限公司 1008 件，中芯国际集成电路制造（上海）有限公司 862 件，可以看出前十名中有一半以上的企业生产的主要产品为软件产品。华为公司特别重视知识产权架构设计，早在 20 世纪 90 年代，华为公司发现印度在软件的标准化方面处于世界前列，全球过 CMM5 级认证的公司只有数十家，印度占了 60%以上，印度在软件结构化、工程化、规范化等方面做得比较好，华为公司向印度学习，成为中国最早通过 CMM5 认证的中国公司。华为公司的创新和知识产权体系能力，是在竞争的环境下为了求得生存而进行的设计，尤其是专利作为竞争能力非常重要的组成部分，公司将专利作为竞争的工具。华为公司于 1995 年成立专门的知识产权部门，一方面提高公司的研发支出，将公司收入的一半以上作为研发费用。另一方面把研究、标准和专利统一由一个管理团队来进行管理。整个华为公司有一万多人专业研究专利的体系，他们的核心贡献不是产品，而是更超前的技术研究成果、形成国际标准的提案，向主流国际标准提出我们的提案。同时他们还要申请专利，当上述提案被国际标准组织接受以后，专利就成为国际标准的重要组成部分，形成标准必要专利的能力。

2011 年 4 月，华为公司通过法律诉讼的形式维护其专利权，在德国、法国和匈牙利起诉中兴通讯。对中兴通讯的法律诉讼主要有：指控其侵犯了华为公司的专利权和商标权。华为公司将知识产权法律作为市场竞争的手段，在诉讼中提出中兴通讯未经华为公司许可，使用了华为公司有关数据卡和LTE技术的一系列专利，同时起诉中兴通讯在数据卡产品上非法使用了华为公司的注册商品。华为公司认为，当其发现中兴通讯的数据卡非法使用华为公司的注册商标后，向中兴通讯发送了停止侵权承诺函，但中兴通讯并未终止侵权行为。在这次的诉讼中，德国的汉堡法院颁布，禁止中兴通讯在其USB数据卡上使用华为公司的一项注册商标，并禁止销售印有该受特定法律保护商标的USB数据卡。

通过以上的案例可以看出，这是华为公司成功的利用专利诉讼权进行市场份额争夺的市场行为。在国际软件市场中，华为公司的发展快于中兴通讯，因此华为公司是在位者，而中兴通讯是进入者，采取了跟随发展战略。中兴通讯的迅速发展，抢夺了原本属于华为公司的市场份额，并且成为华为公司在欧洲市场中强有力的竞争对手。为了削弱中兴通讯在欧洲市场的地位，遏制其发展速度，华为公司制定了一系列的竞争战略，其中专利诉讼便是一项。在相同产品的市场中，公司之间存在相互使用，或者使用竞争对手某个产品专利的行为。当公司之间出现上述情况时，一般通过企业之间签订相关的专利交叉许可合同，使用方向所有方缴纳专利使用费来解决。当企业之间的专利使用费用或者条件无法达成一致时，企业之间会有诉讼之争。

华为公司也利用知识产权保护与三星公司展开激烈的竞争。2016年5月，华为公司对外宣布，在美国和中国提起对三星公司的知识产权诉讼，包括加利福尼亚州北区法院和深圳中级人民法院。其中，华为在深圳中院起诉三星专利侵权的案件共计10件。随后，三星公司同样以10件专利涉嫌侵权起诉华为公司。2016年6月，华为公司再度将三星公司诉至泉州中院，索赔8050万元。2016年7月，三星公司将华为公司诉至北京知识产权法院，索赔金额1.61亿元，两倍于华为的索赔金额。2017年4月，泉州中院受理的华为公司诉三星公司专利侵权案件的一审判决为，三星公司共有22款产品认定构成专利侵权，并判决三星公司体制制造、许诺销售、销售搭载涉案专利技术方案的移动终端供给22款Galaxy系列手机，同时，三星公司赔偿华为公司经济损失8000万元以及为制止侵权所支付的合理费用50万元。2017年9月，国家知识产权局专利复审委员会发布了8份与三星专利相关的专利无效宣告复审决定，共计5件被宣布全部无效，1件部分无效，仅有2件维持有效。也就是说，三星公司起诉华为公司专利侵权的共计16件专利中，已有15件公布了专利复审决定，三星公司反诉华为公司专利侵权的涉案专利无效占比总体高达62.5%。通过以上案例可以看出，华为公司很早就意识到利用知识产权与竞争对手展开竞争，在市场上占领垄断地位，从而对软件产业链进行整合。

第二，软件企业可以通过著作权法、专利法的保护提高软件产业市场进入壁垒。在软件产业中，第一个开发出适应市场需要的新型软件产品，往往在以后成为该产品的标准产品。首先开发出该软件产品的企业通过申请专利阻碍其他企业生产该商品或提高生产该商品的进入门槛。

例如，计算机的操作系统是管理和控制计算机硬件，同时也管理和控制着计算机软件。操作系统直接运行在“裸机”上，它是最基本的系统软件，其他的软件由于操作系统处于软件产业链的上游，其他的应用软件必须与操作系统相匹配才能够使用，所以计算机出厂时安装的操作系统决定了下游消费者的应用软件需求情况。操作系统是用户和计算机的接口，同时也是计算机硬件和其他软件的接口。最早的操作系统是人们通过各种按钮来控制计算机，然后出现汇编语言，操作人员通过有孔的纸带将程序输入电脑进行编译。然后出现第一阶段的计算机操作系统，即为单用户、单任务的操作系统，以 MS-DOS 为主。第二阶段的计算机操作系统是多用户多道作业和分时系统。典型代表有 Unix、Xenix、OS、和 Windows 操作系统。在这一时期，微软的 Windows 操作系统异军突起，通过与 IBM 个人电脑的合作，大大提高了操作系统的占有率。微软公司通过申请专利，将 Windows 操作系统打造成普通计算机的标准配置。当消费者习惯于使用该操作系统后，其他操作系统就很难进入该软件市场。消费者在购买电脑时会选择 Windows 操作系统的产品，由于使用习惯的问题，转变其他系统需要付出巨大的学习成本，甚至有些消费者在购买苹果电脑后，会在苹果电脑原有的 IOS 系统上再加入 Windows 系统来方便使用。一般的计算机生产商也不能不敢冒险重新换掉 Windows 操作系统，因为弃用该系统后需要重新训练操作人员、转换数据文档等成本。下游的应用软件企业也必须生产适合 Windows 操作系统的软件产品，来满足客户的需求。通过将操作系统标准化的形式，微软公司就在软件操作系统上占领了大量的客户资源，提高了其他操作系统进入该产业的进入壁垒，获得了垄断地位，进而不断去整合并购产业链中的其他企业。

微软特别注重通过著作权法和专利法来保护公司的合法权益，在 2016 年颁发的美国和国际专利数达到了 5422 件，2017 年微软年度研发支出 114 亿美元，许可协议数达到了 1200 件以上，全球已经授予的专利数有 60000 件以上，全球正在申请的专利数达到了 36000 件以上。作为全球软件产业的巨人，微软有着巨大的经济力量，但是微软经过多年来的反侵权事件逐渐维护其垄断地位。可以这样认为，垄断获得巨大垄断势力的原动力即为知识产权，也就是软件的著作权和专利权在微软获得市场支配地位或垄断地位中起着非常重要的作用。

在 2006 年至 2010 年间，微软在我国多次通过著作权法和专利法的诉讼来维护其合法权益。2006 年 3 月，微软公司向上海市版权局检举大亚信息公司使用盗版软件，上海市版权局对大亚信息公司进行盗版调查。执法人员当天在大亚信息公司抽取了办公场所内 16 台办公电脑和 1 台服务器，而所有的设备全部都安装使用了未经授权的微软软件。大亚信息公司在接受版权局的询问过程中承认其所有的74台办公电脑中，仅有26台笔记本电脑中预装了正版的Windows操作系统，其余均使用盗版产品。2008年11月，微软公司向上海二中院提起民事诉讼，要求大亚信息公司立即停止侵权并删除未经授权的微软软件，赔偿经济损失47万元。2009年上海市第二中级人民法院就上海大亚信息产业有限公司侵犯微软著作权纠纷案做出一审判决，判令大亚信息赔偿原告微软公司包括经济损失人民币40万元。这是国内首例上市公司因其参股公司使用盗版软件被诉讼而进行信息披露的案件。

2008年10月至11月间，微软公司所委托的知识产权代理公司在公证处工作人员的监督下，先后在被告位于海淀区中关村海龙大厦、鼎好电子大厦的4家销售门店多次随机购买了12台电脑。经微软公司鉴别认定，上述12台计算机中所安装的Windows XP及Office2003软件均未经微软公司授权许可，属于盗版软件。

2009年6月8日，微软公司将北京思创未来科技发展有限公司诉至北京市第一中级人民法院，认为被告构成侵权事实并具有惯常性和持续性，索赔人民币50万元。思创公司认为预装侵权软件属于销售人员个人行为，并提供了销售人员的证言。但法院认为，销售人员的证言只能证明一次销售行为，不能证明其他11次，而且销售人员与思创公司存在利害关系，证言不具有证明力。最终，北京市第一中级人民法院审理认定，思创公司侵犯了微软的复制权和发行权，应承担相应的法律责任。法院认为，被告北京思创未来科技发展有限公司随销售的计算机预装盗版微软软件是一种惯常和持续的侵权行为。依据《计算机软件保护条例》《中华人民共和国著作权法》及最高人民法院司法解释的有关规定，按法定赔偿一审判定由被告北京思创未来科技发展有限公司赔偿微软公司另包括诉讼合理支出在内的经济损失461409元；同时还做出收缴证据样机的民事制裁。

2008年至2009年4月期间，微软发现大众保险公司至少安装使用了9种盗版微软软件共计450套，盗版软件包括Windows系列、Office系列，以及服务器和数据库软件等，2009年5月，微软公司向上海市浦东新区人民法院就大众保险股份有限公司侵犯微软公司著作权纠纷提起民事诉讼。要求大众保险股份有限公司立即停止对上述软件的侵害并赔偿相应的直接损失及合理费用共计2249570元人民币。大众保险股份有限公司是1995年初由26家大中型的国有企业和上市公司在上海注册成立的股份制商业保险公司，注册资本11.46亿元。2010年4月上海市浦东新区人民法院裁定大众保险公司侵权，责令大众保险公司于判决生效之日起十日内，赔偿原告微软公司包括合理费用在内的经济损失人民币2172846元。本案件是第一起微软公司在中国起诉大型企业侵犯其软件著作权的案件，同时也是迄今为止微软公司在中国获得的最大金额赔偿的案件。这起诉讼，与微软过去几年在中国兴起的诉讼有些差异。因为，前几次多是针对制造、销售盗版软件企业而发起，而此次则是上海大众保险非法复制使用盗版软件。这种现象表明相对那些制、售盗版软件的企业，复制盗版软件的企业更隐蔽，而这与软件产品可无限复制特性有关，微软通过知识产权法的保护维护了企业的合法权益。

第三，软件企业可以通过著作权法和专利法的保护来保持产品的差异化。产品差异是指同一产业内不同企业生产的同类商品，由于在质量、款式、性能、销售服务、信息提供和消费者偏好等方面存在着差异，从而导致产品之间替代不完全的状况。产品的差异化是企业主要的竞争手段之一。产品差异化是企业最常用的竞争手段，是因为产品差异化特征能够使企业的需求曲线向右下方倾斜，在这种情况下，企业将拥有将价格提高到高于边际成本的能力，具有市场势力。在完全竞争市场，企业面临的需求曲线是一条直线，如果企业将价格制定在企业面对的需求曲线决定的价格水平之上，那么该企业的需求将变为零，也就是说企业是价格的接收者。在垄断竞争市场，由于产品差异的存在，消费者认为该企业的产品不同于这一行业其他企业的产品，所以当企业将价格制定在高于边际成本之上，仍然会有需求，即企业面对的需求曲线不再是水平直线，而是向下倾斜的曲线。根据市场分析机构 Trend Force 发布的调查报告，2017 年三星智能手机销售量占据全球 21.9%的市场份额，销售量超过 3.1 亿部，相比之下，苹果 iphone 的市场份额为 15.2%，根据苹果过去四个季度的财报，苹果手机的销售量在 2.15 亿部左右。这两个企业的手机在全球手机销售量排名中占前两位，苹果手机和三星手机的竞争非常激烈，两家企业通过知识产权的保护来维护产品的差异性。苹果对三星的诉讼堪称“世纪诉讼”，从 2011 年 4 月苹果在加利福尼亚州北区联邦地方法院起诉三星侵犯了其专利和商标权，苹果认为三星的 Galaxy 系列手机和平板电脑抄袭了 iphone 和 ipad 的外观设计和显示屏图标设计。在起诉书中，苹果表示三星早期智能手机没有抄袭 iphone 的设计，但在 iphone 发售后三星手机却采用了类似于 iphone 圆角矩形的图标。另外苹果还对三星提出了 16 项侵犯商标权和专利权的指控。同月，三星在韩国、日本、德国和美国对苹果提起反诉，指控苹果侵犯了三星的手机转换时区等大量技术创意和 10 项专利。7 月，三星撤销了在美国的诉讼。同年 9 月，苹果向澳大利亚法院提起诉讼，指控三星 Galaxy Tab1.0 平板电脑侵犯其专利。随后，三星在澳大利亚起诉苹果的 iphone3G、iphone3GS、iphone4 和 ipad 等产品侵犯了三星持有的 7 项专利。2012 年 8 月，陪审团裁定三星侵犯苹果专利权，要求三星赔偿苹果 10.5 亿美元的罚款，而苹果在起诉时要求的罚款是 27.5 亿美元。同时法庭认为苹果没有侵犯三星的任何专利，因此三星无法获得索赔的 4.21 亿美元。三星认为法庭的最终审判结果会对消费者的福利产生影响，此判决将会导致选择变少，创新减少，导致价格更高。三星认为此行为是专利法被操弄，以至于一个公司垄断圆弧四角的长方形，以及三星与其他公司每日不断改进的科技。从这个案例中就可以看出，苹果手机通过知识产权保护垄断了其产品的外观，使苹果手机独家使用圆弧四角长方形，保持了产品的差异化。通过保持产品差异化，提高产品价格，获取垄断势力。

第二节　反垄断法

一、我国的反垄断法

《中华人民共和国反垄断法》的前身《禁止垄断和不正当竞争条例》是在1987年由国务院法制局牵头，与国家体委、国家工商行政管理局等7个部门联手，参考德国的《侵权法》的经验进行起草的。同年，新颁布的《中华人民共和国民法通则》生效，这是我国最早为商品经济的发展提供法律框架和保障的法律。除此之外，还通过《国务院关于进一步推动横向经济联合若干问题的规定》及地方相关规定对企业之间的自由竞争加以引导。1992年1月，中美两国签署《关于保护知识产权的谅解备忘录》，同年9月2日，第八届全国人民全国人民代表大会常务委员会第三次会议通过《中华人民共和国反不正当竞争法》，该法自1993年12月1日起施行。在这部法律中，规定了禁止公用企业滥用独占地位行为和政府部门限制市场竞争行为的有关内容，其中第12条规定："经营者销售商品，不得违背购买者的意愿搭售商品或者附加其他不合理的条件。"1997年12月29日，第八届全国人民代表大会常务委员会第二十九次通过了《中华人民共和国价格法》。该法是为了规范价格行为，发挥价格合理配置资源的作用，稳定市场价格总水平，保护消费者和经营者的合法权益，促进社会主义市场经济健康发展而制定。同时在1997年通过了《中华人民共和国合同法》，其中第329条规定："非法垄断技术、妨碍技术进步或者侵害他人技术成果的技术合同无效。"第334条规定："技术转让合同可以约定让与人和受让人实施专利或者使用技术秘密的范围，但不得限制技术竞争和技术发展。"各省、直辖市有关执行《反不正当竞争法》的规范文件中，逐渐增加对价格卡特尔、专利技术转让、划分市场、联合抵制等设计限制竞争行为的规范。

1994年，由商务部负责起草和调研工作，"中华人民共和国反垄断法"被列入第八届全国人大常委会立法规划；1998年，该法再次被列入第九届全国人大常委会立法规划；2004年，国务院将《中华人民共和国反垄断法》列入立法计划；2006年6月，反垄断法草案提交全国人大常委会首次审议；2007年8月，十届人大常委会表决通过反垄断法草案；2008年8月，《中华人民共和国反垄断法》正式实施。该法是一部为了预防和制止欺凌行为，保护市场公平竞争，提高经济运行效率，维护消费者利益和社会公共利益，促进社会主义市场经济健康发展，而制定的法律。反垄断法共分为8章57条，包括：总则、垄断协议、滥用市场支配地位、经营者集中、滥用行政权力排除、限制竞争、对涉嫌垄断行为的调查、法律责任和附则。该法将滥用知识产权的行为纳入法律规范的范围中，对软件产业中的知识产权为核心生产要素提供了保障。2014年6月7日，国家发展改革委印发《规范价格行政处罚权的若干规定》（发改价监〔2014〕1223号），该规定共18条，自2014年7月1日起施行。该规定中对价格垄断行为追溯期限的限制为两年。该规定对软件产业的滥用市场支配地位中的价格歧视和掠夺性定价策略有一定的约束力。

二、美国的反垄断法

美国最早的反垄断法为《谢尔曼法》，于1890年美国国会通过。该法规定：凡以托拉斯形式订立契约、实行合并或阴谋限制贸易的行为，旨在垄断洲际商业和贸易的任何一部分的垄断或试图垄断、联合或共谋犯罪的行为，均属违法。违反该法的个人或组织，将受到民事的或刑事的制裁。该法奠定了反垄断法的坚实基础，至今仍然是美国反垄断的基本准则。《谢尔曼法》禁止任何限制交易的协定。所谓限制交易是指交易中的反竞争因素超过有利于竞争的因素。《谢尔曼法》规定："任何用来限制交易或者商业活动的合同，无论是以信托、共谋或其他方式，都是非法的。任何人签订这类合同或者从事任何形式的共谋，都将被认定为犯有重罪。公司将被处以不超过1000万美元的罚款；或者个人将被处以不超过35万美元的罚款或不超过3年的监禁；或者同时对公司和个人实施上述处罚。"《谢尔曼法》对垄断的判断依据，一是按区域和产品划分的市场力量，主要以市场占有率为依据，如果某个企业的产品市场占有率为80%~90%，可以视为市场力量很大；在判断一个产品的市场力量是否强大时，政府主要考虑参与并购的企业究竟是生产相同的产品或者是生产相互替代的产品，即产品的可替代性如何。当产品的需求交叉弹性较高时，生产商不具有强大的支配权。如产品的价格上涨或供给数量锐减，这时消费者会选择具有替代性的产品。当产品的需求交叉弹性较低时，一种产品的价格上升或供给减少时，消费者无法去选择其他的产品，则该产品具有较大的市场力量。也可以通过产品的销售范围来判断一个产品的市场力量，如软件产品这样的知识产品不需要运输成本就可以销售至全球，说明其具有较大的区域市场力量。二是当事企业采取了某些掠夺性定价或排他性的行动。《谢尔曼法》是为了禁止单一企业垄断势力的滥用。该法律并不是约束企业规模的扩张，而是反对企业因为规模扩大以后而进行垄断势力的滥用。《谢尔曼法》实施最大的挑战是如何界定产生不可接受的竞争威胁的集体行动和单方行为的具体标准。

1914年，美国国会颁布了《克莱顿法》，它是对《谢尔曼法》的补充，主要作用为预防垄断，它规定了有一些市场行为虽然目前未产生损害，但是可以合理地预见可能会对竞争产生损害的行为，就是违法行为。《克莱顿法》的主要条款针对规制价格歧视行为，它宣布在州级、国际贸易中对购买同等质量物品的同一类型的买方进行价格歧视为非法，价格歧视的效果要求"可能实质性减少竞争、在任何行业趋于形成垄断”条件，但是具有成本合理性或习惯上低价对特定购买者的情形除外。《克莱顿法》禁止未能够向同类购买者的佣金、中介费、其他补偿或者促销、广告补贴的价格不一致的行为，禁止故意给予或者接受所禁止的歧视价格。禁止排他性交易以及其他“可能会产生实质性减少竞争或趋向在任何行业形成垄断”后果的协议安排。《克莱顿法》禁止通过取得财产或股份并购其他公司，虽然并未指明这种并购是横向并购，但是横向并购，即竞争者之间的并购具有反竞争性而被视为垄断行为。

1914 年的《联邦贸易委员会法》（FTC）授权建立联邦贸易委员会，作为负责执行各项反托拉斯法律的行政机构。FTC 的职责范围包括：搜集和编撰情报资料、对商业组织和商业活动进行调查、对不正当的商业活动发布命令组织不公平竞争。FTC 由总统提名参议院任命的 5 名被授予准司法权的专职委员组成专家组，其下属机构有：负责执行 FTC 法和克莱顿法的竞争局、负责处理涉及消费者的不公平及欺骗性做法的消费者保护局、负责有关调查、分析、咨询的经济局。FTC 对国会负责，独立于政府，拥有发布禁令权和准司法权。FTC 的准司法性体现在委员会制机构、类法庭式审理和准司法裁决。FTC 设立行政法官，行政法官的职责是以类似于司法过程的法庭规则和证据规则对案件做出裁决。FTC 的裁决具有法院一审判决的效力，受诉法院为联邦上诉法院，可上诉到联邦最高法院。1938 年《惠勒-利法》修改了《联邦贸易委员会法》第 5 条，规定除了不正当竞争方法外，不正当或欺骗行为也属违法，这一修改的目的是将该法的适用范围扩大到那些直接损害消费者利益的商业行为；1950 年《塞勒-凯弗维尔法》和 1980 年《反托拉斯诉讼程序改进法》对《联邦贸易委员会法》第 7 条作出修正。此外，罗斯福“新政”时期的法律和措施也丰富了反托拉斯的理论和实践。

三、中美反垄断法对软件产业链整合规制的比较

（一）中国的反垄断法和企业并购政策

我国的《中华人民共和国反垄断法》是从 2008 年 8 月 1 日开始实施的，主要针对企业并购方面，我国从反垄断方面对企业的规制法律法规还在逐渐完善中。对企业的反垄断管理的部门为中华人民共和国商务部反垄断局。反垄断局的职能有：“起草经营者集中相关法规，拟订配套规章及规范性文件。依法对经营者集中行为进行反垄断审查；负责受理经营者集中反垄断磋商和申报，并开展相应的反垄断听证、调查和审查工作。负责受理并调查向反垄断执法机构举报的经营者集中事项，查处违法行为。负责依法调查对外贸易中的垄断行为，并采取必要措施消除危害。负责指导我国企业在国外的反垄断应诉工作。牵头组织多双边协定中的竞争条款磋商和谈判。负责开展多双边竞争政策国际交流与合作。承担

国务院反垄断委员会的具体工作等。”我国在《2006中国外资并购规定》中对反垄断申报的标准作出规定：“外资并购境内企业有下列情形之一时，投资者应就所涉情形向商务部和国家工商总局报告：（1）并购一方当事人当年在中国市场营业额超过15亿元人民币；（2）1年内并购国内关联行业的企业累计超过10个；（3）并购一方当事人在中国的市场占有率已经到达20%；（4）并购导致并购一方当事人在中国的市场占有率达到5%。此外，在未涉及上述情况时，但应有竞争关系的境内企业、有关职能部门或行业协会的请求，商务部或国家工商总局认为外国投资者并购设计市场份额巨大，或者存在其他严重影响市场竞争等重要因素的，也可以要求外国投资者作出报告。”2014年6月，中华人民共和国商务部反垄断局颁发《关于经营者集中申报的指导意见》，该意见依据《中华人民共和国反垄断法》《国务院关于经营者集中申报标准的规定》《经营者集中申报办法》等相关法律法规，达到申报标准的经营者集中，经营者应当事先向商务部申报，未申报的不得实施集中。为方便经营者申报，商务部反垄断局对其于2009年1月5日公布的《关于经营者集中申报的指导意见》进行修订。该指导意见共有30条，对需要经营者进行集中申报的情形、条件、标准等作出规定。在该指导意见中，经营者集中是指《中华人民共和国反垄断法》第20条所规定的下列情形：“经营者合并；经营者通过取得股权或者资产的方式取得对其他经营者的控制权；经营者通过合同等方式取得对其他经营者的控制权或者能够对其他经营者施加决定性影响。”在该指导意见中，申报标准是指《国务院关于经营者集中申报标准的规定》第3条所规定的下列标准：“参与集中的经营者上一会计年度在全球范围内的营业额合计超过100亿元人民币，并且其中至少两个经营者上一会计年度在中国境内的营业额均超过4亿元人民币；参与集中的所有经营者上一会计年度在中国境内的营业额均超过4亿元人民币。”

在我国商务部反垄断局的网站中会对经营者集中简易案件进行公示，如神州数码集团股份有限公司收购广东启行教育科技有限公司股权案，在公示表中有案件名称、交易概括、参与集中的经营者简介、简易案件理由和备注五项内容。其中的简易案件理由包括：“（1）在同一相关市场，所有参与集中的经营者所占市场份额之和小于15%。（2）存在上下游关系的参与集中的经营者，在上下游市场所占的市场份额均小于25%。（3）不在同一相关市场、也不存在上下游关系的参与集中的经营者，在与交易有关的每个市场所占的份额均小于25%。（4）参与集中的经营者在中国境外设立合营企业，合营企业不在中国境内从事经济活动。（5）参与集中的经营者收购境外企业股权或资产的，该境外企业不在中国境内从事经济活动。（6）由两个以上的经营者共同控制的合营企业，通过集中被其中一个或一个以上经营者控制。”以上6个理由可以单选或者多选，在该案例中选择了第3项，在申报方申请简易案件的理由是基于1~3项时，须在备注中说明相关商品市场和相关地域市场，以及相关市场份额；市场份额可以区间形式提供，区间幅度不应超过5%。公示案例在备注中标明相关市场为留学咨询服务市场、成人英语培训服务市场、未成年人英语培训服务市场。相关地域市场是均为中国市场。市场份额都在10%以内。

通过以上可以看出，我国在企业并购中对反垄断进行规制的程序为首先进行事先申报制度，根据《关于经营者集中申报的指导意见》中的规定向商务部反垄断局进行申报。商务部反垄断局鼓励经营者在申报前与其举行非正式的商谈，就申报的相关事项同商务部进行商谈。第二步为审查阶段。《经营者集中申报办法》第14条规定，商务部在接收到并购交易的申报文件之后对符合立案条件的申报及时立案，并以书面的形式告知申报人。同时我国在并购案中有听证制度。根据《中华人民共和国反垄断法》和《经营者集中申报办法》的规定，在进行初步审查过程中，商务部可以组织听证会，听取各方利害人的意见。这样的听证会可以是由商务部主导召开，也可以是申报人请求组织召开。我国反垄断职能部门在企业并购的反垄断规制在不断的完善中，逐渐从外资对我国企业的并购案审查扩展到我国企业之间的并购审查中，审查的制度也日益完善。

（二）美国的反垄断法和企业并购政策

美国的反垄断法主要通过反垄断的基本原则、分析因素、审查程序和惩罚措施等方面对反垄断行为进行规制。1968年，美国司法部颁布了第一个并购准则。这个并购准则包含在反垄断法中，由司法部和贸易委员会编制，为处理并购案提供指导。在这份企业并购准则中主要内容有：对并购采取的具体政策，介绍了监管机构在分析并购活动时采用的分析框架和标准，以减少执行反垄断法过程中的不确定性。并购准则里分为横向并购准则和纵向并购准则，并且以横向并购准则为主。这份并购准则主要受到哈佛学派的影响，有着结构主义和政府干预的影响。并购准则的判断依据是市场集中度，市场集中度是指国贸经济和部分产业中少数大企业占有绝大部分资源的现象，通常可以分为一般集中度和市场集中度。市场集中度是用于刻画在特定产业或市场中，买者或卖者具有怎样的相对规模结构的指标。

这部并购准则以市场的特征为依据，详细规定了兼并企业的市场份额标准，目的是保持市场上一定数量小规模的企业，防止市场上全部分大规模的企业，从而形成共谋。并购准则规定："当市场中4家最大企业所占市场份额之和达到或超过75%时，两个企业不能并购的条件是：主兼并企业的市场份额为4%以内，被兼并企业的市场份额为4%或以上；主兼并企业的市场份额为10%以内，被兼并企业的市场份额2%或以上；主兼并企业的市场份额为15%以内，被兼并企业的市场份额为1%或以上。当该行业的4家最大企业的市场集中度指标低于75%

时，主兼并企业的市场份额和被并购企业的市场份额不能超过一定的限额。”

在1992~1994年，里根执政时颁发了两个版本的并购准则，这两个版本的并购准则主要受到了芝加哥学派的影响，政府干预大大减少，对反垄断法的执行力度下降，同时期的企业并购案例就比较多。1982年并购准则改进集中度标准，细化市场范围。1982年并购准则仍然以横向并购为主，但有2个主要改进：一是提出了新的划分市场范围的方法和规则，即哪些产品、哪些企业应划为同一市场；二是引进了新的方法为赫希曼-赫菲德尔指数（Hirschman-Herfindahl Index，HHI指数），这是衡量市场集中度的指标。赫希曼-赫菲德尔指数，这个指数对规模较大的前几家企业市场份额的变化比较敏感。HHI指数等于某一行业市场中每个企业市场份额的平方之和。HHI指数考虑了企业规模分布和集中度两方面因素，是对简单的集中度指标的改进。1982年并购准则根据HHI指数将市场集中度分为高中低3类：“HHI指数不大于1000时，为低集中度市场；当HHI指数大于1000并不大于1800时，为中集中度市场；当HHI指数大于1800时，为高集中度市场。”1982年并购准则规定：“在低集中度的市场内，不管并购企业的市场份额是多少，一般都可以得到批准。在中等集中度的市场中，如果HHI指数上升小于100，一般可以获准。如果并购的HHI指数上升在100以上，就可能得不到批准。在高度集中的市场里，并购后HHI指数上升小于50，一般会得到批准；HHI指数上升在50~100之间，有可能得不到批准；如果并购使HHI指数上升100以上，不会得到批准。”在这部并购准则中规定：“对非横向并购来说，除了需要考虑对横向并购适用的标准外，还要考虑进入阻碍、排除竞争对手等其他因素。”该准则还规定：“司法部在审查并购案件时，要考虑进入市场的前提条件，特别是相关产品的同质性、市场的成熟性以及为进入市场而必要的财力和技术条件等。”比如在一个特定市场中，当市场产品价格提高5%后，两年内将会有多少新的企业进行这个市场。如果市场上不存在进入障碍，或进入障碍会很低，此时会有大量企业进入市场，这样司法部不认为该市场的集中度较高，从而可以批准并购，反之，则认为该市场集中度过高而不批准并购。

1992年，美国司法部和联邦贸易委员会首次联合推出了《横向并购准则》，1997年在这个版本的基础上增加了有关效率的规定。新的兼并准则淡化了市场份额指标，突出了效率指标，强调了并购对竞争趋势的影响分析，提出了评价并购的竞争效应的分析框架和具体标准，详细地解释了如何分析并购行为是否导致反竞争效应，以及特定的市场要素是否影响了这种效应。该并购准则规定，如果金融市场的企业能够阻止或抵消并购的反竞争效果，这个市场就是容易进入的市场，在市场上所进行的并购，就有可能不容易产生或加强市场势力。准则中还指出，司法部门所进行的审查只是针对潜在进入者的金融方式是否及时地、可能充分地抵御并购的反竞争效果，而不是考察究竟谁是潜在的进入者。并购准则还认为当并购需要在禁止的情况下，并购的企业提供明确且有说服力的证据，证明该并购行为有利于显著地提高经济效益，该并购可以不受司法部门的干预。所谓并购所产生的经济效益是指并购能够通过规模经济减少生产成本，通过联合经营减少运费等其他经营成本的情况。但是如果通过并购以外的途径也能够获得此经济效应，则该并购会被禁止。

四、反垄断法对软件产业链整合规制的作用

第一，反垄断法保护了软件产业链中竞争者的合法权益。软件产业中具有优势市场地位的企业往往通过对产业链的整合兼并，获得垄断势力。反垄断法是政府制定各种法令和法规来限制垄断企业的行为，通过限制企业行为管制企业的垄断。政府通过限制垄断企业的行为，防止和控制垄断企业的合谋、滥用经济优势等行为，调整企业间的经济关系，保护和促进竞争，以此来制定了反垄断法的法律法规。反垄断法是一种公法，它的作用是以社会为本位，保护社会公益为目标。反垄断法保护竞争者的合法利益，因为当权利主体获得垄断势力后会通过限制性定价、掠夺性定价等市场行为既可以提高市场的进入壁垒，把潜在进入者关在市场之外，又可以提高已经在市场中的企业的成本，损害竞争者的利益。美国AMD公司是一家专门为计算机、通信和消费电子行业设计和制造各种创新的微处理器，以及提供闪存和低功率处理器解决方案。英特尔是美国一家主要以研制CPU处理器的公司，是全球最大的个人计算机零件和CPU制造商。AMD公司和英特尔在长期中存在着竞争关系。英特尔的创立者诺伊斯是集成电路发明人之一，另一位创立者是“摩尔定律”的提出者摩尔。因此，英特尔从成立之初就非常具有竞争力。由于英特尔的强大势力，计算机制造商IBM担心若将微处理器交给一个供应商，则以后会受到这家供应商的制约。1982年，IBM与英特尔和AMD签署协议，两家企业同时成为IBM的处理器供应商，英特尔开放技术，全面授权AMD生产x86系列处理器，而AMD则放弃自己的竞争产品，成为英特尔的后备供应商。由于AMD的发展并拿到286处理器的芯片并开始独家生产后，英特尔意识到AMD对自己的地位构成威胁，在1985年英特尔中止了签订的技术合作协议，独家生产386处理器。AMD将英特尔上诉至法庭，虽然最后胜诉，但损失巨大，并且失去了在市场上发展最好的时期。AMD为了获得生存，只能降低价格，并且不断生产兼容英特尔电脑的处理器，降低企业的收益。经过十多年的坚持与努力，AMD基于K7微架构的Athlon处理器诞生，综合性能超越同频的奔腾Ⅲ，改变AMD作为英特尔代工厂的形象，开始与英特尔成为竞争关系。2005年，AMD向美国联邦地方法院对英特尔提出诉讼，指控英特尔采用直接现金支付、差别定价和市场补贴等手段，强迫戴尔、索尼、东芝等主要客户签署排他性协议，阻止或限制厂商购买AMD产品。同时强迫厂商和技术合作伙伴联合

抵制 AMD 产品发布及推广，并向行业技术标准和相关产品施压，给 AMD 的发展制造障碍，属于恶意垄断。该诉讼在 2009 年双方和解，代价是英特尔向 AMD 支付 12.5 亿美元，通过反垄断法保护了竞争者的合法地位。

第二，反垄断法限制软件产业链的过度整合来保护消费者的权益。完全竞争市场中，每个生产者都是价格的接受者，消费者所面对的价格是市场的最低价格，这时消费者的剩余较大。在垄断市场中，生产商可以通过供给较少数量的产品来提高价格，攫取大部分的消费者剩余来获取自身利益最大化。2016 年，优步将中国的业务交给滴滴出行，同时拥有滴滴的股权。从中可以优步放弃了中国庞大市场，交换为分享滴滴收益的模式，滴滴通过并购优步在中国市场上获得垄断地位，这样对于潜在进入者会有很大阻力。滴滴出行获得优势地位后，一方面降低了曾经给予司机的各种补贴和奖金，并且提高司机进入门槛，另一方面提高了消费者的乘车价格，减少了提供给消费者优惠券的机会。通过这种并购行为，滴滴出行形成垄断势力，提高了垄断利润，降低了消费者的收益。因此，2016 年 8 月中国出租汽车联盟致函商务部咨询滴滴与优步合并案的反垄断调查进展。2017 年 7 月商务部反垄断局表示已经多次约谈滴滴出行，根据《中华人民共和国反垄断法》《国务院关于经营者集中申报标准的规定》《经营者集中申报办法》《未依法申报经营者集中调查处理暂行办法》对滴滴出行和优步中国合并案依法进行调查。通过以上案例可以看出，政府通过反垄断法限制软件企业之间的过度整合，保持软件产业竞争性的市场结构，防止软件企业获得垄断势力后，减少产量提高价格来损害消费者的权益。如何来判断企业是为了获取垄断势力还是为了谋取竞争优势？这是司法部门在处理反垄断企业中难以界定的问题。反垄断的目的是促进市场中企业之间进行有效竞争，而不是限制企业提高其经济效益。制定标准的软件企业不一定就能成为垄断企业。

五、反垄断法影响软件产业链整合的机制

（一）独家销售与区域限制

独家销售也称为排他性销售协议，是指企业所销售的产品在市场上有多个竞争者，但生产商保证只向销售商一家销售自己所生产的产品，且生产商和销售商都必须遵守以上条约。一般独家销售协议的主体具有上下游关系，比如生产商和批发商、生产商和零售商、批发商和零售商。协议的内容包括作为协议一方的上游企业承诺在某个市场或市场的某个领域内，只向作为对方当事人的下游企业提供某种商品。通过这种销售协议，上下游企业各自达到其经营目标。上游企业通过多销售该种产品来扩大其产品的市场份额，或推动产品进入市场；下游企业为了降低成本，提高企业竞争力，独占销售市场，以扩大利润等。这种销售模式能同时克服生产商之间的竞争和销售商之间的竞争所导致的外部性问题。可以避免

在售前服务、广告等方面的“搭便车”等问题。

根据独家销售协议，规定了企业所生产的产品在一个地区只委托一家企业进行销售，在这种约束下，该代理商的盈利完全取决于企业对这个产品的销售。代理商为了获取利润最大化，就会通过市场调研，扩大销售渠道，采取措施如发布广告、承担售前或售后服务，或者采取其他促销手段来提高销售额。通过独家销售策略不仅增加了下游销售商的收益，并且扩大了上游生产商的生产规模，为生产商增加收益。如 2017 年 11 月 22 日，腾讯宣布，其正式与 PUBG 公司达成战略合作，获得《Player Unknown's Battle Grounds》（简称《PUBG》）在中国的独家代理运营权。《PUBG》是一款大逃杀类型的游戏，每一局游戏将有最多 100 名玩家参与，他们将被投放在绝地岛上，玩家需要在岛上收集各种资源，在不断缩小的安全区域内对抗其他玩家，让自己生存到最后。自从 2017 年 3 月《PUBG》上线以来，全球累计销量已经超过 2000 万份，并打破多项吉尼斯世界纪录，同时囊获 2017 年英国金摇杆奖的最佳多人游戏与最佳 PC 游戏等一系列国际大奖。腾讯与《PUBG》的合作，腾讯可以将游戏中不符合中国有关规定的内容进行调整，营造出积极的游戏氛围，传递正向价值观导向，提高了该游戏在中国市场的客户区。同时，腾讯依靠强大的用户群，通过获得该游戏的独家代理运营权维持了玩家的粘性和活跃度，提高了腾讯的游戏收入。

一般来说，一个生产商会与不同的销售商订立排他性的销售协议。如果企业同时分别与很多销售商在不同地区订立排他性销售协议，这样的协议也被称为独占地协议，或者销售协议的区域限制。排他性销售协议一般都规定，销售上可以在合同地域内排他性地销售产品，生产商以及生产商的其他销售商不得在该地域销售产品。排他性的销售协议绝大多数是独占地域的协议。这种区域限制的通常做法是某一生产商将整个市场空间划分为若干区域，再确定每个区域的独家销售商。区域限制能有效克服一家销售商同时销售多家生产商产品或多家销售商销售一家生产商产品所带来的外部性和“搭便车”等问题。区域限制还能削弱特定区域内销售商之间的竞争，至少使特定区域内独家销售商能在该区域市场上与生产商保持高度一致。如 2013 年 11 月，中科软产品及渠道事业部与 CA Technologies 公司（以下简称 CA 公司）数据管理事业部正式签订中国区总代理协议，将负责 CA 公司数据保护解决方案和数据建模解决方案在中国市场的全面市场推广与销售工作。CA 公司是全球第四大独立软件厂商，专注于提供企业级 IT 管理软件，此次签订的独家区域销售协议是为了满足数据保护解决方案和数据库建模系列产品在中国市场上的广泛需求与增长空间。CA 公司数据保护解决方案在中国市场上拥有 20 年的销售历史，客户覆盖面广泛，能够满足不同类型企业不同的数据保护/备份容灾需求，并且提供多种灵活的许可模式，随着企业 IT 环境的变化提供平滑的扩展与升级能力。CA 公司数据库建模系统帮助客户缩减和降低管理复杂数据库环境的时间和成本。CA 公司的解决方案管理着超过 98%的财富 500 强企业和绝大多数的全球 1000 强企业，以及众多政府机构和全球数千家来自不同行业的公司的 IT 生态系统。中科软产品及渠道事业部代理 CA 公司的区域销售，为 CA 公司拓展了中国市场，提高中可软产品的知名度，使得两家企业获得共赢。

我国《中华人民共和国反垄断法》第 17 条第 1 款第 4 项规定，禁止具有市场支配地位的经营者从事下列滥用市场支配地位的行为：“没有正当理由，限定交易相对人只能与其进行交易或者只能与其指定的经营者进行交易。本法所称市场支配地位，是指经营者在相关市场内具有能够控制商品价格、数量，或者其他交易条件，或者能够阻碍、影响其他经营者金融相关市场能力的市场地位。”

在美国反垄断法中，《谢尔曼法》第 1 条规定：“任何契约、以托拉斯形式或其他形式的联合、共谋，用来限制州际间与外国之间的贸易或商业是非法的。任何人签订上述契约或从事上述联合或共谋，是严重犯罪。如果参与人是公司，将处以 100 万美元以下的罚款；如果参与人是个人，将处以 10 万美元以下的罚款，或三年监禁，也可以由法院酌情并用两种处罚[75]。”《克莱顿法》第 3 条规定：“商人在其商业过程中，不管商品是否授予专利，商品是为了在美国准州内、哥伦比亚区及美国司法管辖权下的属地及其他地域内使用、消费或零售、出租、销售或签订销售合同，是以承租人、买者不使用其竞争者的商品作为条件，予以固定价格，给予回扣、折扣，如果该行为实质上减少竞争或旨在形成商业垄断是非法的[75]。”《联邦贸易委员会法》第 5 条（a）规定：“商业中或影响商业的不公平的竞争方法是非法的。商业中或影响商业的不公平或欺骗性行为及惯例是非法的。”

（二）搭售销售

搭售销售是经营者利用其经济和技术的优势地位，违背顾客的意愿，在向顾客供应一种商品或服务的同时，又要求其购买另一种商品或服务。买者被迫购买被搭售的产品，以此为条件获得搭售产品。搭售销售是一种销售策略，生产上生产的一种商品只有在与它的另一种商品一起使用时才能发挥作用，生产商要求消费者一起购买这两种商品。搭售也被称为附带条件的交易，即一个销售商要求购买其产品或者服务的条件。在这种情况下，第一种产品或者服务就是搭售品，第二种产品或者服务就是被搭售品。软件企业经常用搭售的方法进行销售。人社部在 2003 年开始在全国推行统一的劳动和社会保障电子政务工程，简称“金保工程”（即社会保险管理信息系统）。它主要是利用先进的信息技术，实现劳动和社会保障业务经办、公共服务、基金监管和宏观决策等核心应用，包括了就业、失业、医保、社保等子系统。“金保工程”由各地政府通过招投标的方式确定软件开发设计，并且按照国家相关政策的规定，一个地级市的区域只能有一个“金保工程”系统，由人社部门管理使用。为了实现与“金保工程”对接，定点药点和定点医疗机构需要安装一套医保刷卡支付终端结算应用软件，该软件在社保卡刷卡终端应用，实现社保卡持卡人使用社保金购买目录内药品或服务时实时结算。医保支付软件虽然与“金保工程”配套使用但从开发设计、功能目的、使用主体和方式等方面来看，医保支付软件属于独立于“金保工程”之外的一套应用软件。2010 年，四川久远银海软件股份有限公司（简称银海公司）通过招标投标承接了某市“金保工程”的开发设计项目，于 2012 年 4 月上线运行。随后，银海公司向某市人社局开发医保支付软件，并成功通过人社局测试。该市人社局向其所辖区人社局以及城区两个机构（定点药点和定点医疗机构）下发了《关于金保工程上线后医疗保险网络切换有关工作的通知》，明确要求“各定点机构请及时与通信公司和四川久远银海软件股份有限公司联系，切换网络、更换前端读卡设备，安装新的医疗支付系统软件”，并在附件中明确了与新系统匹配的硬件设备配置标准。后来，银海公司陆续与定点药点和定点医疗机构签订了《软件开发合同》及《技术服务合同》，为以上两个机构提供医保支付软件的开发、安装与维护服务。此外，医保支付软件运行必需的硬件设备包括电脑、加密键盘和读卡器，由两个机构自主购买符合技术标准的产品，加密键盘和读卡器，否则不予安装。因为该企业是某市两个机构唯一可以选择的医保支付软件安装公司，两个机构只能购买其提供的加密键盘和读卡器。从 2014 年到 2016 年该公司销售加密键盘和读卡器的收益为 39.47 万元，该公司 2015 年在该市医保支付软件的总销售额为 299.43 万元。

从以上案例可以看出，“金保工程”系统作为一个商品或者一种服务，被卖方也就是四川久远银海软件服务有限公司搭售了医保支付软件，医保支付软件作为搭售产品销售给该市，并且除了医保支付软件外还搭售了相应的硬件设备，包括电脑、加密键盘和读卡器。该公司的搭售行为之所以能够成功是因为“金保工程”系统和医保支付软件实际上是两种相互独立的产品，但是该公司提出“金保系统”必须与相应的支付软件、电脑、加密键盘、读卡器等搭配使用，导致该市的医疗单位无法选择其他产品。在这种搭售行为中，公司实际上具有市场支配能力。芝加哥学派认为，搭售销售能够通过价格歧视的行为产生垄断利润，不同的消费者对一种产品有不同的需求意愿，从而愿意支付的价格也不相同。如果利用需求的价格差异对两种产品上进行组合搭配销售，分别按照用户的价格进行销售则可以售卖不同的价格从而实现垄断利润。在价格歧视理论的基础上所进行的搭售行为可以增加产出，节约生产成本和交易成本。搭售销售行为对市场竞争的影响以下几个方面：

第一，对于搭售产品的市场来说，由于取得市场支配地位的企业强迫消费者购买被搭售的产品，这种行为扩大了被搭售产品的市场份额，如案例中的支付软件、加密软件、读卡器等，这就使生产这类产品的厂家处于不利的地位。这有可能造成该公司由过去的搭售商品的市场支配地位扩展到被搭售商品的市场支配地位，将过去生产被搭售产品的企业挤出市场。

第二，公司通过搭售行为可以实行价格竞争策略。实施搭售行为的企业可以使价格高于其平均成本，这样搭售企业可以获得高额垄断利润。当实施搭售行为的企业所售产品的价格等于平均成本或略低于平均成本时，可以用掠夺性定价的手段将竞争对手挤出市场，然后再提高价格获得垄断利润。

第三，公司通过搭售行为可以提高竞争对手的成本。实施搭售行为的企业往往获得了纵向控制的实力，这时企业就会提高上游原材料的生产价格，使得同样销售被搭售的产品的企业生产成本上升而在市场中处于不利地位，甚至退出市场。

我国《中华人民共和国反垄断法》第 17 条 1 款第 5 项规定："禁止具有市场支配地位的经营者从事下列滥用市场支配地位的行为：没有正当理由搭售商品，或者在交易时附加其他不合理的交易条件。本法所称市场支配地位，是指经营者在相关市场内具有能够控制商品价格、数量或者其他交易条件，或者能够阻碍、影响其他经营者金融相关市场能力的市场地位。第 18 条规定了关于认定经营者具有市场支配地位应当考虑的因素。第 19 条规定了认定经营者是否具有市场支配地位的推定情形。"搭售行为是一种排他性的行为，虽然有可能更容易发生在具有市场支配地位的一方，但是我国的《中华人民共和国反垄断法》更强调的是当消费者在获得企业某种商品服务时，如果必须以被迫接受其他商品或服务为前提，则这种行为已经构成了具有市场支配地位的企业的垄断行为。搭售行为更多的是发生在纵向垄断协议中，在纵向垄断协议中行为主体的非平等性造成两者的市场势力的不均等，在上游拥有垄断势力的企业通过纵向限制会将其垄断势力向下延伸，排斥现有竞争对手，损害消费者的福利。

关于搭售行为的立法规定，美国的《谢尔曼法》第 1 条规定："任何契约，以托拉斯形式或其他形式的联合、共谋，用来限制州际间或与外国之间的贸易或商业，是非法的，任何人签订上述契约或从事上述联合或共谋，是严重犯罪的。"《克莱顿法》第 3 条规定："商人在其商业过程中，不管商品是否授予专利，商品为了在美国国内、准州内、哥伦比亚地区及美国司法管辖权下的属地及其他地域内使用、消费或零售、出租、销售或签订销售合同，是以承租人、买者不使用其竞争者的商品作为条件，予以固定价格，给予回扣、折扣，如果该行为实质上减少竞争或旨在形成商业垄断，是非法的。"《联邦贸易委员会法》第 5 条第 1 款第 1 项规定："商业中或影响商业的不公平的竞争方法是非法的商业中或影响商业的不公平或欺骗性行为及惯例，是非法的。"

（三）价格歧视

价格歧视是企业定价策略的一种。线性的统一定价是最基本的定价形式，在线性定价下，企业对销售的每一相同的商品制定相同的价格。但是在现实的市场中，企业更加倾向于不同于线性定价的方法，而采用价格歧视的策略。所谓价格歧视，就是同一企业对于同一商品，对不同的买者或者依据买者购买的不同商品数量，制定不同的单价。虽然所有企业都愿意采用价格歧视策略，但并不是所有企业都有能力做到这一点。成功地实施价格歧视需要以下条件：

第一，企业必须具有市场势力，也就是能够主动的制定价格在边际成本以上的能力。企业所处的市场为不完全竞争的市场结构，在不完全竞争市场上，企业有定价权。在完全竞争或垄断竞争的市场结构中，企业不具有市场支配地位，无法实施价格歧视。

第二，不同的购买者群体的需求弹性有很大的不同，并且企业能够依据消费者不同的需求弹性来区分消费者。对于需求弹性较小的消费者制定加高的价格，对需求弹性较高的消费者制定较低的价格。

第三，企业能够组织或限制以低价格购买商品的消费者向支付高价格的消费者销售商品的转售行为的发生。当存在转售行为的话，任何向两个不同的需求弹性所形成的消费群体索取不同价格的价格歧视行为将会失败。企业实行价格歧视定价策略是一种滥用市场支配地位的行为，在不完全竞争的市场结构中，具有市场支配地位的企业面临着向右下方倾斜的需求曲线，当企业的边际成本上升时，企业可以通过降低产量来提高产品的市场价格。也就是说，企业提高产品的价格并不一定是反映成本的改变。

软件企业处于不完全竞争的市场结构中，经常会采用价格歧视的定价策略。英国经济学家庇古将价格企业分为一级价格歧视、二级价格歧视和三级价格歧视三种。一级价格歧视也被称为完全价格歧视，在一级价格歧视下，垄断者为每一个单元产品制定不同的销售价格。如果垄断者能够对每一个消费者购买的每一单位产品收取的价格等于该消费者愿意支付的价格，那么这种定价的方式叫作一级价格歧视。如亚马逊 AWS 云计算服务，它提供安全、可靠且可扩展的技术服务平台，使用亚马逊 AWS 服务，开发人员和企业不需要花费时间和资金进行本地基础设施建设，也不需要订购、付款、安装和配置昂贵的硬件和软件。利用 AWS 服务，软件开发人员可以轻松购买计算、存储、数据库和其他基于 internet 的服务来支持其应用程序。开发人员能够灵活选择任何开发平台或编程环境，以便于其尝试解决问题。亚马逊 AWS 针对 70 多种云服务提供即用即付的定价模式。对于各项服务，亚马逊 AWS 可以根据实际资源使用量支付费用，在计算资源方面，企业只需要以小时为单位启动资源，直到使用结束。客户只需要为其需要的个别服务付费，无须签订长期合同或者复杂的许可协议。AWS 定价方式与客户支付水电费的方式类似，只需为所使用的服务计费，且停止使用后无须支付额外费用或终止费。在数据存储与传输方面，企业则以每 GB 为单位进行费率计算，企业可以关闭自己的云资源，从而在不再需要使用的情况下停止由此带来的费用。由此可以看出，亚马逊的 AWS 服务是按照每个消费者的需求来定价，按照不同的消费数量制定不一样的价格。在这种情况下，消费者的消费剩余为零。

二级价格歧视是指当消费者按照不同的购买数量来支付不同的价格。价格歧视主要是数量折扣，企业根据消费者购买数量的不同制定不同的单价，企业向购买较多数量的消费者收取更低的单价，而向购买数量较少的消费者收取更高的单价。基于购买数量的二级价格歧视的核心是企业能够通过不同的消费数量将消费者进行分类，从而将不同类别的消费者制定不同的价格。二级价格歧视实际上是基于消费者的自我选择进行的定价策略，对于企业而言，为了在不同购买数量的消费者中实施价格歧视，企业可以通过设计不同的价格，让消费者自己取不同的消费数量，暴露自己的类型和特征，选择不同的消费价格。针对同一种产品制定不同的价格，让消费者通过选择不同的消费数量来选择消费数量，这样的定价策略为二级价格歧视。对于 AWS，客户可以享受基于使用量的折扣，且使用量越大，节省的资金越多。对于 S3 和从 EC2 传出数据之类的服务而言，分级定价意味着使用量越大，为每 GB 支付的费用就越少。此外，传入数据始终是免费的。随着消费者对 AWS 使用需求的上升，消费者从规模经济中来降低价格。

三级价格歧视是最为普遍的价格歧视定价策略，是指企业按照消费者的特征将其分类，将不同类型的消费者制定不同的价格，拥有相同消费特征的消费者所需支付的每单位产品价格相同。三级价格歧视的一个要求是企业能够对消费者进行分类，具有相同特征的消费者组成一个组别，根据不同的组别制定不同的价格。在亚马逊 AWS 中，对于有些服务，如 Amazon EC2 和 Amazon RDS，消费者可以购买预留容量。与使用等量按需容量相比，使用预留实例可节省高达 75%的费用。预留实例有 3 个付款选项——全额预付、部分预付或无预付。购买预留实例时，预付金额越高，享受的折扣越大。要最大程度地节省资金，消费者可以预付全部费用，从而享受最大的折扣。部分预付预留实例所提供的折扣较低，但相应的预付费用也较低。消费者还可以选择不预付任何费用，但享受的折扣较小，消费者通过这种模式可预留资金来展开其他项目。通过以上案例可以看出亚马逊 AWS 根据消费者的需求弹性将消费者分为全部预付、部分预付或无预付三种类型，根据不同的类型制定不同的价格，从而实行价格歧视的定价策略。

我国《中华人民共和国反垄断法》第 17 条滥用市场支配地位的禁止情形："禁止具有市场支配地位的经营者从事下列滥用市场支配地位的行为，以不公平的高价销售商品或以不公平的低价购买商品。没有正当理由，对条件相同的交易相对人在交易价格等交易条件上实行差别待遇。”《中华人民共和国反垄断法》所指的市场支配地位，是指企业在其经营的产品在市场中具有控制商品的价格、数量的势力，也可能通过市场行为产生进入壁垒，从而阻碍、影响其他企业进入该市场能力的市场地位。由于在垄断中存在着合法的垄断，而《中华人民共和国反垄断法》不反对合法的垄断，但是合法的垄断同样会具有滥用其市场优势地位的能力，从而对自由竞争产生影响，有损于消费者的福利，不利于资源的合理配置，因此我国《中华人民共和国反垄断法》第 3 章规定：“禁止滥用市场支配地位。”该条第 2 款明确了市场支配地位的定义，也就是说市场支配地位是一种经济现象，反映了企业与市场竞争的关系，即拥有这种地位的企业不受竞争制约，不必考虑其竞争者或交易对手就可以自由定价或者自由做出其他经营决策。

美国反垄断法对价格歧视的规定有《谢尔曼法》第 2 条，该条规定：“任何人垄断或者企图垄断，或与他人联合、共谋，垄断州际间或与外国间的商业和贸易，是严重犯罪。”《联邦贸易委员会法》第 5 条第 1 款 1 项规定：“商业中或影响商业的不公平的竞争方法是非法的；商业中或影响商业的不公平或欺骗性行为及惯例是非法的。”其中第 2 项规定：“授权联邦贸易委员会阻止个人、合伙人、公司使用上述违法方法及行为、惯例。”以上两部法律的规定都适用于价格歧视的定价行为，属于原则化的规定。《克莱顿法》第 2 条 1 项规定：“从事商业的人在商业过程中，直接或间接地对同一等级和质量商品的买者实行价格歧视，如果价格歧视的结果实质上减少竞争或旨在形成对商业的垄断，或妨害、破坏、阻止同那些准许或故意接受该歧视利益的人之间的竞争，或者是同他们的顾客之间的竞争是非法的。这里歧视所涉及的购买是在商业过程中，商品是为了在美国内、准州内、哥伦比亚区内或美国司法管辖权下的属地及其他低于地区使用、销售或消费。本规定不适用那些因制造、销售、运输成本不同所做的合理补贴。本规定不限制销售商在真正的私人财产交易中，不限制贸易地挑选顾客。本规定不限制随着影响市场的条件变化而产生的价格变化，也不限制容易变质腐烂的商品、司法扣压品以及停业中善意地销售商品。[76]”《罗宾逊—帕特曼法》中的第 1 条规定：“从事商业的人在其商业过程中，直接或间接地对同一等级和质量商品的买者实行价格歧视，如果价格歧视的结果实质上减少竞争或旨在形成对商业的垄断，或妨害、破坏、阻止同那些准许或故意接受该歧视利益的人之间的竞争，或者是同他们的顾客间的竞争是非法的。这里歧视所涉及的竞争是在商业过程中，商品是为了在美国内、准州内、哥伦比亚区内，或美国司法管辖权下的属地及其他域内的使用、消费和销售。”其中第 2 条规定：“商人在其商业过程中，在国内对同一品质、数量、等级的商品，通过给予买者比其竞争者更高的折价回扣、补贴、广告劳务费故意进行歧视，或为了破坏竞争、消灭竞争者，以低于其竞争者的价格出售，或以不合理的价格出售，是非法的。”

（四）限制性定价和掠夺性定价

限制性定价是企业的一种定价策略性行为，是在市场中具有支配权利的在位企业制定一个较低的价格，阻碍潜在进入者进入市场。即指一个在位厂商制定一个价格和产量使得进入者不能获得足够的需求以实现利润，从而使得进入者退出该市场。限制性定价模型由贝恩和索罗斯-拉比尼（Sylos-Labini）建立。这个模型假设市场内有一家主导性的在位企业和一个边缘性的潜在进入者。边缘性的潜在进入者相信在位者在新的企业进入后不会改变自己的产量，因此，潜在进入者认为，市场的总产量等于它的产量加上当前在位者的产品。但是潜在进入者额外的产量将导致该产品的市场价格下降。也就是说在限制性定价模型中，在位者会维持一个比较高的产量，同时使产品的市场价格较低，导致进入者在目前的市场价格下无利可图。

相比较而言，掠夺性定价是企业更多使用的定价策略。掠夺性定价也是企业的一种策略性行为，具有市场支配权利的在位企业通过制定较低的价格将潜在进入者阻碍在市场之外。掠夺性定价的定义是一个在位企业通过降低自身产品的价格以达到将竞争对手赶出市场并阻碍潜在进入者金融市场的目的。一旦竞争对手退出市场，在位者将为了获得长期利益而承担短期的损失。但是掠夺性定价的实施需要一定的条件：首先，掠夺者必须使竞争对手相信它制定的低于成本的价格会一直持续下去，直到竞争对手退出市场。这意味着在位者将比竞争对手在低价格下支撑的时间更长，以至于竞争对手无法在掠夺期坚持下来。这就要求掠夺者必有拥有足够的财力资源，这样才有能力承受整个掠夺过程的损失。在现实中，一些掠夺性定价行为失败的原因在于在位者无法让竞争对手相信它能够维持低价直到将竞争对手赶出市场。第二，如果在位者成功地将当前的竞争对手赶出市场并随后提高市场价格，那么，新的竞争对手将进入市场，在位者必须重新降价以赶出进入者。为避免出现这种情况，在位者必须要树立“强硬的”声誉，使所有潜在进入者相信它们进入后会导致在位者实施掠夺性定价，从而进入该市场是无利可图的。第三，如果掠夺者成功地迫使进入者破产，那么在位者应尽量获得进入者的资产控制权，或者确保进入者永久地退出市场，否则，一旦在位者重新提高价格，进入者将重新在金融市场中与在位者进行竞争。

北京瑞星科技股份有限公司（以下简称瑞星软件公司），始创于1991年，主要创始人为王莘、刘旭，它是我国一家反病毒软件公司。瑞星软件公司早期的产品为瑞星防病毒卡，该产品主要为ISA界面的硬件产品，工作原理为通过截取DOS系统中断来保护计算机磁盘数据。在20世纪90年代初，该方法是较为流行的防病毒手段，因此，瑞星软件公司的产品在我国防病毒卡的市场上占有率在一半以上。由于计算机 CPU 本身性能的提高，计算机硬件的防病毒卡市场衰退，取而代之的是防毒杀毒软件，这就造成了瑞星软件公司的市场占有率锐减。为了适应新的市场需求，瑞星软件公司调整经营范围，推出了防病毒软件，但是在市场上反映不佳，公司逐渐退出了反病毒市场。

1998 年，瑞星软件公司改组后，重新回到反病毒软件市场，推出可以清除 Office 文件宏病毒的 Windows 版本杀毒软件。随着 CIH 病毒的发现，Windows 平台杀毒软件开始普及，瑞星软件公司成为我国市场上主要的几家反病毒软件供应商之一。瑞星软件公司将业务扩展到提供企业网络监控软件，同时瑞星软件公司和硬件厂商合作共同推出了硬件病毒防火墙产品。这样逐步转型的瑞星软件公司的产品为基于多种操作系统的瑞星杀毒软件单机版、网络版软件产品；以及企业防毒墙、防火墙、网络安全预警系统等硬件产品。瑞星软件公司发展成为全球第三家，在国内有能力提供全系列信息安全产品和服务的专业厂商。瑞星软件公司和政府及其他的公司建立了广泛而深入的合作关系，通过将市场资源进行整合，建立了五大安全网络体系，即全球计算机病毒监测网、全球计算机病毒应急处理网、全国计算机病毒预报网、全国反病毒服务网以及全球病毒疫情监测网。

奇虎 360 公司创立于 2005 年 9 月，在发展的过程中先后被鼎晖创投、红杉资本、高原资本、红点投资、Matrix、IDG 等风险投资商进行了总额高达数千万美元的联合投资，逐渐发展成为我国领先的互联网安全软件与互联网服务公司。随着互联网应用的普及，互联网市场出现了不法个人和机构通过木马盗取网游网银账号、偷窃用户隐私、恶意广告点击等行为，利用不法行为来牟取不正当的收益，危害了互联网的监控发展。对于市场上对互联网病毒杀毒的新需求，传统的互联网公司对木马查不出、杀不掉，加大了互联网行为的安全危机。在这种形式下，奇虎 360 公司在 2006 年推出了产品 360 安全卫士，主要功能是杀木马、防盗号、全免费、保护上网安全，通过该产品能够有效地遏制了木马泛滥，在市场上占据了巨大的市场份额。据艾瑞统计，360 安全卫士是中国最受欢迎的杀木马、防盗号安全软件，拥有 71% 的市场份额和 2.5 亿互联网用户。同时，奇虎 360 还拥有 360 安全浏览器、360 保险箱、360 杀毒、360 软件管家、360 网页防火墙等系列产品。

在这个案例中，在位企业瑞星杀毒连续 8 年占据市场份额第一的宝座。2007 年瑞星公司的全年营收达 7 亿元，2006 年占 60% 的国内市场份额，拥有 8000 万付费正版个人用户，10 余万家企业级用户，在京部委级别以上的单位中有 70 多万家使用瑞星的产品。瑞星杀毒有着强大的研发团队，2009 年瑞星的研发团队达 200 多人，是国内实力最强的反病毒和网络安全研发团队，是当时杀毒软件市场上的制定者。作为进入企业的 360 公司，2006 年 7 月发布的免费 360 安全卫士，为 360 公司积累了声誉，由高原资本领投，红点参与的规模为 2500 万美元的B轮融资以及将360安全卫士正式以奇虎公司剥离出来进行单独运行，新公司由奇虎原有股东共同投资3.6亿元，为360杀毒提供资金支持，在360杀毒软件形成之前，他只是360安全卫士延伸出的业务通过捆绑，在其360安全卫士的软件平台上集成了多种应用软件，有广大的客户群体。随着我国互联网的飞速发展，在上述杀毒软件的互联网背景下，传统的安全模式也在发生改变，杀毒软件企业的利润来源由过去的销售软件为主，转变为基础杀毒服务免费下的特色服务收费+捆绑盈利的模式。360杀毒软件公司进入市场就是通过实施基本免费的惰性定价策略，在短期内抢占原本属于瑞星杀毒软件的市场份额，与瑞星杀毒软件进行了垄断霸主的争夺。2007年，奇虎360公司在进入安全软件市场时，高调宣布其提供的产品永久免费，且称其不会进入杀毒软件市场。在一年以后，当奇虎360公司拥有了巨大的消费者群体时，其市场的占有率远远超过了当时的杀毒巨星瑞星软件公司。通过以上的分析可知，在杀毒软件市场上，奇虎360杀毒是市场的新进入者，瑞星软件公司是市场的占位企业。360杀毒和瑞星软件的竞争战中，奇虎360实施了掠夺性定价策略，在该市场行为的影响下，市场的占位企业，也就是瑞星软件企业的市场份额被奇虎360所占有，因而损失较大。作为在位者的瑞星软件公司对于奇虎360制定的掠夺性定价策略并没有引起足够的重视，不认同市场会存在采取捆绑销售或者免费价格的策略。杀毒软件的产品具有的特征为：产品的依赖度不高，顾客需求锁定不明显，产品替代成本较低，这样就导致奇虎360能够很好地实施掠夺性定价原则，在短期内将瑞星软件的客户转移为自己的市场份额。

对于杀毒软件市场的其他软件企业所生产的产品具有多样性，软件企业在其他市场上也提供软件产品，这样一来，奇虎360就可以通过其他产品市场的交叉补贴，弥补杀毒软件市场上的亏损。因而，在巨大的市场用户的需求弹性影响下，为了抢占更多的市场份额，奇虎360和瑞星杀毒软件的基本功能走向免费已经是大势所趋。

在奇虎360实施掠夺性定价之后，杀毒软件企业多采用基本功能免费，个性化功能收费及通过捆绑推广其相关产品盈利的模式。奇虎360公司的利润来源为360安全浏览器带来的广告收入和远程杀毒服务。该两项产品为公司带来了巨大的收益。根据奇虎360公司财务数据显示，2010年公司净利润率为850万美元，比2009年增长102.7%。实施掠夺性定价后，360公司的营业收入分别来自网络收入和第三方杀毒软件，即由传统单一的杀毒软件产品和产品销售盈利模式，转变为多种网络安全产品和互联网软件产品形成的产品链条或者产品平台基础上的附属产品和服务盈利的模式。

在社会福利方面的分析，奇虎360公司的固定成本比较高，而边际成本比较低，因此，奇虎360公司在低成本的情况下，实施掠夺性定价能够获得利润。同时，奇虎360的杀毒软件免费让消费者得到了一定的福利。在奇虎360公司掠夺性定价的压力下，瑞星软件公司于2011年也宣布杀毒产品永久免费，这样意味着瑞星软件公司失去了8000万以上付费用户的收入。由于其掠夺性价格策略的实施，对竞争对手产生较大的影响，迫使对手降低价格，更进一步提高消费者的福利。在网络外部性下，软件产品拥有的市场规模越大，那么产生的网络效应也就越大，使消费者剩余和生产者剩余更大，因此掠夺性定价行为扩大了市场规模，可能提高社会福利。奇虎360公司通过掠夺性定价的策略巩固了公司的市场地位，在市场竞争的影响下，企业通过垄断利润进行产品创新，有利于对技术创新的激励，提高其技术研发能力，使社会净福利增加。

我国《中华人民共和国反垄断法》第17条规定了滥用市场支配地位的禁止情形，禁止具有市场支配地位的经营者从事下列滥用市场支配地位的行为："以不公平的高价销售商品或者以不公平的低价购买商品；没有正当理由，以低于成本的价格销售商品。"与价格歧视类似，在规范掠夺性定价行为时，首先要辨明企业是否具有市场支配地位。市场支配地位是指经营者具有控制相关市场的能力，即控制相关市场交易条件的能力或者阻碍其他经营者进入该相关市场的能力。同样，《中华人民共和国反垄断法》虽然不反对合法垄断，但因合法垄断者同样不受竞争的制约，从而可能滥用其市场优势地位，损害市场竞争和消费者的利益，因此我国《中华人民共和国反垄断法》第三章规定，"禁止滥用市场支配地位。"在判定是否是掠夺性定价行为时，在判断该企业是否具有市场支配能力之外，最重要的是考虑该企业的降价行为是否低于成本的价格进行销售。

美国对掠夺性定价的规范性法律是《谢尔曼法》，在实际中掠夺性定价往往与价格歧视联合使用，也就是说企业在实施价格歧视的定价策略时以低于成本价来销售产品。《罗宾逊—帕特曼法》对《克莱顿法》中的有关价格歧视的条款进行了补充，因此，这3部法律都是价格歧视和掠夺性定价的法律依据。但是，认定实施掠夺性定价的策略的依据较为困难，掠夺性定价是在位企业为了将进入者挤出市场而进行降价。当在位者通过低于成本的销售价格将进入者挤出市场后，为了补偿实施掠夺性定价而造成的损失，在位者会将价格提高在原来的价格水平之上，若进入壁垒较低，新的进入者将进入市场，此时价格进一步降低，在位者将承受低于成本销售的掠夺性定价的损失。2008年美国司法部发布了《竞争与垄断：适用谢尔曼法第2条的企业单边行为》，该报告提出一个更科学的成本基准理论是平均可避免成本，"当价格低于平均可避免成本时，这一价格水平的销售增量将使企业产生负的现金流。这就是说，价格低于平均可避免成本可以表明企业在赔本销售，而且可以表明它的排他意图，因此可以发动反垄断调查[77]。"所谓的平均可避免成本是指企业在不扩大生产的情况下可以避免的成本。当企业不扩大生产时，平均可避免成本是平均可变成本。

第三节 反垄断法与知识产权法对软件产业链整合规制的比较分析

产业链整合后，有可能使某个公司发展为垄断企业，按照SCP范式研究，这是不利于资源配置，相应应该有反垄断法对此进行制约。马歇尔发现了该规律并被后人称为“马歇尔冲突”，这是指大规模生产能提高企业的生产效率，但企业追求规模经济的结果必然会导致垄断的发展，而垄断将破坏价格机制，扼杀竞争这一经济活动的原动力，使市场经济丧失活力，损害资源配置的效率。在软件产业链整合过程中也是如此，一方面为了鼓励软件企业进行技术创新，维护软件企业的核心生产要素，也就是知识要素所带来的利润，通过知识产权法（包括著作权法、专利法等）保护企业的合法权益；另一方面拥有知识产权的软件企业可以通过所独占的知识生产要素进行产品生产，从而获得独有的产品，进而取得市场的垄断势力，能够对软件产业链进行整合。当企业获得垄断势力时，反垄断法会对其滥用市场支配地位的行为进行规制。

伴随着美国软件产业的发展，美国软件产业涉及反垄断的案件成本增加。如微软公司搭售IE软件的市场行为被司法部门提起反垄断诉讼，除此之外还有波兰德国际公司、阿杜博系统公司以及佳图公司等公司巨头。进行反垄断诉讼的目的是为了保护有效竞争，反对和限制有害竞争，但是软件产业是特殊的产业，美国的反垄断执法机关在应用过去的法律规则和判断标准处理软件产业的反垄断诉讼时出现了矛盾。

最典型的案例为微软垄断案。美国联邦地区法院认为微软构成垄断企业的原因是微软在全球个人电脑操作系统的高占有率、高进入壁垒和产品的差异化程度高。微软能够获得垄断势力的原因是其具备知识产权，也就是著作权。可以说，知识产权是微软获得垄断市场地位的重要因素，这也是矛盾之处，法律保护了微软的操作系统的知识产权，而这种保护却帮助微软成为了垄断企业。在微软垄断案中，令人瞩目的是微软在与全球经销商签署协议时，协议条款中要求关于实施权的取得是以被授权人向授权人或者指定之第三人购买实施著作权所必要的原料、零件或其他不在著作权范围内的无著作权或有著作权保护的物品为条件的，比如要求个人计算机制作厂商必须附加安装微软的IE浏览器，作为利用视窗的协约条件。这是一种搭售行为，且搭售的产品具有经济实力，这样被搭售的产品市场竞争就会受到影响。知识产权保护的目的是为激励企业进行技术创新，微软通过知识产品的保护成功开发了新产品，在竞争中微软通过新产品获得了超额利润，更加有动力去研发新产品和新技术。一旦约束微软的新产品在市场上自由的运营，则有可能阻碍微软及其他的软件企业进行技术创新。但本案的法官认为微软的个人计算机操作系统所占市场份额过大，且微软利用企业的技术优势限制其他企业参与竞争，导致消费者无法选择其他产品，这种限制性竞争也阻碍了技术创新。微软认为其对消费者的限制来源于著作权对软件保护的“完整性”，不受“扭曲”、“删节”或者“更改”的一种扩张的权利。法官认为著作权人不能依据著作权以直接威胁竞争的方式获取派生利益，当销售商利用著作权等法律上的优势，将其在某一市场上的支配地位扩展到另一个市场，则会引起法律责任。微软通过对视窗软件操作系统的著作权而控制了浏览器功能，使得进入者无法同其在浏览器市场竞争，从而获得了市场的支配地位。

通过以上典型的微软案例可以看出知识产权和反垄断法之间的复杂关系，在一些国家或地区，一方面法律明确规定知识产权的合法或者正当行使行为属于反垄断法的例外或者豁免行为，另一方面法律又专门规定某些应予禁止的与知识产权有关的反竞争行为，并纳入反垄断法中加以规制[78]。

一、反垄断法对软件产业链整合规制的局限性

首先，软件企业可以搭售行为作为市场行为的策略来取得市场支配能力，从而有可能对软件产业链进行整合优化。另外搭售行为存在时有可能提高软件企业的市场支配能力，从而形成市场垄断势力。对于软件产业产品有时更适合搭售的销售策略，比如安装360杀毒软件，往往会安装整个软件包，这个软件包中是一个集成产品或是整合产品，它保证其中的单个产品之间的互补性、兼容性、易转换性，可以比较稳定的被消费者使用。如果用反垄断法来规制这样的搭售行为，就会存在一定的难度。这样的搭售行为是由于企业和消费者已经建立了比较牢固的依赖关系，对于同样的搭售产品的竞争企业而言，具有市场支配地位的企业通过这样的依赖关系提供更多互补性产品，或者将某些功能整合为同一个产品进行销售，这样在法律上很难认定哪些产品是“搭售产品”，哪些产品是“被搭售产品”，更难以认定哪些产品是消费者“自愿”被搭售，哪些产品是消费者“被迫”选择搭售。比如作为腾讯公司的产品——微信软件是目前最多使用的社交软件，在微信软件中进一步开发了许多小程序软件。比如微信具有支付功能，在微信软件中的小程序有摩拜单车、滴滴打车等软件，而使用这些软件需要支付时可以直接通过微信的支付功能来完成，这就给消费者带来了很大的便利，消费者就会选择在下载微信软件后，直接通过小程序使用需要的软件，而不再单独下载。

因此，软件的搭售行为可以为消费者提供操作简单、功能强大的产品组合，更好地为消费者进行升级优化等后续服务。消费者通过使用一种软件而获取了更多的功能，并减少了消费者的搜寻成本。因此，这样的搭售行为虽然使企业获得了支配市场的能力，进行通过软件产业链的整合而得到垄断利润，但是企业的对消费者的整合需求的创新改变产品市场的界限，增加了搭售产品的产量，增加了

社会福利。对于软件产业链来说，搭售行为的优点有：

（1）节省企业的生产成本。软件企业的固定成本比较高，而边际可变成本比较低，企业通过搭售行为可以对产业链进行优化整合从而降低成本。比如在技术上涉及两种程序源代码融合的成本低于两种程序的源代码独立编程。软件的搭售行为更多地并不是将两种产品放在一起销售，而是将两种互补的程序进行融合，这样就提高了企业的生产效率。

（2）软件产品进行搭售生产，能够对产品的商誉和质量提供保证。因为每台电脑中存在很多软件互相作用进行运作，当电脑在运转的过程中出现问题时，消费者往往难以确定是哪一部分的软件造成的问题。所以，当系统软件出现问题时，很难确定软件企业的责任。但是当企业进行捆绑式的搭售销售时，在电脑出现问题时，很容易明确软件企业的责任，造成软件生产商被迫提高产品的质量。

（3）降低软件开发的风险。软件产品的更新换代速度非常快，软件企业的竞争在于创新速度的快慢，一项新技术的发明可以改变企业间的竞争格局。新产品的开发成本和风险相当大，并且新开发出来的产品能否被市场认可具有很大的不确定性。对于一些中小型软件企业来说，在进行技术创新时往往会考虑到产品开发所需资金量、新产品的市场需求、市场接受度、替代性产品出现、盗版的难易度等因素，而这些因素会影响企业的技术创新积极性，当软件企业进行搭售销售策略时，实际上将产品整合为软件包的方式推广市场，降低了新产品的开发风险。

第二，反垄断法在针对是否是掠夺性定价时的重要标准是软件企业是否以低于成本价进行销售，但是由于软件产业的特殊性，软件企业有可能低于成本价进行销售，但并未实施掠夺性定价策略。掠夺性定价的实现有非常苛刻的条件，由于在位者为了将潜在进入者排除在市场之外，在位者在执行掠夺性定价策略期间，其所定的价格会低于平均成本，并且在位者想要将产品维持在一个较低的价格就需要提供更多的产品，因此，在位者在掠夺性遭受的损失要大于进入者。如果掠夺性定价是有效的，那么进入者必须相信在位者会一直维持在这一低价直到进入者提出市场。但是，当进入者和在位者的成本完全相同时，由于在位者进入者不会相信在位者在相当长的时间内愿意承受比自己更多的巨额损失，而目的是将自己赶出市场。进入者会认为在位者的这种掠夺性定价行为是不理智的，且认为这种行为是不可能长久的。

一般判断在位者是否实施掠夺性定价的判断标准是在位者会将价格制定在低于平均成本，并且为了维持这样的成本而扩大产量。软件产业的一些特点和市场竞争程度，很难用传统的标准来看软件企业是否实施了掠夺性定价这样的定价策略。（1）软件产品的特点是固定成本比较高，而边际成本比较低，并且软件产品的更新换代的速度非常快，所以软件企业的定价标准一般不以边际成本为基础。事实上，软件产品的定价一般从知识产权的价值出发，鼓励企业进行技术创新。由于产品的更新速度很快，因此软件产品的贬值速度也会快。比如微软已经开发出了新一代的桌面操作系统，但是企业会在上一代的产品的市场占有率达到一定程度时再推出新的产品，而当企业推送新的产品后会对新产品制定高价，而老产品一般降价会非常显著。（2）软件产品之间的互补性质非常强，有的新产品是作为原产品的互补品出现的。这种情况下，一种产品价格的下降同时会增加互补品的市场需求量，从而增加两种商品的销售额和利润。软件企业存在这样的可能性，它为了向市场推出一种新的产品，而降低这种产品的互补品的价格，这样通过促进互补品的需求量时将该新品推向市场。（3）在软件产品市场中，在位者和进入者处于一种信息不对称状态。软件企业在进入市场前根据市场调研、大数据等多种手段来了解消费者对产品的需求来进行产品差异化，同时进入者能够更容易了解在位者的定价历史，从而推断出在位者的价格。但是相对于在位者来说很难了解进入者的信息。对于进入者来说，企业可以利用交叉补贴弥补低价进入软件市场的领域的损失，因此，在位者很难通过掠夺性定价策略将进入者赶出市场。

二、知识产权法对软件产业链整合规制的作用

第一，知识产权法是激励软件企业进行技术创新的保障。《中华人民共和国专利法》的第一条就规定，专利法的立法目的是为了保护专利权人的合法利益，鼓励发明创造，推动发明创造的应用，提高创新能力，促进科学技术进步和经济社会发展。软件产业中最重要的生产要素是知识产品，尤其是软件产业的特征是更新换代较快，知识产品在技术创新中的重要性更加明显。知识具有公共物品的特性：一方面，知识或信息的获取不会影响另一方获取信息或知识，也不影响另一方来使用知识，也就是说知识具有非竞争性；另一方面，转移知识或信息的成本较低，即知识具有非排他性。因此，软件产品的技术创新具有显著的外部性，也就是溢出效应。溢出效应会导致软件企业进行技术创新后的收益由研究者向模仿者转移。因此，知识作为投入要素在进行技术研发时必须得到保护，若知识产品创造的利益不被保护，而他人无偿使用时，就会抑制软件企业进行创新的积极性，进而导致软件产业进步缓慢。正如波斯纳所说，如果生产厂商遇到无法补偿其发明成本的情况，他开始就不会去从事发明；如果他不能收获，他就不会播种。在一个没有专利的世界里，发明活动也严重地偏向于可能被保密的发明，正像完全无财产权会使生产偏向预先投资最小化的产品。2012 年 4 月，北京百度网讯科技有限公司、百度在线网络技术（北京）有限公司共同起诉至北京第一中级人民法院，起诉理由为北京奇虎科技有限公司、奇智软件（北京）有限公司篡改百度搜索结果页面，造成混淆；利用 360 浏览器捆绑其网址导航站，故意仿

冒、混淆搜索结果，劫持百度流量。百度认为，奇虎方面的上述行为是对其商标侵权和不正当竞争的行为，违背了基本商业道德和诚信原则，请求法院判令：立即停止侵权，刊登道歉声明，赔偿两原告经济损失1000万元以及为制止侵权的合理支出15万元。2013年4月，北京市一中院一审判决支持了原告诉讼。如上例所示，法院支持了百度所拥有的知识产权法，即商标权侵权，从这方面鼓励软件企业进行技术创新，从而获取合法收益。

第二，知识产权是授予权利人的一种垄断权。知识产权的基本特点是独占权，在本质上是法律赋予的一种合法垄断。知识产权保护软件产业的智力成果，这个智力成果是初始权利人为竞争目的而进行的创造。对智力成果进行知识产权的保护，可以使得首先创新得到智力成果的企业根据法律来获得独占的权利，而这种独占权利可以为权利人带来确定地经济回报。这样每个软件企业为了获得知识产权的保护，从而得到独占权获得垄断利润，参与到技术创新的竞赛中去，引起整个社会的研发热潮。知识产权法通过为新的有用的产品、更新的技术和原创的作品确立产权，并为创新保证收益。如北京北大方正电子有限公司（以下简称北大方正公司）是方正兰亭字库V5.0版中的方正北魏楷体GBK等5款方正字体的权利人。暴雪娱乐有限公司（以下简称暴雪公司）是网络游戏《魔兽世界》的版权所有人，其授权上海第九城市信息技术有限公司（以下简称第九城市公司）对网络游戏进行汉化，并由第九城市公司在中国大陆地区运营该网络游戏。北大方正公司认为暴雪公司等在该游戏客户端中，未经许可复制、安装了北大方正公司享有著作权的上述5款字体，在该游戏运行过程中，各种游戏节目的中文文字分别使用了上述5款字体。上述行为侵犯了北大方正公司对上述5款字体的计算机软件著作权以及其中每个汉字的美术作品著作权，向北京市高级人民法院提起诉讼，请求判令其停止侵权、赔礼道歉并赔偿经济损失4.08亿元。一审认为，字库不属于计算机软件保护条例所规定的程序，但字库中每个字体的制作体现出作者的独创性，涉案字库中每款字体的字型是由线条构成的具有一定审美意义的书法艺术，属于受著作权法及其实施条例保护的美术作品。第九城市公司在《魔兽世界》客户端和相关补丁程序中使用涉案5款字体并进行销售的行为，以及通过计算机网络向游戏玩家提供相关客户端软件等行为，分别侵犯了北大方正公司对涉案方正兰亭字库中的字体的美术作品著作权的复制权、发行权以及信息网络传播权。判决暴雪公司等立即停止侵犯并赔偿北大方正公司经济损失140万元及诉讼合理支持5万元。上述公司均不服一审判决，向最高人民法院提出上诉。最高人民法院经审理认为，本案诉争字库中的字体文件的功能是支持相关字体字型的显示和输出，其内容是字型轮廓构建指令及相关数据与字型轮廓动态调整数据指令代码的结合，其经特定软件调用后产生运行结果，属于《计算机软件保护条例》第三条第（一）项规定的计算机程序。暴雪公司侵犯了北大方正公司对诉争字库计算机软件的复制权、发行权以及信息网络传播权。由以上案例可以看出，北大方正公司对于这5款字体具有著作权，也就是说其垄断了该种字体的使用权，若其他公司希望使用该字体，必须向北大方正公司支付一定的费用。

第三，知识产权法和反垄断法之间的矛盾。知识产权在本质上是完全的或有一定限制的垄断的创造物。相反，竞争政策都是关于自由的、反垄断的[79]。知识产权法是合法的垄断权，它在一定范围内限制了竞争。知识产权法是在激励技术创新和保护竞争中进行的权衡利弊的选择，相应的知识产权法会产生消极的影响，而这种消极影响要限制在一定范围内。软件企业在拥有知识产权法的独占权时，促进软件企业在其活动的市场上形成垄断地位，软件企业进一步利用这种垄断地位来实施限制性竞争行为，如360公司通过申请专利，将360杀毒软件具备知识产权的保护。当用户免费下载杀毒软件后，必须同时下载360安全卫士及360软件管家，这样的搭售行为限制了其他软件企业进入安全卫士和软件管家市场，通过有限竞争将其他企业阻挡在市场之外，巩固了其市场势力。这种对合法垄断权的不正当行使行为违背了自由公平竞争的原则，构成反垄断法的违法行为。因此，知识产权与反垄断法有相互冲突的一面，当软件产业权利主体受到知识产业法的保护后，不适当地扩充垄断权的范围，或在市场中谋求竞争的优势地位，这样就会触犯反垄断法。

第八章 我国软件产业链整合的展望

软件产业链整合是由该产业的技术创新速度快、对规模经济要求高、客户需求针对性强等特点决定的。软件产业链的整合不仅仅发生在企业与企业之间，同时也发生在企业与政府之间，通过软件产业链的整合使资源进行更有效的配置，提高软件产业的价值链水平。

第一节 软件产业链整合向生态化发展

一、大企业通过整合提高核心竞争力

我国软件产业快速发展，市场结构不断优化，我国软件企业的国际竞争力不断加强，在2018年财富世界500强排行榜中，中国移动、中国电信、华为、阿里巴巴、腾讯、联想集团、中国电子信息产业集团等榜上有名。产业组织理论认为在产业中的企业在追求利润最大化的过程中，必然会通过对资源的占用，对市场销售额的扩张来实现，企业在达到规模经济后会降低成本。因此，我国软件产业链发展中有竞争优势的软件企业通过对软件产业链的整合实现产业竞争力的提升。我国软件产业链中的综合势力集中体现在大型跨国公司、企业集团。我国软件产业的发展需要通过发展大型的软件企业在全球建立影响力，将产品市场扩展到国际市场，通过整合全球范围内的各种优势资源，促进我国软件产业的发展。《信息产业发展指南》提出，“十三五”时期要在重点领域设立市场化运作的投资基金，支持企业开展兼并重组和引计引智，提高企业利用全球资源和开拓国际市场的能力和水平，打造9家世界500强企业，形成以大企业集团为核心，集中度高、分工细化、协作高效的产业组织形态。大型软件企业在软件产业链整合中起到决定性的作用，2017年，阿里巴巴集团共参与32项投资并购交易，交易金额高达214.5亿美元，腾讯共参与34项投资并购交易，交易金额高达169.8亿元。大型软件企业具有对软件产业链进行整合的优势，软件产业是一个技术更新比较快的行业，需要不间断地进行技术创新。由于资本市场的不完全性和研发活动的不确定性，大型的软件产业有实力通过投资并购的方式，投资一些有研发能力但缺少资金的企业，规避了企业进行技术创新的风险，同时保持企业的技术创新方面的先进性。规模较大的软件企业可以通过投资并购的形式，将不同领域的

专家通过一个项目整合在一起，发挥集团智慧的作用，在研究者的相互分工协作中，完成利用单一学科知识无法完成的项目。

二、中小企业在被整合中保持竞争活力

软件产业中的中小企业具有“专精特”“隐形冠军”的特点，所谓的“专精特”是指中小企业具有在软件产业发展中的某一领域的专业化、精细化、特色化、新颖化的发展特色。著名管理大师赫尔曼·西蒙在《隐形冠军：谁是最优秀的公司》中明确指出，隐形冠军企业是指在国内或国际市场上占据绝大部分份额，但社会知名度很低的中小企业。软件产业中的中小企业面对的市场竞争非常激烈，中小软件企业为了生存就必须保持创新的活力，因此软件企业具有充分的动力来进行研究与开发。同时，软件产品的市场需求变化非常快，中小企业能够及时适应市场和用户需求的变化，具有较大的灵活性，善于捕捉市场机会。如2018年一款软件app抖音短视频成为最大的赢家，该软件是一个专注于15秒音乐短视频社区，用户可以通过这款软件选择歌曲，拍摄15秒音乐短视频，形成作品。抖音软件瞄准市场需求，通过明星的广告形式迅速蔓延到普通用户。可见，小型软件企业在产品创新、营销手段创新等方面具有优势。

中小软件企业在软件产业链整合中，经常扮演着被收购的角色，但是中小软件企业往往在被收购后获得更好的发展。如苹果手机中的“Siri”软件，最早它只是苹果手机的一款独立应用，不会“说话”，只能显示文字答案。该软件是被一支24人组成的同名创业团队开发出来，苹果公司发现了该软件的先进性，因此2010年4月，苹果公司以2.5亿美元收购了Siri，之后苹果公司对Siri的语言风格进行了改造，2011年，Siri从单语言拓展到了多语言，并增加了语音朗读功能。苹果公司还将Siri和iPhone4进行了深度整合，使其能够用苹果系统的内置工具来处理诸如安排会议、回复邮件、查看天气等简单任务。从以上案例来看，中小软件企业被大型软件企业收购后获得了更好的发展，有些中小软件企业甚至努力的目标就是做出一款在市场上受欢迎的产品，被大型软件企业所察觉，然后被收购。

三、软件产业链呈现区域整合趋势

根据资源禀赋不同，形成软件产业跨区域整合。软件产业的发展特点需要结合地区的资源禀赋等方面的协调。软件产业的上游如大数据产业、基础软件产业对人员的素质较高，在软件人才较多的中心城市发展较好；软件产业的中游产业铝箔生产、云计算数据中心运行中耗电量较大，因此，云计算的企业一般分布在能源充足稳定且价格低廉的地区；软件产业的下游集成电路投入的生产要素主要是资本、人才和技术，因此，在高等院校较多、资本较为活跃的地区发展比较

好。每个区域会根据不同的比较优势发展不同的软件相关产业，从而形成生产力差异化的发展模式，比如在东部地区的长三角经济区、珠三角地区、京津冀地区适合发展创新型产业，建设有全球竞争力的软件产业的创业高地。中西部的中心城市适合在一定基础上发展更新技术产业，提高原有软件产业的层次。按照人才、技术、资金、政策等不同资源禀赋，通过软件产业链的整合建设一批软件产业领域的国家新型工业化产业示范基地，不断提高软件产业建设质量和发展水平。从以上可以看出，软件产业会根据各地不同的资源禀赋制定不同的战略发展目标。在软件产业链中，企业会通过跨区域进行产业链整合，从而实现产业链中资源的最有效的合理化配置。如贵阳在发展大数据产业时，以政府为主导引入了多家大型软件公司，这些公司带着技术进入贵阳，完成了贵阳的软件产业从零到整的布局。进入贵阳的软件企业与当地政府建立了合作方式，即软件公司向贵阳政府提供整套大数据技术解决方案，地方政府为软件企业提供原始数据进行利用分析。比如阿里飞天云在与贵州省政府的合作中，阿里飞天云在为政府提供的数据服务器的产品中安装了阿里巴巴的数据分析设备，该设备有技术构建的弹性计算集群，可以在贵州省政府提供的数据的基础上进行数据互通、共享和开发利用，将数据资源进行整合，将政府数据的进行筛选、过滤和分析。可以看出，软件企业与政府机构进行合作，将软件产业链进一步整合，将地方发展软件产业的优势发挥到最大。

通过软件产业的集群发展，促进区域内的产业链整合。中央政府建立了软件产业的战略目标，地方政府会具体实施软件产业的战略目标，构建生态化产业链条。在软件产业链中，创新型企业对产业的发展有巨大的作用，通过创新型企业来带动整个软件产业发展模式。政府主导建立软件产业发展的标准体系和公共服务能力，在中央政府和地方政府共同协调发展的基础上，建立特色优势的软件产业集群。软件产业的集群发展中，软件企业的中心和集聚城市对软件产业链的发展有很大的作用，而软件城市对软件产业链发展的带动作用是明显的，一些软件产业新兴城市正在快速崛起，发展潜力较大。发挥软件产业整合在软件城市中的积极作用，如东软集团创立于 1991 年，该公司在国内建立 8 个区域总部，成立了 10 个软件研发基地，有 16 个如软件开发和技术支持中心。东软集团在 60 多个城市建立营销和服务网络，并且在多个国家和地区建立了子公司。东软集团是中国第一个上市的软件公司，也是最先通过 CMM5 和 CMMI（v1.2）5 级认证的软件公司。东软集团的主要产品是行业解决方案和行业解决方案以及相关软件产品、平台及服务。大连成为软件城市与东软集团的发展息息相关，在东软集团的发展中，其对上下游产品的需求催生了大连市软件产业的发展。东软集团对软件产业链的整合促进大连软件园的形成，该软件园成立于 1998 年，入驻 700 多家中外软件企业，先后被国家有关部委认定为“国家火炬计划软件产业基地”“国家软件产业基地”“国家软件出口基地”“中国服务外包基地城市示范区”，并凭借以产业发展带动城市建设，打造低碳、绿色、产城融合园区的卓越表现，赢得了联合国“国际花园社区金奖”的桂冠，成为世界上首个获此殊荣的产业园区。

第二节 软件产业链整合出现混合产业整合趋势

一、以“软件定义”为标志的混合产业链整合

“十三五”时期，软件产业发展显现出新的特征，即“软件定义”的数据驱动软件产业链发展。在软件产业链的发展中，软件产业本身创新速度加快，整个软件产业的发展速度很快。软件产业的发展出现网络化、平台化、服务化、智能化、生态化的特点；在软件产业的发展过程中创新的动力是技术、模式和生态的相结合和共同促进；另一方面，数据和软件链接了其他产业，通过与其他产业的融合发展，软件产业也渗透在每个产业之中。“以软件定义”为特征的产业融合发展出现新态势，软件产业和其他产业以网络为平台，将软件作为载体，以数据为生产要素来重新组合生产出新产品和新服务。

以“软件定义制造”将软件产业与制造业进行整合，加速制造业领域的融合创新和转型升级，软件定义制造成为制造业数字化、网络化、智能化的新标志和新属性，软件定义制造催生一批新的产业主体、业务平台、融合性业态和新型消费，培育壮大了制造业产品的新功能。西门子股份有限公司创立于 1984 年，是全球电子电器工程的领先企业。西门子 2017 年整合其目前相对分散的工业部门，未来西门子负责离散自动化的数字化工厂部门将会和流程自动化部门相互整合，而输变电部门将会和发电部门进行整合。2018 年 3 月，西门子和阿尔斯通正式签署企业合并协议，西门子董事会成员 Roland Busch 将被提名为合并后新公司“西门子阿尔斯通”董事会主席，阿尔斯通董事 Yann Delabriere 被提名为副主席，提名经阿尔斯通股东批准，并在各主管部门批准后完成。西门子的投资并购行为反映了制造业和软件产业的融合发展，西门子更加重视数字化业务，力求打造系统熟悉化的优势结构。

以“软件定义服务”将人工智能和大数据相结合，数据成为引导软件产业与其他产业融合发展的驱动力，形成了新的产品需求，创新出新的产品供给。通过软件产业链的整合积极培育壮大新兴业态，研究开发出云计算、大数据、移动互联网、物联网等新兴领域关键软件产品和解决方案，促使新业态和新模式的形成。如三一重工股份有限公司是由三一集团于 1994 年创建，三一集团是以“工程”为主题的装备制造业，主导产品为混凝土机械、瓦解机械、起重机械、筑路机械、桩工机械、风电设备、港口机械、石油装备、煤炭设备、精密机床等全系列产品。三一重工致力于工业互联网平台研究与应用，以 10 亿元资金建立了工

业互联网平台，并且建立了以发展物联网为主的树根互联技术有限公司（以下简称树根互联公司）。将工业互联网和物联网相结合后，将 IT（information techno-logic）和机器设备的深度融合，在产品中植入传感器，使产品具有智能化，造成信息技术的虚拟世界和机器设备的物理世界及互联网相融合为一体。工业互联网的核心技术是在工业领域中的 IT 技术进行整合，将企业中的生产过程全部数字化，改善企业的业务系统，打造整个企业的资源和信息流通运转，提升整个企业的竞争力。树根互联公司为客户企业打造一个开放的平台，通过各个部门开放的理念，将物理世界和数字世界相结合，从物理的机器设备连接数字通信设备，整合云平台和大数据应用，满足客户的个性化需求，将整个产业链进行优化整合，建立生态化的合作关系。

二、以“国家战略”部署为目标的混合产业链整合

软件产业链的优化整合需要国家战略性政策的指导。按照“十三五”的发展路径，软件产业的发展需要增强产业创新发展能力和供给能力，加快推动产业由大变强。软件产业链的整合需要紧密结合“十三五”规划纲要对“中国制造2025”“互联网+”“一带一路”等国家重大战略部署要求，强化软件对国家战略实施的服务支撑和对国家信息安全的保障作用。

在政府政策支持方面，为了促使政策任务的落地实施，强调引导性，突出可操作性，对应重点任务部署，采用专栏形势，制定了 9 大工程项目，分别是：设置软件“铸魂”、信息技术服务能力跃升、云计算能力提升、大数据技术研发和应用示范、工业技术软件推进、面向服务型制造的信息技术服务发展、软件和信息技术服务驱动信息消费、信息安全保障能力提升、公共服务体系建设。在软件产业的发展中我国的主要问题是：“缺芯少魂”中的“少魂”，因此通过软件企业的“铸魂”战略，减少我国软件产业在核心环节受制于人。在我国软件产业的重点行业和关键领域的解决方案中存在创新能力不足的问题，而信息技术服务能力跃升的战略能够大幅度提高软件企业的创新能力。我国工业化和信息化融合发展对于制造业的提质增效发展具有重要的作用，因此，工业技术软件化推进、面向服务型制造的信息技术服务发展、软件和信息技术服务业驱动信息消费等项目可以深入推进制造业和互联网融合，有利于制造强国、网络强国等国家战略实施。通过以上的政策可以看出，软件产业的整合要与国家政策相结合，国家政策是软件产业链整合的方向，而软件产业链整合是政策得以落实的保障。如在大数据技术研发和应用示范上政策政策的支持就非常重要，大数据产业中的融合应用的产业有：政务大数据、工业大数据、农业大数据、金融大数据、民生服务大数据、零售大数据、交通大数据、电信大数据。大数据产业技术将在三个环节分层突破，分别是采集端、分析端、应用端，其中采集端向多源数据融合及运营化发

展，分析端向处理实时化和高效化发展，应用端向智能化和云端化发展。大数据产业商业模式多元化发展，如数据买卖，直接通过买卖数据获取收入；信息服务，将数据隐含在信息服务中取得收入；第三方数据服务，提供第三方数据服务取得收入；融合服务，将数据隐含在传统产品及服务中取得收入；软硬件销售，通过提供大数据处理的软硬件获取收入。大数据产业发展最基础的一步为数据采集，而数据采集更需要政府政策的支持。如政务大数据，通过大数据技术将政务相关的数据整合起来应用在政府业务领域，赋能政府机构，提升政务实施效能。数据包含政府开展工作产生、采集以及因管理服务需求而采集的外部大数据，为政府自由和面向政府的大数据。以数据类型进行分类，政府作为数据的供给方，具有数据资源。如政府采集的数据，如资源类、税收类和财政类等；政府可以汇总或获取的数据，如生产建设、工业总数据等；政府发起产生的数据，如城市基建、交通基建、医院、教育师资等；政府监管职责所拥有的数据，如人口普查、金融监管、视频药品管理等；由政府提供服务所产业的消费和档案数据，如社保、水电、公安等。由此可见，软件产业链的整合不只是发生在企业之间，也是政府和企业之间的资源进行合理化配置的过程。

三、以“创新发展”为核心的混合产业链整合

混合产业链的整合本身就是一种创新发展的模式，在整合的过程中存在着产业链和价值链的整合。混合产业链整合含有产业技术创新、模式创新和应用创新等形式，可以提高产业的创新能力和生态构建能力。通过应用牵引和供给创新，将软件产业和经济社会各行业领域的深度融合。

首先，通过软件产业链整合，创新推动传统产业转型发展。如在交通行业中，公交车是传统的产业。公交车与软件产业相结合，开发一款“车来了”的软件，该产品是由元光科技开发的一款查询公交车实时位置的手机软件。产品的功能不仅能提供公交车的到站距离、预计到站时间，同时能显示整条公交线条的通行状况，让用户不再盲目等待，有效缓解用户候车的不安全感，同时改变用户出行方式。目前，“车来了”在实时公交领域排位全国第一，覆盖全国 66 个城市，服务 4000 万用户，为公交出行人群每天节省 11 分钟。可见通过软件产业的发展能够改变传统产业的发展模式，提高用户满意度，从而扩大需求。

第二，通过软件产业链整合，用创新培育壮大融合性新兴产业。一般来说，新兴产业属于幼小产业需要政府的产业政策支持。国家不断推进大数据、“互联网+”、人工智能等新兴产业发展，软件产业与新兴产业结合发展，进而拉动经济增长。以移动互联网、智能终端、大数据和云计算等为代表的新一代信息技术产业作为战略性新兴产业之一，推动软件产业与信息技术服务产业进行协同创新发展，新一代信息技术向服务业渗透，推动服务向信息化、个性化、定制化方向

发展，并衍生出多种类型的生产和生活服务方式，促进了软件产业的创新发展。

第三，通过软件产业链整合，催生新型信息消费。随着软件产业的发展，诞生出一个新的名词“流量经济”，该概念是由孙希有在《流量经济》中提出，并进行完整阐述。流量经济不单单指互联网经济中网络流量利用的大小，如网络游戏、网红经济中的流量，也不仅仅指经济中的流量指标，而是在经济领域中各种依靠经济要素或生产物的流动而带来的经济效益与发展的经济存在形态的总称。流量经济是信息化发展的产物，是因为信息化对人类社会发展起到重要作用，人们的消费方式也发生了改变。如由于电子商务及跨境电子商务的发展，人们改变了消费方式，从过去的商场购物转化为电脑购物，2017 年“双十一”淘宝网和天猫网的成交总额达到 1682 亿元，同一年的黑丝星期五网络销售额达到 50. 3 亿美元。

第四，通过软件产业链整合，建立产学研合作平台，将企业、科研机构和高校紧密结合，以此来提高软件产业的创新发展能力。对于软件产业链的关键领域，通过产学研相结合的方式，加强基础技术攻关。政府通过产业布局，将研究所、高校和企业结合起来进行超前沿技术研究和发展，通过构建核心技术体系，提高软件企业的技术创新能力。在软件产业链整合后形成一个以企业为主体、应用为导向、政产学研相结合的创新体系。如阿里研究院是依托阿里巴巴集团海量数据、深耕小企业前沿案例、集结全球商业智慧，以开放、合作、共建、共创的方式打造具有影响力的新商业知识平台。自 2007 年成立以来，阿里研究院与业界顶尖学者、机构紧密合作，聚焦电子商务、产业升级、宏观经济等研究领域，共同推出 aSPI-core、aSPI、aEDI、aCCI、aBAI 及数据地图等多个创新性数据产品、大量优秀信息经济领域研究报告，以及数千个经典小企业案例。

第三节　通过软件产业链整合参与全球价值链竞争

一、全球全产业链综合业态竞争的要求

软件产业的发展不是单一的软件产品，而是将硬件、软件、内容和服务往整合方向的发展。同样，软件产业的竞争不是软件产品之间的竞争，也不是软件企业之间的竞争，而是整个全产业链之间的竞争，因此，对于一个国家来说，拥有一批协同发展的优势产业链就非常重要。世界上发达国家高度重视软件产业链的协同发展，将软件产业与内容、服务相结合，加快产业链整合，打造一个包含硬件、软件、内容和服务相联系的协同产业链，以此争夺全球产业链的主导权。如 Google 以 Android 为基础，具有移动操作的 AndroidL，这个操作系统是一种基于 Linux 的自由及开放源代码的操作系统，主要应用于移动设备，如智能手机和平板电脑，Android 操作系统最早由 Andy Rubin 开发，主要

支持手机，在 2005 年 8 月由 Google 收购注资。2007 年 11 月，Google 与 84 家硬件制造商、软件开发商以及电信营运商组件开放手机联盟共同研发改良 Android 系统，并在 2014 年 Google 正式推出 AndriodL 系统。以此为依托，Google 整合智能手表系统 Android Wear（更名为 Wear OS）和车载系统 Android Auto、智能电视应用系统 Android TV。2018 年 Android 将原有的 Google Wallet 以及 Android Pay 合并为 Google Pay，全新的 Google Pay 包括个人信用卡、借记卡、代金券以及商店积分，整合了 Google Wallet 和 Android Pay 的所有功能。谷歌是最早推出 NFC 支付的公司，但因为推广力度以及与消费终端关系不佳并没有得到大力的支持。同时由于北美市场的用户基本以信用卡支付为主流，移动支付必须和更多的商铺及银行合作。

我国的软件全产业链竞争需要依托有实力的大企业，大型软件企业有能力进行软件产业链的混合整合。混合整合的方式有兼并重组、股权投资等形式，通过这样的混合整合方式，可以进行产业链上下游垂直整合和跨领域价值链的混合整合，最终目标是建立一个以硬件、软件、内容、服务为架构的多种具有国际竞争力的产业生态。从目前的发展形式看，在软件产业中，以产业地位和企业规模为标准来看，我国的软件产业中产品型企业、混合型企业、服务型企业是缺少全球竞争力的企业。在通用软件领域，依照普华永道 2016 年全球软件公司 100 强排名表中，只有东软集团排在 80 位。从软件产业链角度看，中国软件产业缺乏基础软件，包括操作系统、数据库、中间件、工业软件，在价值链上多处在应用环节，无法构成独立的软件生态。因此，我国软件产业的发展需要提高企业在国际市场上的竞争能力，在技术、产业、人才和标准化方面增加与国际企业的交流与合作，通过国内大型顶尖软件企业的产业链整合方式融入全球产业生态圈，提升我国软件产业链发展水平和层次。如华为公司致力于发展华为云，通过华为云打造软件企业开发和运营 SaaS 的一个平台，通过华为云为所有的软件企业提供一个基础，从而带动整个国家软件企业的发展。

二、产业安全的要求

我国一些基础软件主要依赖进口，关键技术受制于人，软件基础知识研究少，推广应用程度不高，服务体系不健全。我国 2017 年生产手机 19 亿部，根据市场研究公司 Counterpoint Research 发布统计报告显示，在手机芯片上高通公司在智能机 SOC 市场的占有率为 42%，苹果公司的 A 系列芯片占有率为 20%，联发科份额为 14%，三星为 11%，华为海思芯片为 8%。智能手机的操作系统几乎被 OS、Android 和 Windows 完全垄断。2018 年 4 月美国商务部发布公告，美国政府在未来 7 年内禁止中国中兴向美国企业购买敏感产品。5 月，中兴通讯公告称，受拒绝令影响，公司的主要经营活动已经无法进行。中兴通讯的主营业务有基站、光通信及手机。其中，基站中部分射频器件如腔体滤波器来自武汉凡谷和大富科技，光模块厂商来自光迅科技和旭创科技，手机内的机构件模组等均可满足自给需求。唯有芯片，在三大应用领域均一定程度的自给率不足。在 RRU 基站领域，芯片自给率最低。发射端主要作用是将基带信号转化为中频，再进一步调制到高频并发射出去。目前能够实现国产替代大规模商用的产品只有处理器，即 FPGA、DSP，这些产品主要来自海思自研的 ASIC。除此之外，国产芯片厂商中，南京美辰微电子在正交调制器、DPD 接收机、ADC 等芯片产品上已经有可量产方案。在光通信领域，高端芯片还未能土坯。光模块从应用领域分为接入网和数传网两大类，两者芯片方案不同。光模块内主要采用的芯片有 MCU、TIA、APD、LA、LD、激光器芯片（Vcsel、DFB、EML）、DWDM 等。目前光迅科技的光通信芯片产品主要有 Vcsel、DFB、APD 等，博创科技则是 PLC 光分路器和 DWDM 器件龙头，南京美辰微电子及厦门优讯则在 TIA、LA、LD 领域产品可以实现大规模生产。因此，此次“拒绝令”对上述已经具备成熟芯片方案的公司是一次提高市场占有率的机会。在智能机产业链上，芯片自给率较高。智能手机内芯片极为复杂。除了主处理器之外，有数十颗模拟或数模混合芯片。在主处理器芯片方面，国内的企业为华为海思以及展讯科技。在电源管理芯片方面，圣邦股份和韦尔股份具有竞争力。在无线芯片方面，国内有三大射频 PA 公司，分别是中科汉天下、唯捷创新、国民飞骧，射频开关是卓胜微。

从上述案例中可见软件产业整合发展对国家的产业安全起到非常重要的作用。软件产业链的整合可以通过“一揽子”项目计划进行突破，基础软件和其他的硬件、基础材料、工艺装备企业与下游企业对接联系，加快安全可靠基础软硬件产品的市场化应用和推广。通过软件产业链整合，提升信息安全保障能力，围绕软件产业安全发展新形势和安全保障需求，支持关键技术产品研发及产业化，发展安全测评与认证、咨询、预警响应等专业化服务，增强信息安全保障支撑能力。2018 年 5 月，工业和信息化部发布了《工业互联网 app 培育工程实施方案》，该实施方案发布的目的是为了响应当前主要发达国家对工业互联网的加快布局，我国软件产业的发展也需要部署工业软件的发展，通过大数据、软件产业和工业的融合发展，将知识资源应用到工业发展上，对于工业产业的提质增效和转型升级有重要的作用。我国工业软件的发展正处于一个由点及面的关键时期，软件产业的发展向着规模经济和集中度高的发展趋势，一些大型软件企业积极发展制造业与软件产业的融合发展。政府通过政策支持，促进软件产业中关键的共性技术的突破，提高软件企业的产品向制造业转化的能力，促进工业数据资源的有序开放，有偿使用，将独立的工业软件向整个工业互联网平台整合发展，提高工业软件的发展水平。与此同时，政府实施工业软件产品培育方案，将产品在工业互联网平台上进行展示，以这种方式将软件开发商、服务集成商和平台运营商等各方面资源进行整合发展，降低不同领域的企业之间的交易成本，提高工业软件的发展水平。在工业互联网平台上，打造资源富集、多方参与、合作共赢、协同演进的工业互联网平台应用生态，保障我国软件产业安全发展。

参 考 文 献

[1] 盛建楠. 北京市软件产业集聚与扩散机制研究 [D]. 北京：北京邮电大学，2013.

[2] 丁俊，陈力. 从软件产业链角度论软件产业发展 [J]. 软件导刊，2006 (6)：3~5.

[3] 赫希曼. 经济发展战略 [M]. 北京：经济科学出版社，1958：76~82.

[4] Williamson O E. The modern corporation：origins，evolution，attibutes [J]. Journal of Economic literature，1981，19 (04)：1537~1568.

[5] Nathan Rosenberg. A general purpose technology at work：The corliss steam engine in the late 19th century [J]. Social Science Electronic Publishing，2001.

[6] 邵昶，李健. 产业链"波粒二象性"研究——论产业链的特性、结构及其整合 [J]. 中国工业经济，2007 (09)：5~13.

[7] 程宏伟，冯茜颖，张永梅. 资本与知识驱动的产业链整合研究——以攀钢钒钛产业链为例 [J]. 中国工业经济，2008 (03)：143~151.

[8] 张伟，吴文元. 产业链：一个文献综述 [J]. 山东经济，2011 (09)：40~46.

[9] 简新华. 产业经济学 [D]. 武汉：武汉大学出版社，2002：69~71.

[10] 杨公朴，夏大慰. 现代产业经济学 [D]. 上海：上海财经大学出版社，2002：50~80.

[11] 龚勤林. 论产业链构建与统筹发展 [J]. 经济学家，2004 (03)：121~123.

[12] 张耀辉. 产业创新的理论探索：高新技术发展规律研究 [D]. 北京：中国计划出版社，2002：109~111.

[13] 芮明杰，刘明宇，任江波. 论产业链整合 [M]. 上海：复旦大学出版社，2006：44~51.

[14] 郁义鸿. 产业链类型与产业链效率基准 [J]. 中国工业经济，2005 (11)：35~42.

[15] 蒋国俊，蒋明新. 产业链理论及稳定机制研究 [J]. 重庆大学学报：社会科学版，2004 (01)：36~38.

[16] 李心芹，李仕明，兰永. 产业链结构类型研究 [J]. 电子科技大学学报：社科版，2004 (04)：60~63.

[17] Krugman P. Growing world trade [J]. Brookings Papers on Economic Activity，1995 (01)：327~377.

[18] Freestra Robert C. Intergration of trade and disintegration of production in the global economy [J]. Journal of Economic Perspectives，1998 (12)：31~50.

[19] Arndt Sven，Henryk Kierzkowski. Fragmentation：New Production and Trade Patterns in the World Economy [M]. Oxford：Oxford University Press，2001.

[20] 郑学益. 构筑产业链，形成核心竞争力 [J]. 福建改革，2000 (08)：14~15.

[21] Kogut B. Designing global strategies：Comparative and competitive value—added chain [J]. Sloan Management Review，1985，26 (04)：15~28.

[22] John K，Shank，Vijay Govindarajan. Strategic Cost Management and the Value Chain [M]. Handbook of Cost Management，1993.

[23] Jeffrey F，Rayport John J，Sviokla. Exploiting the virtual value chain [J]. Harvard Business Review，1995.

[24] 唐晓华，王广凤，马小平．基于生态效益的生态产业链形成研究［J］．中国工业经济，2007（11）：121~127.
[25] 李万立．旅游产业链与中国旅游产业竞争力［J］．经济师，2005（03）：123~124.
[26] 刘贵富．产业链运行机制模型研究［J］．财经问题研究，2007（08）：38~42.
[27] 周新生．产业链与产业链打造［J］．广东社会科学，2006（04）：30~36.
[28] 唐浩，蒋永穆．基于转变经济发展方式的产业链动态演进［J］．中国工业经济，2008（05）：14~24.
[29] 吴金明，钟键能，黄进良．“龙头企业”、“产业七寸”与产业链培育［J］．中国工业经济，2007（01）：53~60.
[30] Prahalad C K，Hamel G. The core competence of the corporation［J］. Harvard Business Renew，1990（05~06）：79~91.
[31] Mahoney J T，Pandian J R. T. Resource based view within the conversation of strategic management［J］. Strategic Management Journal，1992，15（05）：363~380.
[32] 任迎伟，胡国平，产业链稳定机制研究——基于共生理论中并联耦合的视角［J］．经济社会体制比较，2008（02）：180~184.
[33] 卜庆军，古赞歌，孙春晓．基于企业核心竞争力的产业链整合模式研究［J］．企业经济，2006（02）：59~63.
[34] 杨蕙馨，纪玉俊，吕萍．产业链纵向关系与分工制度安排的选择及整合［J］．中国工业经济，2007（09）：14~22.
[35] 张利庠．产业组织、产业链整合与产业可持续发展［J］．管理世界，2007（04）：78~87.
[36] 文婷，金雪琴．价值链环节的衍生与再整合影响因素研究［J］．中国工业经济，2008（06）：148~157.
[37] 刘慧波．产业链纵向整合研究——以浙江省制造业企业为例［D］．杭州：浙江大学，2009.
[38] 郑大庆，张赞，于俊府．产业链整合理论探讨［J］．科技进步与对策，2011，28（02）：64~68.
[39] 郑勇军，汤筱晓．集群见产业链整合：提升产业竞争力的重要途径——以中国沿海地区计算机制造业集群为例［J］．工业技术经济，2006（07）：61~64.
[40] 袁艳平．战略性新兴产业链构建整合研究［D］．成都：西南财经大学，2012.
[41] 赵红岩．基于全球视角的区域产业链整合对策［J］．社会科学，2007（02）：16~21.
[42] 赵红岩．产业链整合的阶段差异与外延拓展［J］．改革，2008（06）：56~60.
[43] 张雷．产业链纵向关系治理模式研究——及对中国汽车产业链的实证分析［D］．上海：复旦大学，2007.
[44] 刘慧波，黄祖辉．产业链协同整合实证研究——一个循环经济的视角［J］．技术经济，2007，26（09）：24~26，48.
[45] 袁红清．世界软件产业发展的现状特征和趋势［J］．经济问题探索，2000（10）：43~45.
[46] 原毅军，姜运政．我国软件产业发展的几个基本概念问题研究［J］．中国工业经济，

2002（08）：19~24.
[47] 丁俊，陈力. 从软件产业链角度论软件产业的发展［J］. 软件导刊，2006（06）：3~5.
[48] 李於洪. 日本软件业的技术管理及其产业发展模式［J］. 科技管理研究，2007（01）：200~203.
[49] 杨银厂. 基于钻石模型的国际软件产业模式比较及其启示［J］. 2010，24（04）：15~19.
[50] Wolfgang Leister，Truls Fretland，Llangko Balasingham. Use of MPEG-21 for security and authentication in biomedical sensor networks［J］. ICSNC，2008：151~156.
[51] Bennett K，Layzell P，Budgen D，et al. Service Based Software：The Future for Flexible Software［M］// Proceedings of the 7th Asia-Pacific software engineer conference. IEEE Computer Society Press，2000.
[52] 徐建伟，葛岳静，刘璐，等. 优势、创新与俘获型价值链突破——以爱尔兰、印度软件产业发展为例［J］. 经济地理，2010（02）：19~25.
[53] 姜宏，赵颖. 全球价值链下提升中国软件竞争力［J］. 北京劳动保障职业学院学报，2010，4（02）：47~50.
[54] 毕秀晶，汪明峰，宁越敏. 中国软件产业的空间格局既影响因素分析［J］. 经济地理，2011，31（01）：84~89.
[55] 李德升. 我国软件产业发展与经济增长分析［J］. 商业研究，2012（05）：95~101.
[56] 惠宁，葛鹏飞. 产业规模、R&D 投入与软件产业发展的关联度［J］. 改革，2015（06）：100~109.
[57] 陈朔颖，杨扬. 我国基础软硬件产业的“生态”瓶颈及突破［J］. 经济纵横，2018，396（11）：109~116.
[58] Langlois R N. Modularity in Technology and Organization［J］. Journal of Economic Behavior &Organization，2002：15~19.
[59] Baldwin C Y，Clark K B. Managing in an age of modularity［J］. Harvard Business Review，1997（5）：101~106.
[60] Baldwin C Y，Clark K B. Design Rule：The Power of Modularity［M］. Cambridge：MIT Press，2000：110~132.
[61] 青木昌彦，安藤晴彦. 模块化时代：新产业结构的本质［M］. 上海：上海远东出版社，2003：56~57.
[62] Sturgeon T. Modularity production networks：A new model of industrial organization［J］. Industrial and Corporate Change，2009，11（3）：453~492.
[63] 朱瑞博. 模块化生产网络价值创新的整合架构研究［J］. 中国工业经济，2006（1）：21~29.
[64] 夏明忠，夏以轩，李兵元. 软件模块化设计和模块化管理［J］. 中国信息界，2012（11）：56~59.
[65] 戴伟辉，肖小云，倪伟. 软件产业的价值链分析及我国软件园区的发展战略［J］. 科技进步与对策，2005（05）：63~66.
[66] 虞慧群，钱之琳，朱仲英. 基础软件技术的发展趋势［J］. 微型电脑应用，2010，26

(08): 1~2.

[67] Flecker J, Schon auer A. Value-creation in new product development within converging value chains: An analysis in the function foods and nutraceutical industry [J]. British Food Journal, 2008, 110 (1): 76~97.

[68] Ahmed PK, Ca Therine L W. Dynamic capabilities: A review and research agenda [J]. International Journal of Management Reviews, 2007, 9 (1): 31~51.

[69] 赵明霏. 知识溢出、生产率提升与知识密集型服务业: 理论分析与实证检验 [J]. 生产力研究, 2017 (3): 103~107.

[70] 芮明杰, 刘明宇, 任江波. 论产业链整合 [M]. 上海: 复旦大学出版社, 2006.

[71] 干春晖. 产业经济学教程与案例 [M]. 北京: 机械工业出版社, 2015.

[72] 袁庆明. 新制度经济学 [M]. 上海: 复旦大学出版社, 2012.

[73] 郑成思. 知识产权论. [M] 北京: 法律出版社, 2003: 212.

[74] 李士林, 郑友德. 欧盟计算机软件发明专利保护的发展研究. [J] 科技与法律, 2003 (01): 60~67.

[75] 尚明. 主要国家 (地区) 反垄断法律汇编 [M]. 北京: 法律出版社, 2004: 186.

[76] 尚明. 主要国家 (地区) 反垄断法律汇编 [M]. 北京: 法律出版社, 2004: 219~220.

[77] 王晓晔. 反垄断法 [M]. 北京: 法律出版社, 2011: 210.

[78] 王先林. 从微软垄断案看知识产权滥用的反垄断控制 [J]. 法学家, 2001, 1 (03): 93~99.

[79] Tina Hart, Linda Fazzani. Intellectual property Law [M]. London: Macmillan Press Ltd, 1997: 197.